江苏省重要矿产资源潜力评价成果系列丛书

是集体劳动的成果！

江苏省重要矿产资源潜力评价成果系列丛书

是集体智慧的结晶！

谨以此书献给

长期耕耘在江苏地质勘查、科学研究及

教育岗位上的广大地质工作者！

江苏省重要矿产资源自然重砂资料应用研究

JIANGSUSHENG ZHONGYAO KUANGCHAN ZIYUAN ZIRAN ZHONGSHA ZILIAO YINGYONG YANJIU

杨用彪　黄顺生　等著

内容简介

本书是在收集、整理江苏省1∶20万和1∶5万自然重砂数据的基础上，通过ZSAPS2.0软件，应用GIS平台，针对铜、铅、锌、金、钼、银、萤石、硫铁矿等矿种，圈定自然重砂单矿物(组合)异常和综合异常，确立不同预测类型矿种的自然重砂特征矿物组合，探讨异常与矿产的指示关系，建立自然重砂找矿模型，从而类比划分自然重砂找矿远景区，为矿产资源潜力评价及江苏省今后找矿工作部署提供自然重砂方面的依据。本书是江苏省应用自然重砂资料的经验总结，反映了江苏省自然重砂资料应用的最新成果和水平。

本书可供从事找矿勘查、科研、教学等的地质工作者参阅。

图书在版编目(CIP)数据

江苏省重要矿产资源自然重砂资料应用研究/杨用彪，黄顺生等著. —武汉：中国地质大学出版社，2017.8

(江苏省重要矿产资源潜力评价成果系列丛书)

ISBN 978-7-5625-3986-5

Ⅰ.①江…

Ⅱ.①杨…②黄…

Ⅲ.①重矿物-矿产资源-资源潜力-资源评价-研究-江苏

Ⅳ.①F426.1

中国版本图书馆CIP数据核字(2017)第099661号

江苏省重要矿产资源自然重砂资料应用研究 杨用彪 黄顺生 **等著**

责任编辑：张燕霞 胡珞兰 选题策划：毕克成 刘桂涛 赵颖弘 责任校对：周旭

出版发行：中国地质大学出版社(武汉市洪山区鲁磨路388号) 邮编：430074

电 话：(027)67883511 传 真：(027)67883580 E-mail:cbb@cug.edu.cn

经 销：全国新华书店 Http://www.cugp.cug.edu.cn

开本：880毫米×1230毫米 1/16 字数：380千字 印张：11.875 插页：1

版次：2017年8月第1版 印次：2017年8月第1次印刷

印刷：武汉中远印务有限公司 印数：1—1500册

ISBN 978-7-5625-3986-5 定价：258.00元

江苏省重要矿产资源潜力评价领导小组
（第一阶段：2006—2010年）

组　　长：陶培荣　江苏省国土资源厅党组书记　厅长

副 组 长：刘　聪　江苏省国土资源厅副厅长

孙大亮　江苏省地质矿产勘查局副局长

潘树仁　江苏煤炭地质局副局长

许建荣　江苏省有色金属华东地质勘查局副局长

毛凤鸣　中石化江苏石油勘探局副总经理

成　　员：郑锡泉　江苏省国土资源厅勘查处处长

向绍荷　江苏省国土资源厅财务处处长

崔德庚　江苏省国土资源厅储量处处长

钱智敏　江苏省国土资源厅科技处处长

李如海　江苏省国土资源厅规划处处长

袁晓军　江苏省地质调查研究院院长

项目办公室及成员

主　　任：刘　聪

成　　员：郑锡泉　陈火根　刘　勇　刘沈衡　张新华　王传礼　夏　延　陈汉永

江苏省重要矿产资源潜力评价领导小组
（第二阶段：2010—2013年）

组　　长：夏　鸣　江苏省国土资源厅党组书记　厅长

副 组 长：祖耀升　江苏省国土资源厅副厅长

孙大亮　江苏省地质矿产勘查局巡视员

潘树仁　江苏煤炭地质局副局长

许建荣　江苏省有色金属华东地质勘查局副局长

毛凤鸣　中石化江苏石油勘探局副总经理

成　　员：顾迅建　江苏省国土资源厅规划处处长

黄克蓉　江苏省国土资源厅勘查处处长

王黎明　江苏省国土资源厅资源处处长

崔　娟　江苏省国土资源厅科技处处长

孙卫东　江苏省国土资源厅财务处处长

朱锦旗　江苏省地质调查研究院院长

项目办公室及成员

主　　任：祖耀升

成　　员：黄克蓉　陈火根　吴加和　刘沈衡　张新华　夏　延　邱祖林　郑锡泉

《江苏省重要矿产资源自然重砂资料应用研究》

著　　者:杨用彪　黄顺生　郭治东　来又东　朱静苹　王海欧

序

江苏省位于中国东部沿海，长江、淮河下游，是我国重要的金融、航运、贸易、经济、文化、教育中心，在我国的国民经济建设中占有举足轻重的地位。

江苏省被称为“中国地质工作的摇篮”，地质矿产调查工作开展得较早，早在1924年刘季辰、赵汝钧等就对江苏全境进行了区域调查，著有《江苏地质志》。尔后，李毓尧、朱森、李捷、李四光、谢家荣、程裕淇、孙健初、陈恺等老一辈地质学家先后在本区地质矿产各个领域开展了调查，积累了大量资料。新中国成立后为了社会经济建设发展的需要，本区地质工作也迅速开展，地质、冶金、石油、煤炭、建材等系统在本区开展了大量地质普查找矿和勘探工作，先后发现了一批具工业价值的矿产，为本区工业发展提供了矿产资源和能源保障。

随着地方经济建设的高速发展，对矿物原料的需求逐年上升，人均资源占有量严重不足，供需矛盾十分突出。为贯彻落实《国务院关于加强地质工作的决定》中提出的“积极开展矿产远景调查和综合研究，科学评估区域矿产资源潜力，为科学部署矿产资源勘查提供依据”的要求和精神，国土资源部部署了全国矿产资源潜力评价工作，并将该项工作纳入国土资源大调查。

江苏省矿产资源潜力评价由江苏省地质调查研究院组织实施，江苏长江地质勘查院、华东有色地质矿产勘查开发院、江苏省地质矿产调查研究所、江苏省地质资料馆等单位协作。项目总体目标任务是全面开展江苏省矿产资源潜力预测评价，在现有工作程度的基础上基本摸清江苏省矿产资源的“家底”，为矿产资源保障能力和勘查部署决策提供依据。

自2007年6月正式启动以来，项目的各项工作严格按国土资源部、中国地质调查局的技术要求和统一部署进行。根据本区已有地质工作程度、成矿地质背景条件、矿产分布特征，选择煤炭、铁、铜、铅、锌、金、磷、钼、银、硫铁矿、萤石11个矿种开展资源潜力评价工作，累计完成各类图件编制2007张、图件数据库建设1623个，编写图件说明书1623份，编制各类成果报告49份，全面完成了预期的目标任务，取得了丰硕成果。

(1)首次以板块构造理论为基础，编制了江苏省大地构造图，为区域成矿地质作用研究和矿产预测奠定了坚实的地质基础和依据，进一步提高了江苏省区域地质研究程度。

(2)首次系统地利用地质、矿产、物探、化探、遥感、自然重砂等多学科资料，针对铁、铜、金等10个矿种及不同矿床类型，系统地建立了全省35个典型矿床的成矿模式、综合找矿模型和41个预测工作区区域成矿模式及区域找矿模型，丰富和发展了省内区域成矿理论，提升了综合信息矿产预测技术水平。

(3)系统总结了利用重磁组合异常直接判别铁矿异常、金铜多金属矿的控矿要素评价解释方法；利用磁法、化探资料开展了全省铁矿、铜矿的定量预测与研究；利用典型岩石剖面测量成果，采用面积、厚度加权方法获得了全省及三大地质构造单元元素丰度值；采用地质衬值法，编制了全省39个元素地球化学衬值异常图，极大地丰富了金、铜、铅锌、钼等多金属矿找矿信息。

(4)系统地利用地质、物探、化探、遥感、自然重砂等综合信息，全程应用GIS技术进行了全省重要矿产资源潜力评价与预测研究，估算了资源量，圈定了一批重要找矿预测区。

(5)系统对江苏省聚煤规律进行了科学总结，以煤田地质理论为指导，深入开展了全省煤炭资源禀赋规律研究，建立了典型煤田成煤模式；以构造控煤作用研究为核心，揭示不同构造背景煤炭资源的聚集和赋存规律，对指导深部找矿发挥了重要作用。

(6)首次系统建立了江苏省完整的地学数据库，实现了矿产资源潜力预测研究全程信息化、工作手段计算机化，为江苏省矿产资源总体规划和专项规划、找矿突破战略行动以及国土资源"一张图"工程打下了坚实的基础。

江苏省矿产资源潜力评价在基础地质、典型矿床与成矿规律研究、预测方法、数据库建设中取得了一系列创新性成果，总体达到国际先进水平。项目成果是制订江苏省国民经济中长期发展规划，研究制定矿产资源战略，加强宏观调控的重要依据；是科学规划合理部署、努力实现找矿重大新突破、缓解资源瓶颈的基础工作；是发展和推广利用成矿新理论、勘查新技术新方法，促进科研与调查密切结合的重要举措。该项成果的及时转化应用，必将为江苏省社会经济发展、地学研究和地质找矿实现新突破发挥重要作用。

中国工程院院士

2017 年 2 月 20 日

前　　言

“江苏省重要矿产资源自然重砂资料应用研究”是“江苏省及上海市矿产资源潜力评价”的研究课题之一。课题研究工作是在已建立的江苏省 1∶20 万和 1∶5 万自然重砂数据库的基础上，通过 ZSAPS2.0 软件，应用 GIS 平台，对自然重砂数据进行处理并编制自然重砂异常图，在此基础上研究自然重砂异常分布特征，对异常进行解释与评价，探讨自然重砂异常与矿产的指示关系，为矿产资源潜力评价提供自然重砂方面的依据。

该课题从 2007 年 7 月开始，2008—2010 年完成了省级及预测工作区铁、铜、铅、锌、金、磷矿种的自然重砂图件编制及异常解释工作，提交了《江苏省及上海市自然重砂资料应用报告》和《江苏省及上海市预测工作区自然重砂异常解释与评价报告》；2011—2012 年，完成了钼、银、萤石、硫铁矿矿种的自然重砂研究工作，提交了《江苏省及上海市矿产资源潜力评价自然重砂资料应用阶段性成果报告》；2013 年提交了《江苏省及上海市矿产资源潜力评价自然重砂资料应用成果报告》。

该书是在自然重砂资料应用研究课题总体成果报告的基础上修改完善、深化研究编著而成。黄顺生承担了本书第二章、第三章的编写；杨用彪承担了本书第一章、第五章、第六章的编写；第四章由黄顺生、杨用彪共同编写。本书各章节完成之后，由杨用彪完成统稿，黄顺生协助定稿。

项目开展过程中，郭治东参加了图件编制、编图说明书编写等工作；朱静苹、来又东、王海欧参与前期 1∶5 万自然重砂数据收集、整理与建库工作。此外，王季顺给予本课题大量的技术指导，全国矿产资源潜力评价专家组和华东地区矿产资源潜力评价与综合项目组也给予本课题大量技术指导和帮助，在此一并表示诚挚的感谢。

本书由于研究范围广，时间跨度大，笔者理论水平有限，难免存在不足之处，敬请读者批评指正。

著　者
2017 年 2 月

目　　录

第一章　概　述

本书全部工作与江苏省矿产资源预测同步开展，分为3个主要工作阶段：第一阶段为编制省级自然重砂异常图件，对全省自然重砂异常分布特征进行研究和解释评价；第二阶段根据对铁、铜、铅、锌、金、磷、钼、银、萤石、硫铁矿等预测矿种的需要，编制不同矿种预测工作区自然重砂异常图件，并对所发现的异常进行初步的解释评价；第三阶段为成果汇总，报告编写。

根据江苏省重要矿产资源潜力评价工作的需要，对预测矿种主要目标矿物及与其共生、伴生的相关矿物的自然重砂数据资料进行系统收集和整理；在1∶20万和1∶5万自然重砂数据汇总、统计的基础上，编制全省预测工作区有关自然重砂单矿物(组合)异常图和自然重砂矿物综合异常图；同时总结、归纳省内与主要预测矿种有关的自然重砂矿物的出现、分布规律；确立不同预测类型矿种的自然重砂特征矿物组合，探讨异常与矿产的指示关系，建立自然重砂找矿模型，从而类比划分自然重砂找矿远景区，为矿产资源潜力评价及江苏省今后找矿工作部署提供自然重砂方面的依据。

第一节　完成的主要工作任务

一、自然重砂资料收集

(一)自然重砂相关报告收集

本次基于江苏省重要自然重砂工作现状，对全省自然重砂资料进行了收集与整理，收集到的资料清单见表1-1。

表1-1　江苏省中大比例尺自然重砂资料收集清单

序号	资料名称	比例尺	完成单位	工作年份
1	1∶20万自然重砂数据库(江苏部分)工作报告		江苏省地质调查研究院	2000—2003
2	江苏省重砂测量异常分布图说明书	1∶50万	江苏省地质矿产局区调地质大队	1985
3	江苏省重砂测量异常登记表		江苏省地质矿产局区调地质大队	1989
4	1∶5万宜溧地区区域地质调查报告	1∶5万	江苏省地质矿产局区调地质大队	1984—1987
5	1∶5万宁镇山脉区域地质调查报告	1∶5万	江苏省地质矿产局区调地质大队	1976—1983
6	1∶5万宁芜区域地质调查报告	1∶5万	江苏省地质矿产局第一地质大队	1979—1986

续表 1-1

序号	资料名称	比例尺	完成单位	工作年份
7	1∶5 万溧水区域地质调查报告	1∶5 万	江苏省地质矿产局第二地质大队	1982—1985
8	1∶5 万徐州区域地质调查报告	1∶5 万	江苏省地质矿产局	1979—1983
9	1∶5 万东海西部区域地质调查报告	1∶5 万	江苏省地质矿产局第六地质大队	1982—1987
10	江苏省赣榆县西北部 1∶5 万化探、重砂资料整理及异常查证报告	1∶5 万 1∶1 万	江苏省地质矿产局第六地质大队	1987—1989
11	江苏省吴县华山-真山刚玉重砂异常查证报告	1∶1 万	江苏省地质矿产局第二地质大队	1986
12	江苏省赣榆县吴家沟刚玉重砂异常检查小结	1∶1 万	江苏省地质矿产局第六地质大队	1995
13	溧水地区重砂异常区(点)登记表		江苏省地质矿产局第二地质大队	1985
14	宁芜地区重砂异常区登记表		江苏省地质矿产局第一地质大队	1987

(二)自然重砂测量数据收集

针对重点地区 1∶5 万区域地质调查报告中重砂测量工作的现状，本次收集了徐州南部(及北部)、东海西部、盱眙、宜溧、宁镇、溧水、宁芜 7 个地区 1∶5 万自然重砂测量数据，基本完成全省 1∶5 万自然重砂测量数据的收集，它包括 1∶5 万图幅 38 幅，样品 6642 件，重砂鉴定记录 93 387 条。

二、图件编制与综合研究

2008 年底，在完成自然重砂资料收集的基础上，运用自然重砂数据库系统(ZSAPS2.0)对数据进行处理、分析和提取，然后运用 MapGIS6.7 按自然重砂专题技术要求制图。2010 年初，完成了全省铜、铅、锌、金矿种的基础性、综合研究性图件编制及说明书编写与建库。2010 年底，完成了预测工作区铜、铅、锌、金矿种自然重砂图件编制和说明书编写及建库，提交了《江苏省及上海市自然重砂资料应用报告》和《江苏省及上海市预测工作区自然重砂异常解释与评价报告》。2011 年底，完成了钼、银、萤石、硫铁矿矿种省级综合性图件及预测工作区自然重砂图件的编制、说明书编写和建库。2012 年 7 月，提交了《江苏省及上海市矿产资源潜力评价自然重砂资料应用阶段性成果报告》。2012 年底，完成了省级区域自然重砂矿物异常带分布图及异常带自然重砂综合异常图。2013 年 6 月，提交了《江苏省及上海市矿产资源潜力评价自然重砂资料应用成果报告》。完成的主要工作量见表 1-2。

表 1-2　自然重砂专题完成的主要工作量

序号	系列图件	图件类别	数量(幅)	数据库(个)	编图说明书(份)	元数据采集(份)
1	省级自然重砂图件	工作程度图	1		1	1
2		采样点位图	1		1	1
3		单(组合)矿物异常图	27	27	27	27
4		单矿种组合异常图	3	3	3	3
5		综合异常图	1	1	1	1
6		含量分级图	27			

续表 1-2

序号	系列图件	图件类别	数量(幅)	数据库(个)	编图说明书(份)	元数据采集(份)
7	预测工作区自然重砂图件	铜矿种(4个预测类型工作区)	20	20	20	20
8		铅锌矿种(4个预测类型工作区)	17	17	17	17
9		金矿种(10个预测类型工作区)	37	37	37	37
10		银矿种(1个预测类型工作区)	2	2	2	2
11		钼矿种(2个预测类型工作区)	6	6	6	6
12		硫矿种(4个预测类型工作区)	20	20	20	20
13		萤石矿种(1个预测类型工作区)	1	1	1	1
14		含量分级图	103			
15	典型矿床	典型矿床自然重砂异常特征剖析图	13			
16	综合性图件		6			
17	成果报告					
18	江苏省及上海市自然重砂资料应用报告(1份)					
19	江苏省及上海市预测工作区自然重砂异常解释与评价报告(1份)					
20	江苏省及上海市矿产资源潜力评价自然重砂资料应用阶段性成果报告(1份)					
21	江苏省及上海市矿产资源潜力评价自然重砂资料应用成果报告(1份)					

第二节　取得的主要成果

一、自然重砂数据库建设与维护

本次系统整理了4457件江苏省1∶20万自然重砂样品数据，较好地维护了江苏省1∶20万自然重砂数据库；收集整理了38幅1∶5万图幅和6642件1∶5万自然重砂样品数据，建立了江苏省1∶5万重砂数据库，为本次典型矿床自然重砂特征研究及预测工作区自然重砂异常图件编制提供了更精确的源数据。

二、自然重砂系列图件编制

(一)省级自然重砂图件编制

自然重砂专题省级基础图件包括自然重砂工作程度图、自然重砂采样点位图、单(组合)矿物异常图、单矿种组合异常图、综合异常图、含量分级图等。结合本省自然重砂矿物组合特征，选择了铜矿物、铅矿物、锌矿物、钼矿物、钨矿物、锡矿物、铋矿物、银矿物、砷矿物、辰砂、磁铁矿、黄铁矿、镜铁矿、菱铁矿、重晶石、自然金、萤石等27种矿物圈定自然重砂异常555处，其中Ⅰ级异常97处，Ⅱ级异常225处，Ⅲ级异常233处(表1-3)；圈定省级自然重砂综合异常44处，其中Ⅰ级异常15处，Ⅱ级异常19处，Ⅲ级异常10处。

表1-3　省级单(组合)矿物异常圈定一览表

数量(处)＼级别 矿物	Ⅰ级异常	Ⅱ级异常	Ⅲ级异常	合计
辰砂	11	17	32	60
赤铁矿	2	11	10	23
磁铁矿	8	27	18	53
电气石	0	13	28	41
独居石	0	0	7	7
锆石	0	5	4	9
铬铁矿	0	14	16	30
黄铁矿	19	21	10	50
辉钼矿	2	3	2	7
金红石	1	5	2	8
镜铁矿	2	1	3	6
磷灰石	2	2	21	25
铌铁矿	1	1	0	2
泡铋矿	1	4	1	6
铅矿物	2	13	9	24
闪锌矿	1	6	2	9
蛇纹石	0	5	3	8
砷矿物	9	11	9	29
钛铁矿	0	7	9	16
铜矿物	11	11	8	30
透辉石	1	5	4	10
锡矿物	1	3	6	10
重晶石	11	26	14	51
自然金	10	11	6	27
银矿物	1	1	2	4
钨矿物	0	1	2	3
萤石	1	1	5	7
合计	97	225	233	555

(二)预测工作区自然重砂图件编制

江苏省预测工作区自然重砂编图分8个矿种,26个预测类型工作区,主要按矿种、预测类型编制自然重砂异常图,详细异常圈定情况见表1-4。

表 1-4　预测类型工作区自然重砂异常情况一览表

数量(处)　级别 矿种	Ⅰ级异常	Ⅱ级异常	Ⅲ级异常	合计
金矿种(10 个预测类型工作区)	41	178	226	445
铜矿种(4 个预测类型工作区)	22	72	78	172
铅锌矿种(4 个预测类型工作区)	17	59	74	150
银矿种(1 个预测类型工作区)	1	2	0	3
钼矿种(2 个预测类型工作区)	2	2	4	8
硫矿种(4 个预测类型工作区)	25	47	117	189
萤石矿种(1 个预测类型工作区)	0	0	1	1

三、典型矿床自然重砂研究

典型矿床所在区域自然重砂异常特征研究是自然重砂资料应用研究的重要组成部分。首先参考区域成矿规律研究与矿产预测课题组典型矿床确定自然重砂专题需研究的典型矿床，研究典型矿床地质特征、成矿条件及矿石矿物组成，确定与典型矿床相关的重砂矿物，然后对自然重砂数据库中的数据进行处理分析，编制典型矿床自然重砂异常剖析图，确定出各预测类型矿种自然重砂特征矿物组合。不同预测类型矿种自然重砂特征矿物组合见表 1-5。

表 1-5　不同类型矿种自然重砂指示矿物组合一览表

序号	预测矿种	预测类型	典型矿床名称	特征自然重砂矿物组合
1	铜矿	矽卡岩-斑岩型	安基山铜矿	铜矿物、黄铁矿、辰砂、砷矿物、重晶石
2	铜矿、金矿	陆相火山岩型	铜井铜金矿	铜矿物、自然金、重晶石、黄铁矿
3	铜矿、钼矿	斑岩型	盘龙岗铜钼矿	铜矿物、钼矿物、黄铁矿、砷矿物
4	铜矿、钼矿	矽卡岩型	铜山铜钼矿	铜矿物、钼矿物、黄铁矿
5	铜矿、铅矿	陆相火山岩型	观山铜铅矿	铜矿物、重晶石、黄铁矿
6	铜矿、金矿	层控矽卡岩型	獾子洞铜金矿	自然金、铜矿物、黄铁矿、重晶石
7	金矿	破碎蚀变岩型	燕子口金矿	自然金、铜矿物、黄铁矿、重晶石
8	金矿	陆相火山岩型	金驹山金矿	自然金、铜矿物、黄铁矿、重晶石、砷矿物、辰砂
9	金矿	矽卡岩型	土包山铁金矿	自然金、磁铁矿、黄铁矿
10	铅锌矿、银矿	碳酸盐岩型	栖霞山铅锌银矿	铅矿物、锌矿物、银矿物、黄铁矿、砷矿物、辰砂
11	铅锌矿、银矿	层控矽卡岩型	吴宅铅锌银矿	铅矿物、锌矿物、银矿物、黄铁矿、砷矿物、辰砂
12	硫铁矿	陆相火山岩型	云台山硫铁矿	黄铁矿、重晶石
13	硫铁矿	矽卡岩型	岔路口硫铁矿	黄铁矿、重晶石

四、自然重砂解释推断成果

利用自然重砂矿物组合对矿种的直接与间接指示作用，在综合异常研究的基础上，结合江苏省成矿(区)带、成矿地质条件、构造、矿产等因素，全省划分了10个自然重砂异常带和17个自然重砂找矿远景区，分别是：①东海金、锌、铅、钨、铜矿物异常带，包括抗日山-夹山金矿找矿远景区，双店-羽山铅锌、金矿找矿远景区和马陵山-桃林铜、金矿找矿远景区；②利国-班井铜、铅、金、钼矿物异常带，包括利国铜、铅、金矿找矿远景区和班井铜、铅锌、金、钼矿找矿远景区；③种羊场-寨山金、锡、铜、铅矿物异常带，包括种羊场-鹰山铅锌、金、锡矿找矿远景区；④盱眙铅、钼、金矿物异常带，包括李家岗-王庄铅锌、金矿找矿远景区；⑤江浦铅、铜矿物异常带，包括李家凹-钓鱼台铜、铅矿找矿远景区；⑥宁镇铜、铅、锌、金、银、钼矿物异常带，包括汤山-九华山铜、铅锌、金矿找矿远景区；⑦宁芜铜、金矿物异常带，包括谷里-陶吴铜、金矿找矿远景区，铜井铜、金矿找矿远景区和大平山-云台山铜、金、硫铁矿找矿远景区；⑧溧水铜、金、铅矿物异常带，包括西横山-铜山金矿找矿远景区和观山-马占山铜、铅、金矿找矿远景区；⑨宜兴-溧阳铜、锡、锌、铅、金矿物异常带，包括小梅岭-凤凰山铜、锌、锡矿找矿远景区和大栗园-横岭铜、铅、锌、金、钼矿找矿远景区；⑩潭山-光福-阳山硫铁矿、萤石矿物异常带，包括潭山-阳山硫铁矿、萤石找矿远景区。所划分的远景区与全省重点成矿远景区范围吻合程度较好，为江苏省今后找矿工作部署提供了重要的依据。

五、矿产预测应用效果

(一)矿产预测最小预测区圈定上的应用

自然重砂专题研究成果的应用主要体现在矿产预测最小预测区的圈定上，如预测组在圈定谷里、铜井、大平山、獾子洞、马占山、邱虎山、小梅岭等铜矿最小预测区时充分运用了铜矿自然重砂综合异常，圈定的铜矿最小预测区范围与铜矿自然重砂综合异常范围一致性较好；另外，圈定的羽山、九里山-班井、大岭岗、铜井、燕子口、固江口等金矿最小预测区范围与金矿自然重砂综合异常范围一致性较好；栖霞山、观山、小梅岭、潭山、吴宅等铅锌矿最小预测区范围与铅锌矿自然重砂综合异常范围一致性较好；磨盘山、伏牛山钼矿等最小预测区范围与钼矿自然重砂综合异常范围一致性较好；栖霞山、南阳山、吴宅银矿最小预测区范围与银矿自然重砂综合异常范围一致性较好。因此，本次自然重砂专题研究成果为矿产预测最小预测区的圈定提供了较充分的依据，其应用详细情况见表1-6。

表1-6　自然重砂成果在矿产预测方面应用效果表

项目 矿种	预测组圈定最小预测区个数	用到自然重砂成果的个数	用到自然重砂成果占比(%)	典型实例
铜矿	69	22	31.9	谷里、铜井、大平山、獾子洞、马占山、邱虎山、小梅岭
金矿	85	27	31.8	羽山、九里山-班井、大岭岗、铜井、燕子口、固江口
铅锌矿	29	13	44.8	栖霞山、观山、小梅岭、潭山、吴宅

续表 1-6

项目 矿种	预测组圈定最小预测区个数	用到自然重砂成果的个数	用到自然重砂成果占比(%)	典型实例
钼矿	26	5	19.2	磨盘山、伏牛山
银矿	11	6	54.5	栖霞山、南阳山、吴宅
硫铁矿	44	17	38.6	天台山、光福、南阳山
萤石	6	2	33.3	玉屏山、俞石泉

(二)矿产远景调查选区及省地勘基金项目立项上的应用

2009 年以来，江苏省地质调查研究院陆续承担了宁芜、宁镇、溧水、宜溧地区矿产远景调查项目。本次利用自然重砂数据圈定的找矿远景区，为远景调查重点调查区的选择提供了自然重砂方面的依据。如谷里-陶吴及铜井铜、金矿自然重砂找矿远景区为宁芜铁铜矿远景调查项目大金山、吴庄重点调查区的选择提供了依据；大平山-云台山铜、金、硫铁矿自然重砂找矿远景区为宁芜铁铜矿远景调查项目朱门-石塘重点调查区的选择提供了依据；汤山-九华山铜、铅锌、金矿自然重砂找矿远景区为宁镇铁铜矿远景调查项目九华山-伏牛山重点调查区的选择提供了依据；西横山-铜山金矿自然重砂找矿远景区为溧水铁铜矿远景调查项目丁公山-笔架山重点调查区的选择提供了依据；大栗园-横岭铜、铅锌、金、钼矿自然重砂找矿远景区为宜溧铁铜矿远景调查项目雄鹅头-悬脚岭重点调查区的选择提供了依据等。此外，自然重砂成果为江苏省地勘基金矿产勘查项目的立项、设计提供了依据。如马陵山-桃林铜、金矿自然重砂找矿远景区为“江苏省东海县竹墩金矿普查”立项、设计提供了自然重砂方面的资料；西横山-铜山金矿自然重砂找矿远景区为“江苏省南京市江宁区上湾塘金矿普查”和“江苏省溧水县胡家店铁铜金矿普查”的立项、设计提供了自然重砂方面的资料，且通过钻孔施工验证，已找到多条金矿化体。

第二章　区域地质地貌概况

第一节　区域地貌概况

江苏省位于中国东部沿海，长江、淮河的下游，东濒黄海，南连浙江，西邻安徽，北接山东，总面积107 200km²。研究区北、西北、西南三面被低山丘陵环抱，占全区总面积的5％；中部和东部为大片冲积平原，占总面积的80％以上。北部是鲁南低山丘陵向南延伸的侵蚀残丘。唯云台山耸立于黄海之滨，孤峰突起，海拔625m，是本区第一高峰。西南部低山丘陵中的宁镇山脉、茅山山脉海拔200～400m，二者呈弓状展布；宜溧山地海拔一般为300～500m；中东部平原大致以通扬运河为界，以北由黄河、淮河冲积而成，地势坦荡如砥，自西北向东南逐渐倾斜；以南里下河地区地势尤为低洼。通扬运河以南的平原由长江和钱塘江冲积而成，地势亦较低洼，素有"水乡泽国"之称。

一、地貌类型

根据成因特点，江苏省地貌可分为三大类型；按其形态特点，可进一步分为29个形态类型(图2-1)。

(一)堆积地貌

它是本省地貌的主体，根据堆积环境分为以下4种。

1. 河流泛滥及冲积平原

它由黄河和淮河泛滥堆积、长江沿岸堆积及滁河、秦淮河等山间河谷冲积而成。它主要分布在苏北灌溉总渠以北的徐淮平原，西南部南京、六合丘陵山间河谷及沿江地带。

2. 三角洲堆积平原

它主要指南京市六合区划子口以东，由长江下游冲积而成的广大平原。进一步分为：新三角洲平原，是近2000年来长江冲积堆积而成；老三角洲平原，分布于新三角洲平原南、北两侧，大约在距今6000～7000年间，由长江冲积物堆积而成。

3. 古潟湖堆积平原

距今6000～7000年间，长江、淮河及1194年黄河南徙携带了大量泥沙入海，逐渐淤积，海岸线逐渐外移，将里下河地区和太湖地区，以及微山湖一带围封成滨海潟湖，经大气降水逐渐淡化，并继续接受长江、淮河及黄河泥沙的填积，形成里下河洼地平原、太湖洼地平原及微山湖湖滨平原。

4. 海积平原

它北起赣榆柘汪，南至长江三角洲北缘，赣榆、响水、阜宁、东台、海安、如东、吕泗一线以东，为近2000年来形成的海积平原。

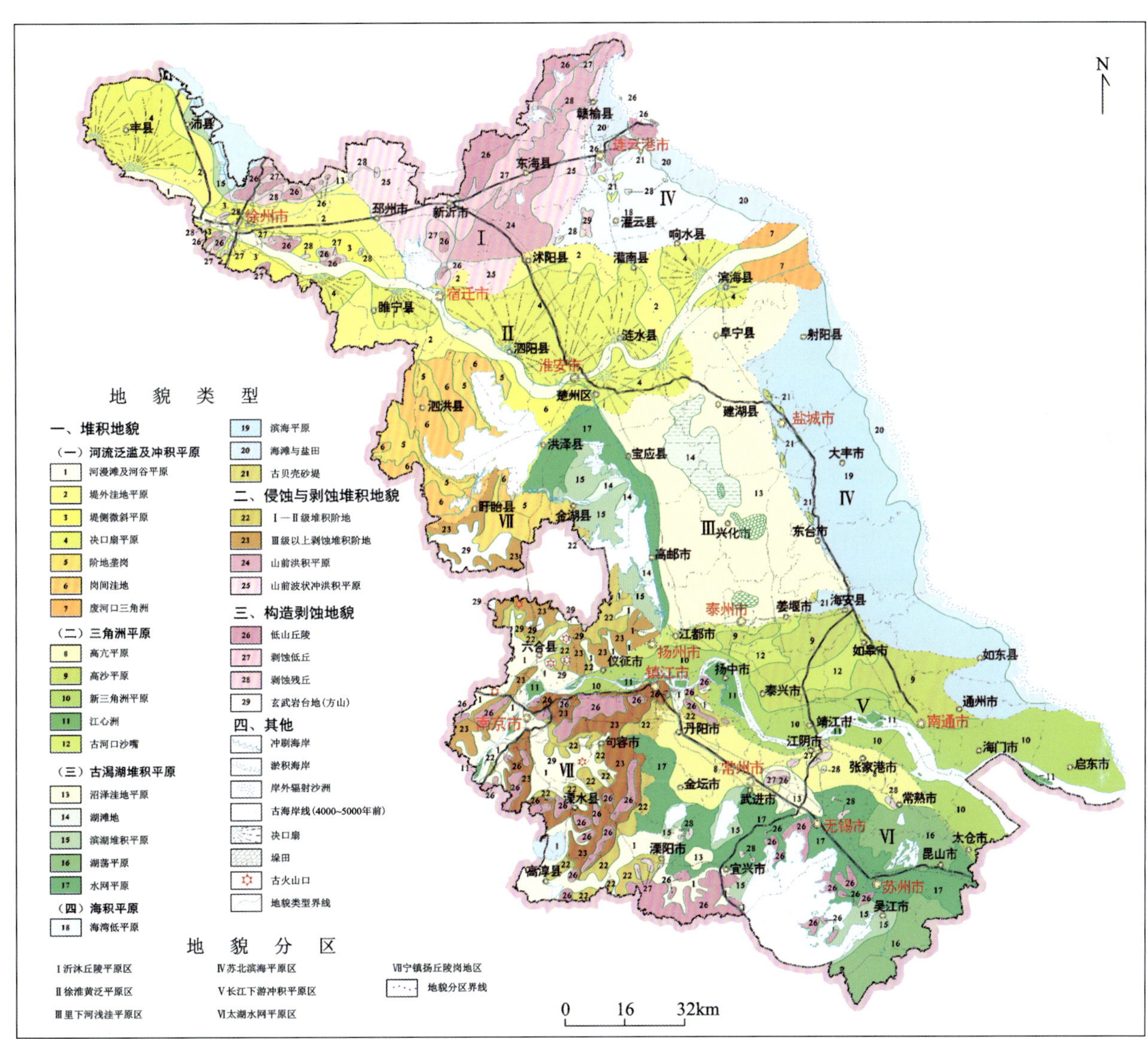

图 2-1 江苏省地貌图(引自《江苏环境水文地质图集》，1989)

(二)剥蚀堆积地貌

它主要分布于：低山丘陵的坡麓及山前地带，由下蜀黄土和网纹红土组成的Ⅰ—Ⅱ级阶地；西南丘陵周围坡麓地带，由砂砾层及残坡积物组成的Ⅲ级高阶地；北部丘陵的山前地带，由变质岩风化剥蚀碎屑物在山前堆积形成诸多洪积扇叠置相连而成的倾斜平原；沂沭河下游山前倾斜平原前缘地带的波状冲洪积平原，其前缘与黄泛平原和海湾平原相接。

（三）构造剥蚀地貌

构造剥蚀地貌为由构造隆起、岩浆侵入和喷发，后经剥蚀作用所形成的地貌，按其形态特点划分如下。

1. 低山丘陵

低山丘陵主要分布在本省北部和西南部，黄淮平原及太湖地区亦有零星散布。北部低山丘陵由碳酸盐岩类、煤系地层、变质岩、红色砂页岩和火山岩系组成；西南低山丘陵区地层发育较全，岩性复杂，谷岭相连，与安徽、浙江的丘陵山地连成一片；太湖周围的苏州、无锡一带，零星分布着一些孤立低山，多由泥盆纪砂岩组成，标高 300m 左右。

2. 剥蚀低丘

剥蚀低丘主要分布于徐州附近及铜山、睢宁、邳州等县（市）境内，以及东海、赣榆境内低山丘陵的边缘地带。由于长期隆起，经受剥蚀和流水的侵蚀切割，形成低缓的山丘与谷地。

3. 剥蚀残丘

在本省东北部的连云港市以南灌云县境内，散布着一系列的变质岩小山丘；本省西北部的铜山、睢宁、邳州等县（市）境内，在沂沭河冲洪积平原和黄泛平原上，零星散布着石灰岩残丘。

在南部长江下游太湖地区，天目山向东北延伸的余脉在第四纪地壳沉陷过程中亦沦为海中孤岛。在长江三角洲的发育成长过程中，海中孤岛成为凸起在平原之上的残丘，标高都在 100～200m 之间，少数孤峰在 300m 左右。

4. 玄武岩台地（方山）及古火山口

古近纪以来，本省西南部的盱眙、六合、仪征、江浦、江宁一带多次发生玄武岩喷发和溢流，并伴随间歇性活动，形成玄武岩地形，如玄武岩台地，或称方山。六合区分布有方山、古火山口，并在六合区四合乡桂子山发现了形状奇特、壮观的石柱林等。

二、地貌分区

根据本省地貌的成因、形态及其区域性组合特征，划分为 7 个地貌单元。

（一）沂沭丘陵平原区

该平原区地貌上属于山东沂蒙山地的南缘部分，该区地貌具有低山丘陵-剥蚀低丘-山前倾斜平原-波状冲洪积平原呈带状分布的规律。

（二）徐淮黄泛平原区

该平原区位于沂沭丘陵平原以西、以南和苏北灌溉总渠以北的广大地区。中部黄河古道为沂沭河和淮河的分水岭。徐州及铜山、睢宁、邳州境内，在平原上散布着一些石灰岩低山丘陵及残丘。

(三)里下河浅洼平原区

该平原区位于本省中部,长江三角洲以北淮河下游地区,是江苏著名的湖荡洼地之一。地势四周高、中间低,形成以射阳湖为中心的蝶形洼地。

(四)滨海平原区

该平原区位于东部沿海的狭长地带。中部被废黄河口三角洲所分隔;北部为海湾堆积平原;南部为滨海堆积平原;西部断续分布有3～4道贝壳砂堤,是苏北海岸变迁的重要标志;东部近岸地带为开辟成盐田的现代海滩。在北部海湾堆积平原上,变质岩低山丘陵及剥蚀残丘孤峰突起。

(五)长江中下游冲积平原区

该平原区是长江三角洲的主体部分。沿江两岸分布着一系列古河口沙嘴和天然堤,且北岸保存较好,地势较高,南岸则为黄土堆积的高亢平原,二者都是老三角洲的一部分。南京以东,江中还散布着数十个江心洲,属新三角洲部分。三角洲平原上,还零星散布着一些残丘。

(六)太湖水网平原区

该平原区位于本省东南部,北与长江三角洲平原相接,西部直抵宁镇及宜溧丘陵山地的前缘。太湖水网平原区是由长江南岸沙嘴与长江口南侧沿海沙坝围封而成的古潟湖堆积平原。区内地势平坦,湖荡水网稠密,素有"水乡泽国"之称。平原上耸立着一系列侵蚀残山或孤丘。

(七)宁镇扬丘陵岗地

宁镇扬丘陵岗地位于本省的西南部,区内山岭绵延,山岗起伏,地貌类型复杂多样,有低山丘陵、黄土岗地、玄武岩台地等,以低山丘陵及阶地垄岗为主。区内主要有宁镇山脉、茅山山脉及宜溧山地等。

第二节 区域水系分布规律

一、河流和湖泊及其特点

江苏平原辽阔,河渠纵横,水网交织,湖塘星罗棋布,构成了特殊的地理景观,素有"水乡泽国"之称。

全省有长江、淮河、京杭大运河等大小河流2900余条;有太湖、洪泽湖、高邮湖、骆马湖等湖泊290多个;有石梁河水库、塔山水库、沙河水库等大中小型水库和塘坝1170多座。本省河流除长江和淮河以外,大都是中小型河流。湖泊大多成为洪水的天然调蓄水库,都是外流的淡水,大部分湖盆浅平,平均水深多小于4m,属于浅水湖泊类型。

本省河湖水网密度较高。长江三角洲地区为6.4～6.7km/km^2,尤其是太湖地区可达12.7km/km^2;苏北平原稍低，为 4.8km/km^2。

二、水系的划分

本省的所有河流都是直接或间接注入海洋的外流河。按照水道系统，本省的主要河流和湖泊可划分为三大水系(图 2-2)。

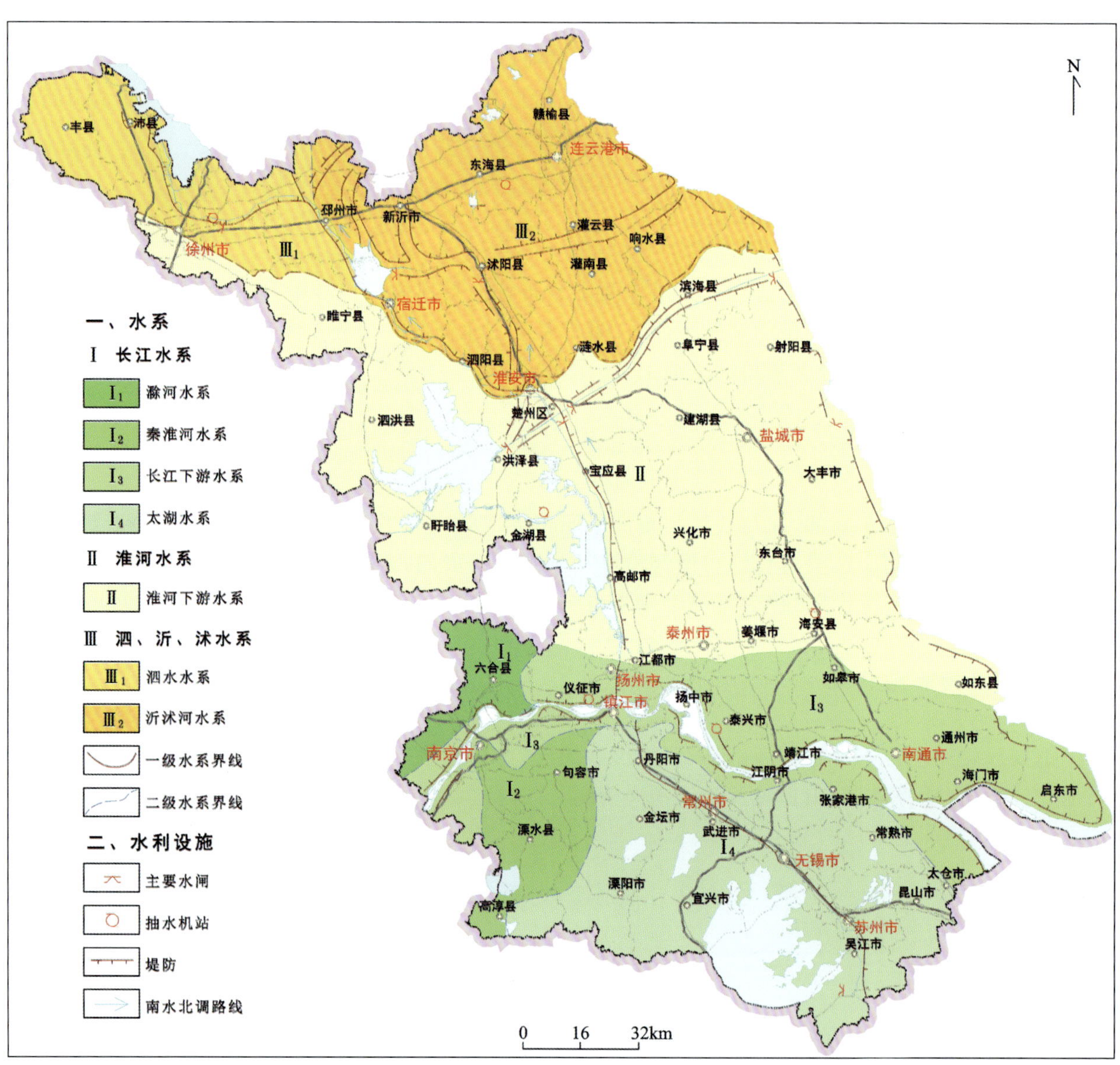

图 2-2　江苏省水系图(引自《江苏环境水文地质图集》,1989)

1. 泗、沂、沭水系

该水系位于废黄河以北地区。沂河和沭河发源于山东沂蒙山东麓，流经鲁南低山丘陵入江苏，经新沂河入海。泗水原为该水系的主要河流，发源于沂蒙山西麓经鲁西南平原如江苏，经过徐州、宿迁、泗阳至淮安市如淮河。泗、沂、沭诸河原都是淮河的支流，属淮河水系，泗沂沭水系主要湖泊有骆马湖、微山湖等。

2. 淮河下游水系

淮河由安徽进入江苏，原为一条独流入海的河流。黄河南徙之前，在淮安市附近接受泗、沂、沭诸河的来水，至涟水以东云梯关入海。1194 年黄河南徙，在淮安市附近夺淮入海，淮河失去入海水道，使中上游来水渲泄不畅，逐渐在盱眙以北地区储水为洪泽湖。

3. 长江下游太湖水系

长江横贯本省，境内全长 450km，属下游河口三角洲段。据南京站统计，历年最高洪水位为 10.22m，最低水位仅 1.54m；历史最大洪峰流量为 $10^5 m^3/s$，最小流量为 $6000m^3/s$，多年平均流量为 $36\ 000m^3/s$。历年平均年径流总量达 $9794\times10^8 m^3$。长江在江苏境内接纳秦淮河、滁河、里运河、江南运河、淮河入江水道及太湖水系和通扬运河以南沿江小型河流的来水，经上海市入东海。

太湖是长江下游的主要支流，跨越江、浙两省，总汇水面积包括太湖湖面和苏锡环湖丘陵，共 $18\ 300km^2$。由北、东两面的胥口、瓜泾口、大浦口等 70 多条大小河港下泄，注入长江。

据《江苏统计年鉴》(2008 年)资料，江苏各流域、各行政区域水资源总量、降水量见表 2-1、表 2-2。

表 2-1　2007 年按流域区域分水资源总量($\times10^8 m^3$)

区域名	水资源总量	地表水资源量	地下水资源量	地下水与地表水重复计算量	年降水量
淮河上中游区	64.28	50.31	15.38	1.41	110.88
淮河下游区	144.49	118.50	30.45	4.47	316.42
沂沭泗河区	144.96	107.57	42.60	5.20	282.23
长江下游干流区	64.69	50.88	17.80	4.00	190.20
太湖区	79.96	68.44	17.04	5.52	210.37
合计	498.38	395.70	123.27	20.60	1110.10

表 2-2　2007 年按行政区域分水资源总量($\times10^8 m^3$)

市名	水资源总量	地表水资源量	地下水资源量	地下水与地表水重复计算量	年降水量
南京市	24.82	21.28	4.02	0.48	67.94
无锡市	22.17	19.59	5.07	2.49	50.77
徐州市	63.15	41.44	23.82	2.10	119.21
常州市	16.17	13.86	2.94	0.64	45.01
苏州市	32.17	26.66	7.80	2.29	95.93
南通市	25.78	18.59	8.68	1.49	86.70
连云港市	42.66	34.57	9.18	1.08	83.23
淮安市	72.13	58.19	15.82	1.88	127.31
盐城市	77.80	62.44	17.55	2.20	164.44
扬州市	28.35	24.27	6.45	2.38	70.31
镇江市	16.97	15.37	2.09	0.50	41.39
泰州市	23.03	18.60	5.26	0.83	58.39
宿迁市	53.19	40.84	14.59	2.23	99.46
全省	498.39	395.70	123.27	20.59	1 110.09

第三节　区域地质矿产概况

江苏省地跨华北陆块区、苏鲁造山带(秦岭造山带东段)和扬子陆块区三大地质构造单元,地质背景复杂,地质内容丰富。各单元的地质构造发展历史、岩浆活动和矿产的形成存在明显的差异:郯庐断裂带以西为华北陆块区南缘,以新太古界泰山岩群作为基底,构造、岩浆岩和矿产属华北型;郯庐断裂带和响淮断裂带之间为苏鲁造山变质带南缘,分布着东海岩群、锦屏岩群、张八岭岩群、云台岩群变质岩,其变质地层、变质作用和矿产特征等可与大别-秦-祁-昆造山带相对比;响淮断裂南东为扬子陆块区,区内属下扬子陆块,其基底地层、岩浆活动、矿产分布都有别于上述两地区,以扬子型为特征。

一、地层

江苏省地层单位划分系列如表2-3所示。全区分为华北地层大区晋冀鲁豫地层区、苏鲁地层区、华南地层大区下扬子地层区,各区发育地层分述如下。

1. 华北地层大区晋冀鲁豫地层区

江苏省西北部以郯庐断裂带为界,属华北地层大区。区内地层发育较完整,出露较齐全,新太古界泰山岩群组成基底,缺失古元古界至中元古界,新元古界至古生界(缺上奥陶统至下石炭统)组成盖层沉积,与基底呈不整合接触,中生界与第三系主要为断陷盆地沉积,各时代地层间呈整合或假整合接触,在徐州—铜山—邳州—睢宁一带构成低山丘陵。

2. 苏鲁地层区

苏鲁造山带位于郯庐断裂带与响淮断裂之间,区内地层发育具一老一新的特点,主要由新太古代—元古宙变质地层和中—新生代地层组成。区内变质基底主要由新太古界,古元古界东海岩群,中元古界锦屏岩群、张八岭岩群,中新元古界云台岩群和震旦系石桥岩组组成。区内缺失古生界至侏罗系,局部断陷盆地中自白垩纪开始沉积有中新生界。

3. 华南地层大区下扬子地层区

下扬子地层区以湖苏断裂为界,分为苏皖地层分区和江南地层分区,其中以苏皖地层分区地层发育较齐全,保存较好。区内最老地层为中元古界,埤城岩群为一套以变中基性火山岩系为主的地层,上溪岩群主要为一套千枚状泥砂质浅变质岩系,金山岩群为一套绿片岩-大理岩夹斜长角闪岩变质建造,它们共同组成了扬子陆块区的浅变质基底。震旦系至下三叠统为浅海相碎屑岩与碳酸盐岩相间为主的沉积盖层,厚度为万米以上。中三叠统至中侏罗统在陆相湖盆中沉积了碎屑岩夹含煤层。晚侏罗世至白垩纪山间断陷型盆地发育,为沉积的杂色碎屑岩-火山岩-红色碎屑岩。古近系到新近系主要为断坳盆地内沉积的大量红色碎屑岩夹火山岩。

二、岩浆岩

江苏地区岩浆活动强烈,发育有从超基性至碱性的各类岩浆岩。按岩浆活动在时空上演化规律、组

表 2-3　江苏省及上海市岩石地层划分对比表

地质时代			年代地层			岩石地层					
						华北地层大区		苏鲁地层大区		华南地层大区	
						晋冀鲁豫地层区		苏鲁地层区		下扬子地层区	
代	纪	世	界	系	统	鲁西地层分区	徐淮地层分区	东海地层分区	连云港地层分区	苏皖地层分区	江南地层分区
新生代	第四纪	全新世	新生界	第四系	全新统	Qh	Qh	Qh	Qh	Qh	Qh
		更新世			更新统	Qp	Qp	Qp	Qp	Qp	Qp
	新近纪	上新世		新近系	上新统	宿迁组 N_2s	宿迁组 N_2s	盐城组 $N_{1-2}y$		方山组 N_2f	盐城组 $N_{1-2}y$
		中新世			中新统	下草湾组 N_1x	下草湾组 N_1x			雨花台组 $N_{1-2}y$	
										洞玄观组 N_1d	
	古近纪	渐新世		古近系	渐新统	官庄群 $E_{2-3}G$	官庄群 $E_{2-3}G$	三垛组 $E_{2-3}s$		三垛组 $E_{2-3}s$	三垛组 $E_{2-3}s$
		始新世			始新统			戴南组 E_2d		戴南组 E_2d	戴南组 E_2d
		古新世			古新统			阜宁组 E_1f		阜宁组 E_1f	阜宁组 E_1f
								泰州组 E_1t		泰州组 E_1t	泰州组 E_1t
中生代	白垩纪	晚白垩世	中生界	白垩系	上白垩统	王氏群 K_2W	王氏群 K_2W	王氏群 K_2W		赤山组 K_2c	赤山组 K_2c
										浦口组 K_2p	浦口组 K_2p
		早白垩世			下白垩统	青山群 K_1Q	青山群 K_1Q			甲山火山岩锥 jvb 娘娘山火山岩锥 nvb 上党火山岩带 svb 姑山火山岩锥 gvb 葛村组 K_1g	寿昌组 J_3K_1s
						莱阳群 K_1L	莱阳群 K_1L				
	侏罗纪	晚侏罗世		侏罗系	上侏罗统	三台组 J_3s	三台组 J_3s			大王山组 J_3d	
										龙王山组 J_3lw	黄尖组 J_3h
										西横山组 J_3x	劳村组 J_3l
		早中侏罗世			下中侏罗统					象山群 $J_{1-2}Xn$	

续表 2-3

地质时代			年代地层			岩石地层					
						华北地层大区		苏鲁地层大区		华南地层大区	
						晋冀鲁豫地层区		苏鲁地层区		下扬子地层区	
代	纪	世	界	系	统	鲁西地层分区	徐淮地层分区	东海地层分区	连云港地层分区	苏皖地层分区	江南地层分区
中生代	三叠纪	晚三叠世	中生界	三叠系	上三叠统					范家塘组 T_3f	
		中三叠世			中三叠统					黄马青组 T_2h	
										周冲村组 T_2z	
		早三叠世			下三叠统					青龙组 T_1q	
古生代	二叠纪	晚二叠世	古生界	二叠系	上二叠统	石千峰组 P_3sh	石千峰组 P_3sh			大隆组 P_3d	长兴组 P_3c
		中二叠世			中二叠统	石盒子组 P_2s	石盒子组 P_2s			龙潭组 P_2l	
		早二叠世			下二叠统	山西组 P_1s	山西组 P_1s			孤峰组 P_1g	
										栖霞组 P_1q	
	石炭纪	晚石炭世		石炭系	上石炭统	太原组 C_2t	太原组 C_2t			船山组 C_2c	
						本溪组 C_2b	本溪组 C_2b			黄龙组 C_2h	
										老虎洞组 $C_{1-2}l$	
		早石炭世			下石炭统					和州组 C_1h	
										高骊山组 C_1g	
										金陵组 C_1j	
	泥盆纪	晚泥盆世		泥盆系	上泥盆统					五通组 D_3w	
		中泥盆世			中泥盆统						
		早泥盆世			下泥盆统						
	志留纪	晚志留世		志留系	上志留统						
		中志留世			中志留统					茅山组 S_2m	唐家坞组 S_2t
		早志留世			下志留统					坟头组 S_1f	康山组 $S_{1-2}k$
										高家边组 O_3S_1g	

续表 2-3

地质时代			年代地层			岩石地层					
						华北地层大区		苏鲁地层大区		华南地层大区	
						晋冀鲁豫地层区		苏鲁地层区		下扬子地层区	
代	纪	世	界	系	统	鲁西地层分区	徐淮地层分区	东海地层分区	连云港地层分区	苏皖地层分区	江南地层分区
古生代	奥陶纪	晚奥陶世	古生界	奥陶系	上奥陶统					高家边组 O_3S_1g	长坞组 O_3c
										汤头组 $O_{2-3}t$	黄泥岗组 O_3h
		中奥陶世			中奥陶统	马家沟组 $O_{1-2}m$	马家沟组 $O_{1-2}m$				砚瓦山组 O_2yw
										汤山组 O_2t	
		早奥陶世			下奥陶统					牯牛潭组 $O_{1-2}g$	牯牛潭组 $O_{1-2}g$
										大湾组 O_1d	大湾组 O_1d
						贾汪组 O_1j	贾汪组 O_1j			红花园组 O_1h	红花园组 O_1h
						三山子组 O_1s	三山子组 O_1s			仑山组 O_1l	仑山组 O_1l
	寒武纪	晚寒武世		寒武系	上寒武统	炒米店组 $\in_3c$	炒米店组 $\in_3c$			观音台组 $\in_3O_1g$	超峰组 $\in_3cf$
		中寒武世			中寒武统	张夏组 $\in_2z$	张夏组 $\in_2z$			炮台山组 $\in_2p$	杨柳岗组 $\in_2y$
						馒头组 $\in_{1-2}m$	馒头组 $\in_{1-2}m$				
		早寒武世			下寒武统					幕府山组 $\in_1m$	大陈岭组 $\in_1d$
							昌平组 $\in_1c$				
							猴家山组 $\in_1h$			荷塘组 $\in_1ht$	超山组 $\in_1c$
新元古代	震旦纪	晚震旦世	新元古界	震旦系	上震旦统		金山寨组 Z_2j			灯影组 Z_2d	灯影组 Z_2d
		早震旦世			下震旦统			石桥岩组 Z_1s		黄墟组 Z_1h	蓝田组 Z_1l
	南华纪	晚南华世		南华系	上南华统					苏家湾组 Nh_2s	南沱组 Nh_2n
		早南华世			下南华统					周岗组 Nh_1z	休宁组 Nh_1x

续表 2-3

地质时代			年代地层			岩石地层						
						华北地层大区			苏鲁地层大区		华南地层大区	
						晋冀鲁豫地层区			苏鲁地层区		下扬子地层区	
代	纪	世	界	系	统	鲁西地层分区	徐淮地层分区		东海地层分区	连云港地层分区	苏皖地层分区	江南地层分区
新元古代	青白口纪	晚青白口世	新元古界	青白口系	上青白口统		淮河群	望山组 Pt_3ws				
								史家组 Pt_3s				
								魏集组 Pt_3w				
								张渠组 Pt_3zh				
								九顶山组 Pt_3jd				
								倪园组 Pt_3n				
								赵圩组 Pt_3z				
								贾园组 Pt_3jy				
								城山组 Pt_3c				
								新兴组 Pt_3x		云台岩群 $Pt_{2-3}Y$		
								兰陵组 Pt_3l				
中元古代	蓟县纪	晚蓟县世	中元古界	蓟县系	上蓟县统							
		早蓟县世			下蓟县统							
	长城纪	晚长城世		长城系	上长城统					张八岭岩群 Pt_2Z 锦屏岩群 Pt_2J		金山岩群 Pt_2Js
		早长城世			下长城统						埤城岩群 Pt_2P	上溪岩群 Pt_2S
古元古代	滹沱纪		古元古界	滹沱系					东海岩群 Ar_4Pt_1D	?	?	?
新太古代			新太古界			泰山岩群 $Ar_{3-4}T$	泰山岩群 $Ar_{3-4}T$					
中太古代			中太古界						?			

合特征及其所处地质背景，本省大致可分为3个岩区，即徐州-宿迁（徐宿）岩区、连云港-南京（宁连）岩区、苏州-无锡（苏锡）岩区，其界线分别以海州—宿迁—泗洪一线及高淳—靖江—海安一线为界。

（一）侵入岩

江苏省岩浆岩分布广泛，岩浆岩种类齐全。区域岩浆活动具有延续时间长、活动期次多、波及范围广、活动形式多样并与多种矿产关系密切的特点。

省内岩浆岩分布虽广，但由于被第四系覆盖，出露面积仅 4000km^2 左右。岩浆活动形式既有岩体的侵入，也有火山喷发，形成的岩石类型包括超基性岩、基性岩、中性岩、酸性岩、碱性岩及各种过渡岩石类型。与之有关的矿产涉及铁铜、铅锌、金银等金属矿产和凹凸棒石、膨润土、蓝宝石等矿产。

江苏省岩浆侵入活动主要发生在燕山期，其次为吕梁期、晋宁期、喜马拉雅期。岩石类型较全，从超基性岩类到酸性岩类都有，但以中酸性岩类为主。燕山期侵入岩，由于是多期次、多类型岩浆活动的综合产物，往往构成杂岩体，且多过渡类型岩类。其他几期岩浆侵入活动形成的岩浆岩岩性则较单一。据不完全统计，江苏境内具一定规模的各类侵入岩体有70余个，除少数为钻孔揭示的隐伏岩体外，绝大多数岩体在地表均有不同程度的出露。

超基性岩有橄榄岩和榴辉岩两类，为吕梁期构造岩浆活动的产物，分布在东海、新沂、赣榆境内，泗洪地区钻孔中有揭示。岩石组合复杂，成群出现，多为透镜体，单个岩体规模较小，一般长数百米，宽数十米。橄榄岩多已蛇纹石化，榴辉岩多退变质，与蛇纹石、金红石、石榴石等矿产有关。

基性岩有辉绿岩和辉长岩两类，晋宁期、燕山早期及喜马拉雅期均见有，分布在铜山、邳州、睢宁、南京、宜兴、仪征、泗洪境内。岩石组合除燕山早期产物较复杂外，均较单一，多呈岩床、岩基、岩墙产出，辉绿岩多成群出现，单个岩体规模不大，大的岩体有燕子埠、马头山、埠上、牛蹄山、房村、都山、峰山、蒋王庙、解放桥等岩体，部分岩体与铁、铜矿化有关。

中性岩主要是闪长岩类，为燕山期产物，分布广泛，在沛县、丰县、铜山、盱眙、溧水、南京、溧阳、丹徒、宜兴等地均有分布，多呈岩株、岩枝、岩盖产出，出露面积一般为数十平方米至数百平方米，大者可达数平方千米，大的岩体有利国、班井、金山里、大红山等岩体，铁、铜、铅、锌、硫等矿产与之有关。

中酸性岩有石英闪长岩、石英二长岩和花岗闪长岩3类，属燕山晚期产物，省内分布广泛，岩石组合复杂多样，多呈岩株、岩基、岩枝产出，规模较大，一般出露面积为数平方千米，大者达数百平方千米，主要岩体有高资、安基山、麒麟门、冶山、镇江、下蜀、施山、同官、丹徒、桃林、谏壁、石马、白鹅山、后石娄等岩体，与铁、铜、铅、锌、钼、金、银、硫、高岭土、萤石等矿产有关，是省内金属矿产的主要成矿母岩。

酸性岩有花岗岩和花岗斑岩两类，为燕山期产物，分布零星，在铜山、新沂、东海、宿迁、苏州、溧阳、句容、宜兴等境内见有分布。岩石组合较简单，呈岩株、岩墙、岩脉产出，除苏州岩体外，其余规模均较小，一般出露面积小于 1km^2，较大岩体有苏州、周院、天池山、雷巷、牛头山、城隍山、徐塘庄、晓庄等岩体，其中苏州岩体与铁、铜、铌、钽、锡等矿产有关。

碱性岩主要有石英正长斑岩，零星分布，一般规模较小，矿化作用弱。

除较大的侵入岩体外，每一次较大规模的岩浆活动后期，往往伴随有相应的派生岩脉侵入。东海、新沂地区有海州期的苦橄玢岩和伟晶岩脉，后者与云母、水晶矿有关。燕山期脉岩种类繁多，主要有煌斑岩、细晶岩、伟晶岩、辉绿岩、石英斑岩、花岗斑岩、花岗闪长斑岩、正长斑岩等，规模差异大，受断裂带控制明显，岩脉多呈北西—北北西向、北东向、近东西向，少数为北北东向、近南北向。晋宁期、喜马拉雅期的辉绿岩，则多呈岩脉产出。

（二）火山岩

江苏省内火山岩分布面积广、厚度大，主要发育于中—新生代燕山期和喜马拉雅期。

中生代火山岩活动开始于早中侏罗世，盛于晚侏罗世—早白垩世，晚白垩世基本结束，以陆相火山喷溢作用为主，形成的火山岩包括爆发相的火山碎屑岩、溢流相的熔岩、喷发沉积相的沉火山碎屑岩与火山碎屑沉积岩和次火山岩相的次火山岩等。其中熔岩为主要岩类，包括中性的安山质熔岩、中酸性的粗安质熔岩、酸性的流纹质熔岩和碱性的粗面质熔岩，局部出现响岩。它们组成晚侏罗世和早白垩世火山岩地层的主体。次火山岩主要见于江宁、溧水、溧阳、丹徒、句容、高淳、吴县境内，受构造控制明显，多沿断裂或火山管道侵入，呈岩脉、岩株、岩墙产出，规模小，一般出露面积为 1～3km^2，最大的达 17km^2。岩石类型有次安山岩、次粗安岩、次玄武粗安岩、次粗面岩、流纹斑岩和假白榴石斑岩等。它们与长江中下游的铁、铜、铅、锌、金、黄铁矿关系密切。

中生代陆相火山岩喷发多发生在构造凹陷区。全省共有 11 个中生代火山岩盆地，其中宁芜盆地是省内规模最大、活动时间最长、岩类最复杂、成矿最有利的火山活动盆地。火山活动受北东向、北西向和近东西向几组断裂控制，有多个喷发带，活动时期从晚侏罗世至早白垩世，岩相以溢流相、爆发相和次火山岩相为主，岩性有中性、中酸性和碱性火山岩等，与区内的铁、铜、黄铁矿、金矿关系密切，形成了著名的“玢岩铁矿”等矿床。

新生代火山活动始于古新世，中新世至上新世发生强烈喷发，更新世以来，尚无火山活动记录。古新世至渐新世火山活动中心在金湖—海安一带，苏北钻孔古近系中普遍见火山岩夹层，多者可达数十层，累计厚度 300 余米。中新世至上新世火山岩主要出露在盱眙、六合、仪征境内，其他地区也有零星分布，受北西向、北北东向断裂控制，为裂隙-中心式喷发或中心式喷发。

新生代火山岩岩类较单一，为基性熔岩、火山碎屑岩及次火山岩。熔岩类以碱性玄武岩为主。火山碎屑岩类包括火山集块岩、火山角砾岩，其成分亦多为玄武质。火山碎屑沉积岩类则主要为凝灰质砾岩和凝灰质砂岩。次火山岩有辉绿岩和橄榄辉绿岩。

三、变质岩

区内三大地质构造单元内均有变质岩存在，其中以新太古代至中元古代的变质作用最强烈，新太古代至中元古代地层均已变质。变质作用类型主要有区域变质作用、接触变质作用和动力变质作用等，以区域变质作用为主，形成的变质岩种类繁多，主要有片麻岩、变粒岩、片岩、角岩、大理岩、矽卡岩、糜棱岩等。

江苏省区域变质作用发生在太古宙至元古宙，区域变质岩广泛分布在苏鲁造山带中，在漫长的变质地质时期内，原已形成的侵入岩、火山-沉积岩、沉积岩普遍遭受区域变质作用，构成各种区域变质岩，出现不同的变质带和变质相。按变质作用发生的时间，可划分为太古宙—古元古代和中新元古代两个变质期。

太古宙—古元古代变质期变质作用类型为区域高—中温热动力变质作用，遭受变质的地层为新太古代的泰山岩群和东海杂岩，岩石达中—深变质程度，主要形成低角闪岩相和高绿片岩相两个变质相，部分地区达榴辉岩相、麻粒岩相，形成的变质岩石主要为片麻岩、榴辉岩、浅粒岩、变粒岩、片岩、石英岩、大理岩等。岩石中出现了金刚石、金红石、柯石英等超高压和高压变质矿物，原岩的矿物成分和结构构造均已消失。

中新元古代变质期变质作用类型属区域低温动力变质作用，遭受变质的地层为古元古代至中元古代的锦屏岩群、云台岩群、埤城岩群、金山岩群和中元古代的张八岭岩群，变质相有高绿片岩相和低绿片岩相。变质作用影响的区域包括连云港、沭阳、灌云、东海、泗阳、盱眙大片地区和丹阳县埤城一带。岩石为中—浅变质程度，形成的变质岩主要以片岩为主，夹变粒岩、浅粒岩、大理岩等。

另外，在岩浆岩和围岩接触带，常见接触变质现象。主要发生在中生代燕山期的中酸性侵入岩与围岩接触处，范围一般不大，宽几十米至数百米，少数达 1～2km。接触变质带形态、规模与侵入体大小、形状及围岩的物理化学性质有关。

四、构造

江苏省地跨三大构造域，在复杂而漫长的地质构造史中，历经板块碰撞、海陆开合等构造运动，致使江苏境内构造格局繁杂而多彩，其中大型变形构造是独具特色的典型构造之一。大型变形构造是组成地壳的地质体在地质应力作用下形成的具有区域规模的巨型强烈变形构造，是地壳中的主要地质现象。大型变形构造与一般变形构造的主要区别就在于其是在同一地质应力作用下形成的具有成因联系的构造组合，因而，大型变形构造组成的基本单位还是各种类型的构造，如断裂、褶皱、韧性剪切带等，并且包括受构造活动影响而卷入其中的不同地质体。江苏省内大型变形构造主要为大型推覆构造、大型走滑断裂构造、大型逆冲断裂构造和地堑-地垒构造系统，其中大型走滑断裂构造、大型逆冲断裂构造为不同级别大地构造单元的分界构造，大型推覆构造在华北陆块区、扬子陆块区均有分布，中—新生代中国东部地堑-地垒构造系统涵盖了省域全境。

江苏省内发育的大型变形构造类型及特征如表 2-4 所示。

五、矿产

(一)全省矿产资源分布特点

经过广大地质工作者的辛勤劳动，全省已发现矿种 133 种，包括黑色金属、有色金属、贵金属、非金属和特种非金属、能源矿产及稀散元素与放射性元素等，品种较为齐全，其分布格局具成群、成带相对集中出现的特点。省内矿产主要分布于徐州、连云港、盱眙—六合、淮阴—扬州、南京(宁)—镇江(镇)、宜兴(宜)—溧水溧阳(溧)、苏州—无锡等地区。

徐州地区是江苏煤炭基地和富铁矿产地。连云港地区有磷矿、水晶、蓝晶石、金红石、石榴红宝石和蛇纹石等矿产资源。盱眙—六合地区有冶山铁矿、凹凸棒石黏土和蓝宝石矿等。淮阴—扬州地区主要有石油、天然气和盐类矿产。宁镇地区主要有铁、铜、铅锌银矿以及伴生的金银矿产和部分非金属矿产。宜溧地区主要有锶矿、陶土、膨润土矿等矿产。苏州—无锡地区主要有高岭土、铅锌银等金属、非金属矿产。

全省金属矿产成因类型分为六大类 9 个亚类，其中以接触交代型、热液型、火山-次火山岩型最重要。铁矿以火山-次火山岩型最为重要，次为接触交代型。铜(钼)、多金属及硫铁矿等有火山-次火山热液型、接触交代型及中—低温热液型等，均占重要地位。

全省矿产分布极不平衡。铁矿主要集中分布于宁芜北段，占全省探明储量的 3/4；其余均为中、小型矿床，零星分布在徐州、宁镇、六合、苏州、南通等地。铜矿主要分布在宁镇地区，占探明储量的 63%，次为宁芜北段及溧水、苏州西部等地。钼矿仅分布于宁镇中段。铅、锌多金属矿主要分布于宁镇西段和苏州西部地区。金矿主要集中分布于宁镇和宁芜地区，为铁、铜多金属的伴生矿产。银矿主要分布于宁镇西段和苏州西部地区，均为金属硫化矿床的伴生矿产。硫铁矿主要分布于宁芜北段、宁镇及苏州西部地区，除云台山单独形成矿床外，有色金属矿床中普遍伴有黄铁矿。

表 2-4　大型变形构造特征数据表

大型变形构造名称	代号	类型	规模	产状	组合形式	物质组成	构造层次	运动方向	力学性质	形成时代	变形期次	大地构造环境	含矿特征
郯庐左行走滑构造	TLZZ	剪切	省内长170km，宽20～30km	走向北北东5°～15°，倾向整体向南东东，局部近于直立	平行	带内断陷盆地发育，主要物质组成为白垩纪、新近纪陆内盆地相沉积岩或火山岩。其内残留有新太古代城岗杂岩隆起，并有燕山期中—酸性桃林岩体大规模侵入	脆性	早期($T—J_3$)走滑；晚期($J_{2-3}—N$)：斜冲→正滑→先正滑后走滑	早期($T—J_1$)扭性；晚期($J_{2-3}—N$)：压扭性($J_2—K_1$早期)→张性($K_1—E_1$)→张性(N)	$T_2—J_3$早期	1.转换走滑阶段(240～220Ma)；2.左行平移走滑阶段(220～190Ma)；3.中晚侏罗世至早白垩世早期挤压走滑阶段；4.早白垩世中期至古新世陆内断陷阶段，中新世裂谷断陷阶段	T_{2-3}为陆间造山带；CZ为陆内盆地相	无
徐宿逆掩推覆构造	XSNT	挤压	推覆体，最大运移距离为140～160km	北北东走向，南东向倾斜	近平行(弧形分布)	晚震旦世陆表海碎屑岩沉积，寒武纪至早奥陶世陆表海碳酸盐岩沉积，石炭纪陆表海碎屑岩沉积，而二叠纪、侏罗纪、白垩纪沉积岩主要在钻孔中揭露	脆性	逆冲	压性	$T_2—J_3$	晚三叠世至燕山期形成，持续活动至古新世，可划分为两期：早期(T_3)向近南北方向挤压逆冲形成推覆构造，后侏罗纪至早白垩世早期活化北西向挤压逆冲；晚期(早白垩世中期—始新世)近东西向拉伸正滑	陆内盆地相	同期矿化 Fe
宁镇逆掩推覆构造	NZNT	挤压	展布长约50km	走向北东或北东东，倾向南东	近平行(弧形分布)	主要物质组成有志留纪前陆盆地沉积岩，泥盆纪、石炭纪至早三叠世被动陆缘沉积岩，中晚三叠世前陆盆地沉积岩，侏罗纪、白垩纪陆内盆地相沉积岩、火山岩及侵入岩	脆性	逆冲	压性	$T_2—J_3$	从晚三叠世持续活动至古新世，可划分为两期：早期(T_3)向北挤压逆冲形成推覆构造，侏罗纪至早白垩世早期北西向挤压逆冲活化；晚期(早白垩世中期至始新世)多期拉张正滑	陆内盆地相	同期矿化 Fe、Cu、Mo、Pb、Zn、Au

续表 2-4

大型变形构造名称	代号	类型	规模	产状	组合形式	物质组成	构造层次	运动方向	力学性质	形成时代	变形期次	大地构造环境	含矿特征
茅山逆掩推覆构造	MSNT	挤压	全长大于240km	北北东—南南西向延伸	近平行	志留纪前陆盆地沉积岩，泥盆纪、石炭纪至早三叠世被动陆缘沉积岩，侏罗纪、白垩纪为陆内盆地相沉积岩及火山岩、侵入岩	脆性	逆冲	压性	$T_2—J_3$	持续活动至白垩世，可划分为两期：早期（晚三叠世）近南北向挤压逆冲，侏罗纪北西向挤压逆冲活化；晚期（白垩纪）近南北向拉张正滑	陆内盆地相	Fe、Cu、Au
中国东部地堑-地垒构造（江苏部分）	ZDQL	挤压	省内沿北东向断层分布	北东向断裂控制边界	平行	地堑中陆相碎屑岩快速堆积，形成一套白垩纪以来巨厚的类磨拉石沉积物	脆性	早期（$K—E_1$）走滑或斜滑；晚期（N）正滑	张性或张扭性	K—N	持续活动至上新世，可划分为两期：早期（早白垩世中期—古新世）多期拉张盆岭构造形成阶段；晚期（N）拉张裂谷断陷	陆内盆地相	同期矿化 Fe、Cu、Au
响淮大型逆冲断裂构造	XHNC	挤压	隐伏构造，省内长度大于210km，宽度不清	走向北东，倾向浅部南东，深部可能转向北西，陡倾斜	近平行	出露地层主要为震旦纪陆棚碳酸盐岩沉积物及新生代碎屑岩沉积	脆性	逆冲	压性	可能形成于新元古代	持续活动至早白垩世，可划分为3期：早期（新元古代）挤压形成阶段；中期（中三叠世—晚侏罗世）挤压逆冲活化阶段；晚期（早白垩世—古新世）拉张正滑断陷	新元古代为被动陆缘；中三叠世—古新世为陆内盆地相	无明显矿化
江南大型逆冲断裂构造	JNNC	挤压	隐伏构造，省内长度大于200km，宽度不清	走向北东，近于陡立或陡倾斜，倾向浅部可能为南东	近平行	地表几乎被第四系覆盖，仅少量出露二叠系孤峰组硅质岩，另外钻孔揭露有新近系方山组玄武岩	脆性	逆冲	压性	可能形成于早古生代	持续活动至上新世，可划分为3期：早期（新元古代）挤压逆冲形成阶段；中期（$T_2—T_3$）挤压逆冲作用；晚期（晚侏罗世—古新世）拉伸正滑断陷，上新世可能存在拉张裂谷断陷	早古生代为前陆盆地；晚古生代至早三叠世为被动陆缘；中三叠世以来为陆内盆地相	无明显矿化

(二)矿产成矿特征

本次潜力评价预测的9个矿种(组),其中铁、铅锌、磷为本省优势矿产,现将主要矿种成矿特征概述如下。

1. 铁矿

本区已知铁矿床(点)194处,其中大型2处,中型9处,小型16处,矿(化)点167处(表2-5)。矿床成因类型可划分为陆相火山岩型、矽卡岩型、热液型、沉积变质型、沉积型和风化淋滤(残积)型。其中陆相火山岩型和矽卡岩型为本省重要的铁矿类型,占全省铁矿查明资源总量的99%以上,其余类型均为矿点、矿化点。至2007年底,查明铁矿石资源储量为82 028.6×10^4t,其中保有资源储量为61 701.5×10^4t。

表2-5 江苏省本次预测矿产已知矿(点)统计表

单位:处

矿种	矿床规模			
	大型	中型	小型	矿(化)点
铁	2	9	16	167
铜		2	15	43
钼		1	5	5
铅锌	2	5	2	13
金			8	16
银		3	7	1
磷		5	1	37
硫铁矿		7	10	6
萤石		1		6

2. 铜矿

本区已发现铜(包括铜多金属)矿床(点)60处,其中中型2处,小型15处,其余均为矿(化)点(表2-5)。矿床类型以矽卡岩型为主,其次为陆相火山岩型和热液型。本区域已知铜矿类型有矽卡岩型(接触交代)铜矿床、陆相火山岩型铜矿床、中—低温热液型铜矿及沉积型铜矿,其中具有工业意义的主要是矽卡岩型铜矿床、陆相火山岩型铜矿床。截至2008年底,本区已查明铜金属资源储量为65.49×10^4t,保有资源储量49.92×10^4t。

3. 铅锌矿

铅锌多金属矿是江苏优势矿种之一,已发现的以铅锌为主矿床(点)22处,其中大型2处,中型5处,小型2处,其余均为矿(化)点(表2-5)。矿床成因类型可划分为陆相火山岩型、矽卡岩型、热液型和碳酸盐岩型。碳酸盐岩型和矽卡岩型为本省重要的铅锌矿类型,包括了全部中型以上矿床。截至2008年底,全省已查明铅矿(含伴生)金属量为885 881.38t,锌矿(含伴生)金属量为1 898 079.74t。

4. 钼矿

已发现钼矿床(点)11处,其中中型1处,小型5处,矿(化)点5处(表2-5)。钼矿主要分布于宁镇地区，盱眙、东海也有少量矿(化)点分布。矿床类型可划分为斑岩型、矽卡岩型、热液交代充填型和海相沉积型。以斑岩型、矽卡岩型最为重要，其余类型均为矿化显示，无工业意义。截至2010年，全省已查明钼矿资源量(金属量，含伴生)约3.87×10^4t，保有资源储量约3.25×10^4t。

5. 金矿

本区已发现金矿床(点)24处，其中小型矿床8处，矿(化)点16处(表2-5)。矿床类型以陆相火山岩(火山热液)型、中低温热液微细浸染型(卡林型)和铁帽型为主。截至2008年底，全省已查明金矿资源储量(含伴生)为32 722.72kg。

6. 银矿

本区尚未发现独立银矿床，具有工业意义的银矿主要为铅锌多金属矿床伴生矿。已知共伴生银矿床(点)11处，其中中型3处，小型7处，矿(化)点1处(表2-5)。银矿主要分布于宁镇、苏州两地区，其他地区有零星分布。矿床成因类型可划分为碳酸盐岩(层控热液)型、矽卡岩型、热液型和陆相火山岩型。碳酸盐岩(层控热液)型和矽卡岩型为本省重要的铅锌银矿类型，包括了全部中型以上矿床。截至2008年底，全省已查明金属矿床共伴生银金属量为2151.51t。

7. 磷矿

本区已知磷矿床(点)43处，其中中型5处，小型1处，矿(化)点37处(表2-5)。矿床类型按成因可划分为沉积变质型、岩浆期后型、热液变质型、沉积型和洞穴堆积型。海州式沉积变质型磷矿为本省最重要的磷矿类型，占全省磷矿查明资源总量的90%以上；其次为岩浆期后型，为与玢岩型铁矿共生的内生磷矿。其余类型均为矿(化)点，由于品位低，规模小，难以开发利用，工业意义不大。截至2008年底，全省已查明磷矿石资源储量为11 961.04×10^4t，保有资源储量11 199.9×10^4t。

8. 萤石

江苏省已发现萤石矿床(点)共7处，其中中型矿床1处，其余均为矿(化)点(表2-5)。矿床成因类型均属中低温热液型。江苏萤石资源相对贫乏，主要分布在苏州西部地区，在溧阳小梅岭庙西岩体、江浦光山及东海罗庄等地也见有零星的萤石矿脉和矿化现象。截至2010年，已查明萤石矿资源量(CaF_2)34.5×10^4t。

9. 硫铁矿

江苏省已知硫铁矿床(点)计有23处(包括共、伴生)，其中中型7处，小型10处，矿(化)点6处(表2-5)，主要分布于宁芜、宁镇及苏州西部地区。矿床成因类型有次火山热液型、接触交代矽卡岩型、中低温热液型等。除单独构成矿床(点)外，在有色金属矿床中普遍共伴生黄铁矿，可综合利用。截至2010年，全省已查明硫铁矿石资源量(含共、伴生)8340.27×10^4t。

第三章 数据基础与工作方法

第一节 自然重砂工作程度

一、自然重砂资料来源

江苏省区域自然重砂测量工作的比例尺主要为1∶20万和1∶5万。省内涉及的1∶20万重砂测量图幅共14幅,其中马鞍山市、常州市、无锡市、苏州市、徐州市、新沂县、连云港市、盱眙县、扬州市9个图幅由江苏省区域地质调查大队完成,南京市幅和广德县幅由安徽省地质矿产局区域地质调查所完成,芜湖市幅由安徽省地质矿产局317地质队完成,赣榆县幅、临沂幅由山东省地质矿产勘查开发局区调队完成。

江苏省1∶5万重砂测量工作始于20世纪80年代,它是在完成1∶20万重砂测量之后,随1∶5万矿产调查一起进行的。全省完成1∶20万与1∶5万自然重砂测量的图幅见图3-1。

(一)1∶20万自然重砂资料

江苏省1∶20万区域重砂测量工作始于1959年,至20世纪70年代中期全部结束,以1∶20万区域地质调查的精度进行。江苏省低山丘陵只占全区总面积的5%,大部分地区被第四系覆盖。平原区虽河流纵横交错,密如蛛网,但多属于老年河或人工河,河床中只有淤泥而无砂砾沉积,不宜进行重砂测量工作。山丘地区为剥蚀堆积低山残丘,山间冲沟切割不深,水系不甚发育,是江苏省进行重砂测量工作的主要地区。采样只限于低山残丘地区,样品取自小冲沟中的残坡积物、冲坡积物及冲积物。取样深度视松散层的厚度而定,一般为10～40cm。取样方法则根据砂砾富集情况而定,当砂砾较多时用一点一坑法,若砂砾少而不够一次取样重量时,则用一点多坑法。自然重砂样品的原始重量各图幅不统一,有8kg、10kg、15kg、16kg、20kg、25kg、30kg等。采样密度一般能满足1∶20万区测规范要求,全省共取自然重砂样逾4500个(包括省界以外1～2km的范围),平均(可采)每平方千米0.5个采样点。样品分别由江苏省地质矿产局区域地质调查大队实验室、南京中心实验室、安徽省区域地质调查队实验室、安徽省地质矿产局322地质队实验室、山东省地质局实验室、山东省区域地质调查队实验室及江苏省第五地质队实验室等单位鉴定。

1∶20万自然重砂测量覆盖了全省绝大部分低山丘陵的溪流或小冲沟(图3-2)。随矿物检索出80余种矿物。全省13个1∶20万图幅自然重砂测量情况详见表3-1。

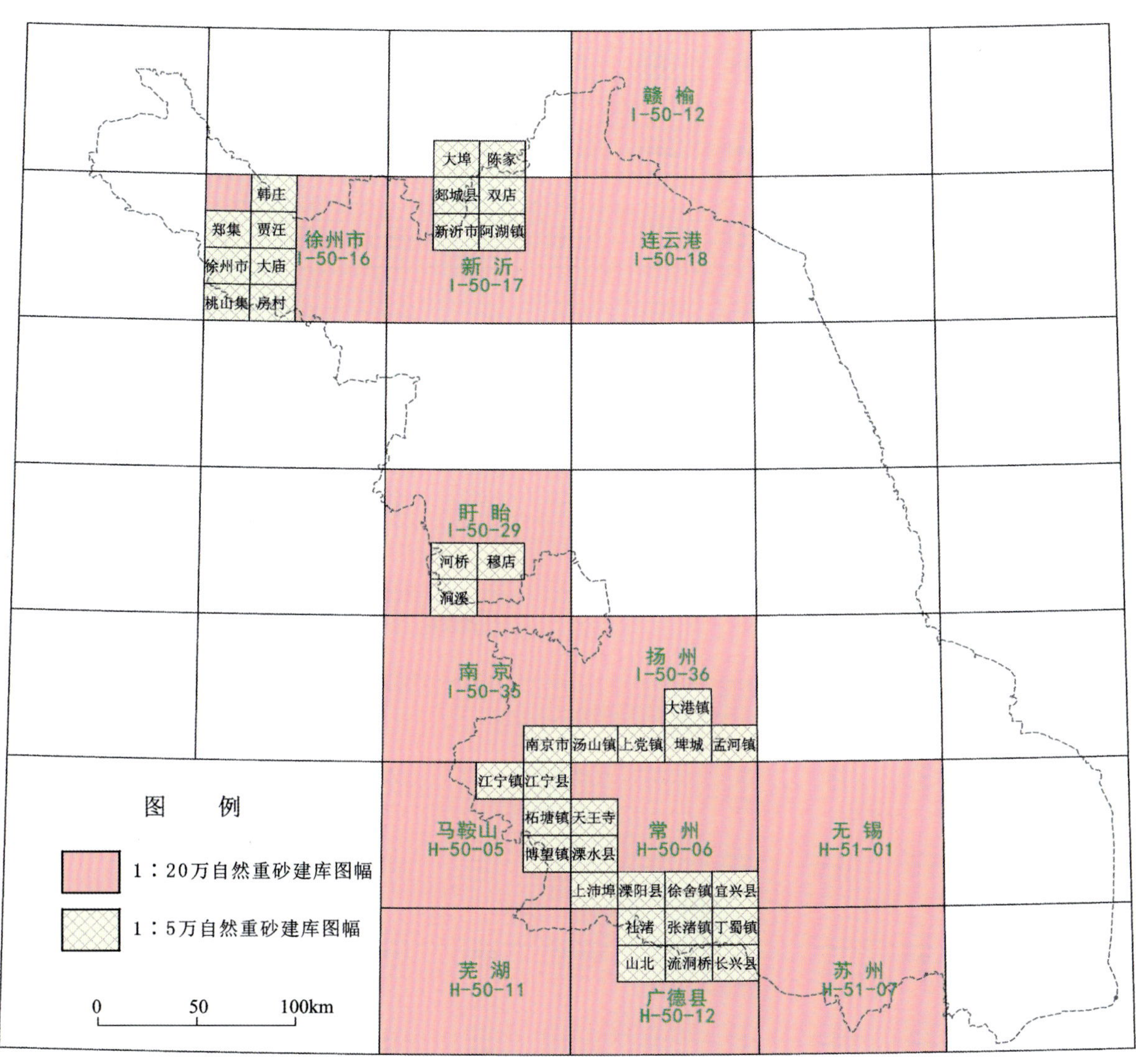

图 3-1 江苏省自然重砂工作程度图

表 3-1 江苏省 1：20 万自然重砂工作情况表

序号	1：20 万图幅名称	图幅编号	完成时间(年.月)	完成单位	样品数(件)	是否建库
1	马鞍山市	H-50-05	1974.12	江苏省区域地质调查大队	992	已建库
2	常州市	H-50-06	1964.12	江苏省区域地质调查大队	431	已建库
3	无锡市	H-51-01	1976.12	江苏省区域地质调查大队	313	已建库
4	苏州市	H-51-07	1976.12	江苏省区域地质调查大队	589	已建库
5	徐州市	I-50-16	1977.12	江苏省区域地质调查大队	1157	已建库
6	新沂市	I-50-17	1969.12	江苏省区域地质调查大队	400	已建库
7	连云港市	I-50-18	1965.12	江苏省区域地质调查大队	81	已建库
8	盱眙县	I-50-29	1978.12	江苏省区域地质调查大队	355	已建库

续表 3-1

序号	1：20 万图幅名称	图幅编号	完成时间(年.月)	完成单位	样品数(件)	是否建库
9	扬州市	I-50-36	1970.12	江苏省区域地质调查大队	139	已建库
10	南京市	I-50-35	1976.10	安徽省地质矿产局区域地质调查所	1988	已建库
11	芜湖市	H-50-11	1973.10	安徽省地质矿产局 317 地质队	2011	已建库
12	广德县	H-50-12	1973.10	安徽省地质矿产局区域地质调查所	2424	已建库
13	赣榆县	I-50-12	1982.12	山东省地勘局区域地质调查队	600	已建库

注：表中样品数为实际入库样品数。

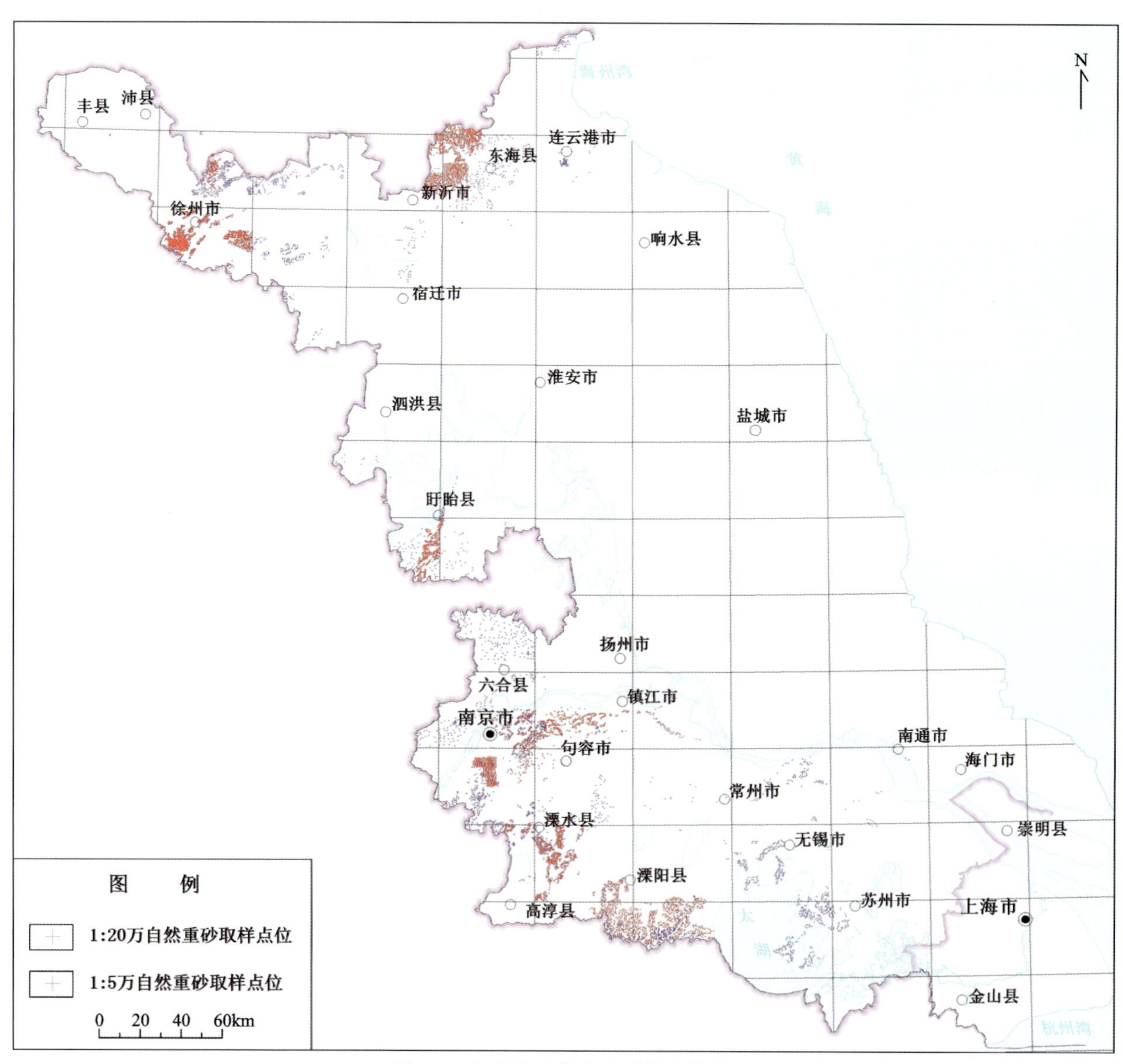

图 3-2　江苏省自然重砂采样点位图

(二)1∶5万自然重砂资料

江苏省1∶5万自然重砂测量工作始于20世纪80年代，它是在1∶20万自然重砂成果的基础上与1∶5万矿产调查一起进行的。野外自然重砂测量采样工作是在近山体及山间小冲沟中选择有利于自然重砂矿物富集的地段采集残-坡积物、冲-坡积物或洪积物。取样精度根据国土资源部1∶5万自然重砂测量规范进行，每平方千米取样一般为3～4个。采样深度视松散层厚度而定，一般采样深度为20～40cm。样品原始重量一般为30kg(部分地区为20kg或30～50L)。样品布局一方面根据前人工作程度，另一方面则根据地质成矿条件的差异而有所不同。在成矿地质条件较好或已知自然重砂异常的地区，除进行了加密采样点外，还注意了向源追溯，采样密度为平均每平方千米5.6个样品，对前人工作较少且成矿地质条件较差的地区，则以能控制水系沟谷为原则。样品取出后，由训练的重砂淘洗工和地质技术人员在野外就近水源直接淘洗，样品淘洗呈灰色为止。灰砂重量一般保留在200g以下，晾干后称重再送实验室，由其负责精淘、鉴定。

全省开展1∶5万自然重砂地区有溧水、宁芜、宁镇、宜溧、盱眙、东海、徐州等，涉及38幅1∶5万工作图幅(图3-2)，采样总数达6642件，矿物检出种类与1∶20万自然重砂测量基本一致。各地区1∶5万自然重砂测量情况见表3-2。

表3-2　江苏省1∶5万自然重砂工作情况表

序号	工区名称	1∶5万图幅编号	图幅名称	样品数(件)	完成时间(年.月)	完成单位	是否建库
1	溧水	H50E003020	博望镇	94	1983.10	江苏省地质局第二地质大队	已建库
		H50E003021	溧水县	444			
		H50E004021	上沛埠	155			
		H50E002021	天王寺	34			
		H50E002020	柘塘镇	6			
2	宁镇	H50E001020	江宁县	63	1978.6	江苏省区域地质调查大队	已建库
		I50E023023	大港镇	16			
		I50E024024	孟河	2			
		I50E024020	南京市	235			
		I50E024023	埤城	33			
		I50E024022	上党镇	121			
		I50E024021	汤山镇	335			
3	宁芜	H50E001020	江宁县	272	1983.12	江苏省区域地质调查大队	已建库
		H50E001019	江宁镇	344			
4	宜溧	H50E005024	丁蜀镇	104	1988.1	江苏省区域地质调查大队	已建库
		H50E003021	溧水县	127			
		H50E006022	山北	3			
		H50E006023	流洞桥	21			
		H50E005022	社渚	245			
		H50E004023	徐舍镇	22			
		H50E004024	宜兴县	17			
		H50E005023	张渚镇	309			

续表 3-2

序号	工区名称	1∶5 万图幅编号	图幅名称	样品数（件）	完成时间（年.月）	完成单位	是否建库
5	东海西部	I50E010019	阿湖镇	246	1986.12	江苏省地质矿产局第六地质大队	已建库
		I50E008019	陈家巡会	280			
		I50E008018	大埠	22			
		I50E009019	双店	582			
		I50E009018	郯城县	140			
		I50E010018	新沂市	197			
6	徐州北部	I50E009014	韩庄	87	1978.12	江苏省地质矿产局第五地质大队	已建库
		I50E010014	贾汪	71			
		I50E010013	郑集	1			
	徐州南部	I50E011014	大庙迂运	396	1984.9	江苏省地质矿产局第五地质大队	已建库
		I50E012014	房村	41			
		I50E012013	桃山集	265			
		I50E011013	徐州市	852			
7	盱眙	I50E019019	穆店	19	1991.6	江苏省地质矿产局第一地质大队	已建库
		I50E020018	涧溪	156			
		I50E019018	河桥	285			

注：1∶5 万自然重砂数据建库均为本次工作完成。

二、自然重砂资料评述

（一）1∶20 万自然重砂资料质量评述

江苏省 1∶20 万自然重砂数据建设始于 1999 年 9 月，止于 2002 年 12 月，分两个阶段。江苏省地质调查研究院承担了徐州、新沂、连云港、盱眙、扬州、马鞍山、常州、无锡、苏州 9 个 1∶20 万图幅的自然重砂数据库建设工作。南京市和广德县两个 1∶20 万图幅的自然重砂数据库建设工作由安徽省地质矿产局区域地质调查所完成。芜湖市幅由安徽省地质矿产局 317 地质队完成。赣榆县幅由山东省地勘局区域地质调查队完成。

作为本次自然重砂资料应用的主要数据源，数据质量存在以下 3 个方面的问题。

1. 检索出的自然重砂矿物名称过于混杂和不规范

按标准名称命名的矿物约 80 种，而近 10 种的矿物名称是由于鉴定人员的认识差异或因连晶使鉴定者难辨而给出的含糊名称，如“赤铁矿-褐铁矿”“磁赤铁矿”“金属铅-铅-自然铅”“磁铁矿-镜铁矿”“铜锡矿物颗粒总和”“其他”等，更有甚者，同一矿物同一名称，但不同表示，如“雄　黄”和“雄黄”与“锆石”和“锆　石”等。所以，在进行自然重砂资料应用研究时，应对命名不规范的矿物，特别是对本次预测研究的矿种有指示意义的矿物种类按类型进行合理归并。

2. 矿物计算单位不统一

同一矿物给出了不同的计量单位，如“百分比”“克”“颗”，虽然运用自然重砂数据库系统处理时，对矿物含量进行了标准化处理，以颗作为标准单位将它们进行了统一换算，但各矿物的粒重研究基础不支持各矿物计量的精确换算，而且原始采样重量不一，有的更是缺少原始重量。对这种历史原因造成的结果，权宜地不分矿物种类进行一致换算，对缺少原始重量的给一“默认值”，势必使数据处理结果带有某种模糊性。这种结果可用于比较同一矿物的含量相对高低，仅作为异常圈定时可用。

3. 图幅不全

江苏省有自然重砂测量的 1∶20 万图幅涉及到 14 个图幅，目前入库数据有 13 个图幅，缺少了临沂幅(在山东省地质调查院，未收集到)。

(二)1∶5 万自然重砂资料质量评述

江苏省 1∶5 万自然重砂数据库建设始于 2008 年，随潜力评价工作由综合信息组开展，根据成矿规律与矿产预测组提供的矿产预测工作区，收集了宁镇、宁芜、溧水、宜溧、盱眙、徐州、东海等地区 1∶5 万自然重砂测量资料(包括自然重砂采样点位图和自然重砂鉴定报告)，截至目前，在原有 1∶20 万自然重砂数据库平台上录入了 38 个 1∶5 万图幅自然重砂数据，样品数为 6642 件。

在 1∶5 万自然重砂收集与建库过程中，发现有以下 3 个方面的问题。

1. 实际材料图与分析报告不吻合

由于重点地区 1∶5 万自然重砂测量是在 1∶20 万自然重砂测量工作基础上开展的，造成收集成果图件上既有 1∶20 万采样点，又有 1∶5 万采样点，虽然样品野外编号与采样点图上编号多数对应性较好，但存在部分编号尚未能相互对应得上。此外，部分样品有采样点没鉴定记录，有鉴定记录的没有采样点位等。这些都影响到 1∶5 万重砂成果资料应用效果。

2. 采样点位精度

由于实际材料图纸质老化或折叠，个别采样点位模糊不清；或采样点标注时，未标注中心点位置，因此，数据采集较为困难，同时采集点位难免会产生偏差。

3. 鉴定结果模糊

由于收集到的资料是多期次的，样品实验分析数据亦为不同时期、不同项目所提交的，因此，矿物分析结果表达形式上存在一些差异。对于一些常量的自然重砂矿物，当时鉴定记录为“微量”“少量”“个别”“大量”，它们对应的约定值和量化值与 1∶20 万自然重砂数据库中对应的值可能有些差异，造成在标准化过程中矿物含量值出现人为的误差。

第二节　技术标准和工作方法

一、技术标准

本专题按照“江苏省及上海市矿产资源潜力评价”总体设计有关要求开展工作，并执行如下标准：
全国矿产资源潜力评价项目—自然重砂资料应用技术要求；
全国矿产资源潜力评价项目—自然重砂资料应用流程；
全国矿产资源潜力评价数据模型—重砂分册；
中国地质调查局—自然重砂数据库工作指南；
中国地质调查局—空间数据库工作指南；
中国地质调查局—自然重砂数据库维护作业指导书；
自然重砂资料应用专题组—自然重砂数据处理与制图操作流程；
自然重砂资料应用专题组—自然重砂资料应用典型示范工作总结。

二、工作方法

（一）技术流程

根据自然重砂数据特征、成矿地质背景、矿产预测类型确定典型矿床，通过典型矿床自然重砂研究，选择有直接或间接指示意义的矿物组合，圈定单矿物和组合矿物自然重砂异常。结合水系、汇水盆地、综合地质构造图等图件，推测解释自然重砂矿物来源、矿床可能产出范围，为找矿远景区圈定、矿产预测提供自然重砂信息。自然重砂资料应用技术流程如图3-3所示。

（二）图件编制

自然重砂资料应用的主要任务是从繁多的自然重砂数据中找出有用的矿产信息，最终研究结果服务于资源潜力评价，同时也可为今后普查找矿、找矿远景规划提供基础资料。编制重砂成果类图件是本次工作的首要任务之一。

自然重砂成果图件主要编制了采样点位图、单矿物或矿物族含量分级图、单矿物或矿物族异常图和综合异常及找矿远景图。

1. 采样点位图

利用自然重砂数据库系统软件对全省自然重砂数据进行预处理，将矿物含量不同鉴定单位值“克”“百分比”“颗”进行标准化处理后，完成全省1∶50万自然重砂矿物采样点分布图。

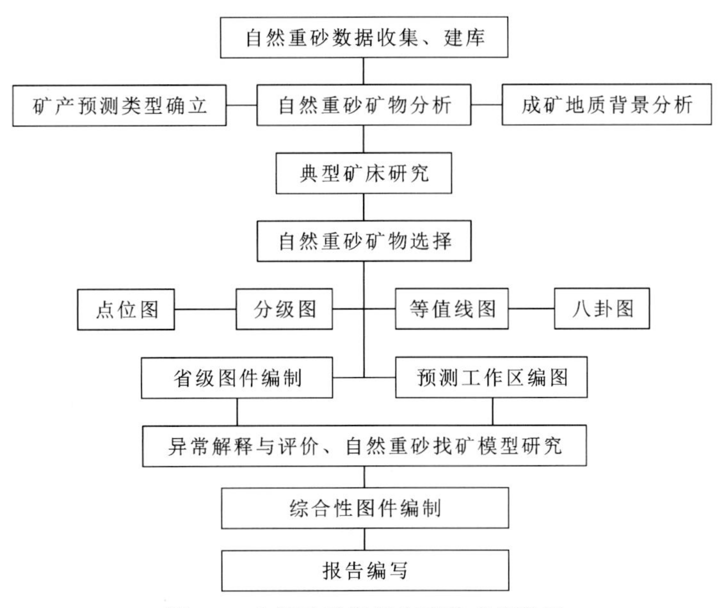

图 3-3　自然重砂资料应用技术流程图

2. 单矿物或矿物族含量分级图

矿物含量分级图能直观地反映区域内某种矿物含量的高低和矿物出现的密度情况，是最直观的矿物含量分布图，也是进行下一步异常圈定的重要参考依据。在进行矿物点位制作时，我们把同族矿物中的原生矿物和次生矿物都视为同一矿物进行处理，将作同一矿物处理后的自然重砂点用 GeoMAG 导出属性，采用累频了解各类自然重砂矿物含量数据的分布情况。

含量分级一般参考如下几点：

(1)自然重砂数据处理时"重砂数据分布检验"的频数直方图。

(2)全省 1∶20 万图幅自然重砂矿物含量分级一览表。

(3)自然重砂矿物各累频间的含量数据分布情况。

一般情况下，报出率小于 10%的按系统默认级别分 3～4 级；报出率大于 10%，且矿物含量多集中在高含量区域的，含量级别采用 5 级分级(表 3-3)。不同级别采用不同颜色、不同大小的符号表示，符号的形状和颜色均按国标《区域地质图图例(1∶50 000)》(GB 958—99)标准。为了使图面清晰、美观，一般报出率较高的矿物符号最小级别采用 1.8mm×1.8mm，以 0.2mm 的步长值，最大级别 2.6mm×2.6mm，报出率较低的矿物符号适当增大。对于出现频率较低的重要矿物，如辉钼矿、闪锌矿、镜铁矿、锡族矿物等，虽然在省内出现很少，但分布较集中，本次研究未采用有无图进行表示，而采用能更好地表现矿物分布特征的含量分级图表示。

表 3-3　江苏省自然重砂矿物含量分级表

矿物名称	报出率(%)	含量分级				
		一级	二级	三级	四级	五级
赤铁矿	83.99	1～573	573～2242	2242～7050	7050～21 295	≥21 295
磁铁矿	77.37	1～67	67～228	228～6053	6053～16 102	≥16 102
金红石	76.30	1～40	40～114	114～282	282～891	≥891
钛铁矿	70.08	1～175	175～752	752～2362	2362～6732	≥6732

续表 3-3

矿物名称	报出率(%)	含量分级				
		一级	二级	三级	四级	五级
电气石	53.88	1～58	58～144	144～282	282～549	≥549
磷灰石	50.94	1～75	75～210	210～350	350～586	≥586
黄铁矿	42.39	1～12	12～39	39～97	97～326	≥326
辰砂	19.77	1～12	12～26	26～48	48～96	≥96
重晶石	8.92	1～20	20～78	78～183	183～441	≥441
砷矿物	6.95	1～7	7～16	16～28	28～88	≥88
自然金	6.05	1～7	7～15	15～28	28～84	≥84
独居石	5.82	1～20	20～100	100～200	200～500	≥500
铅矿物	3.16	1～6	6～14	14～26	26～90	≥90
铜矿物	2.40	1～5	5～14	14～32	32～100	≥100
透辉(闪)石	2.16	1～50	50～105	105～200	≥200	
锡矿物	1.68	1～7	7～20	20～55	55～110	≥110
菱铁矿	1.05	1～13	13～120	120～211	211～465	≥465
锌矿物	0.70	1～180	180～1100	1100～3589	3589～8220	≥8220
萤石	0.43	1～4	4～10	10～100	≥100	
铋矿物	0.34	1～5	5～50	50～100	≥100	
镜铁矿	0.31	1～10	10～200	200～2000	≥2000	
磷钇矿	0.17	1～5	≥5			
钼矿物	0.17	1～5	5～50	≥50		
铌铁矿	0.12	1～56	56～122	122～200	200～1019	≥1019
白钨矿	0.08	1～5	5～10	≥10		
银矿物	0.08	1～5	≥5			

注:以上含量均为标准化后的量值,单位为颗。

3. 单矿物或组合矿物重砂异常图

自然重砂异常表示方法采用单矿物或矿物族汇水盆地表示。自然重砂异常主要根据自然重砂矿物的含量、成矿地质背景、矿产特征及汇水盆地进行圈定,矿物含量分级为异常圈定的主要依据。一般,矿物报出率小于2%的矿物出现即为异常,如钼矿物、银矿物、萤石、铌铁矿、铋矿物、锡矿物、锌矿物等;报出率为2%～5%的矿物,含量二级以上为异常;报出率为5%～40%的矿物,含量三级以上为异常;报出率大于40%的矿物,含量四级以上为异常(表3-4)。重砂数据处理时,“重砂数据分布检验”的频数同时作为参考值。异常圈定时,为避免异常下限值定得过高而丢掉有意义的弱异常,或异常下限值定得过低而使那些无意义的低值区圈定为异常,一般在矿物分布较稀少、含量较低的区域,含量等级降低1～2个级别圈定为异常。

表 3-4　江苏省自然重砂矿物异常下限表

矿物名称	异常下限		矿物名称	异常下限		矿物名称	异常下限	
	一般	低值区		一般	低值区		一般	低值区
金红石	四级		透辉(闪)石	三级	二级	萤石	一级	
磁铁矿	四级		自然金	三级	一级	铌铁矿	一级	
钛铁矿	四级		独居石	三级		锌矿物	一级	
电气石	四级		辰砂	三级	一级	铋矿物	一级	
赤铁矿	四级		菱铁矿	二级	一级	白钨矿	一级	
磷灰石	四级	三级	铜矿物	二级	一级	锡矿物	一级	
黄铁矿	四级	二级	铅矿物	二级	一级	银矿物	一级	
重晶石	三级	二级	镜铁矿	二级	一级	磷钇矿	一级	
砷矿物	三级	二级	钼矿物	一级				

注:表中异常下限值为矿物重砂含量分级。

图面以面和线图元表达异常。异常点所在汇水盆地范围即为异常范围。对于下发的汇水盆地数据空白区域套合中国地质调查局的 1∶25 万电子版地形资料圈定异常。异常圈定除遵循按含量分级的原则外,还对水系进行约定:一般双线河流中的高含量不圈定异常;在三级以下河流中异常含量连续出现两个以上或孤立高含量点附近有已知矿(床)点的圈定异常;高含量点在主河流和支流中连续分布时,圈定支流中的异常,特别是分布在水域源头的高含量点尤以重视。

异常编号从左到右、由北到南顺序编取。

单矿物或矿物族异常分级主要根据异常强度、规模,成矿地质条件,已知矿(床)点分布和找矿的可靠程度,划分为Ⅰ级、Ⅱ级、Ⅲ级,图面上分别用由深到浅的面颜色表达。

Ⅰ级异常:异常区与已知矿床(点)相吻合,有明显的直接找矿标志存在,高含量点比较集中的地段划为Ⅰ级异常区。

Ⅱ级异常:异常强度高,成矿地质条件好,矿化明显,与化探异常吻合较好,有可能找到矿产的异常,为Ⅱ级异常区。

Ⅲ级异常:异常强度低,成矿地质条件差,蚀变矿化不甚明显,化探异常差,不具备找矿意义或在目前条件下找矿希望不大者,划分为Ⅲ级异常区。

最终成果图上叠加了 1∶50 万地质图和矿(床)点分布图。

4. 综合异常带及找矿远景区图

单矿物异常图完成之后,选择铜矿物、铅矿物、砷矿物、锡矿物、重晶石、辰砂、黄铁矿、自然金、镜铁矿、辉钼矿、泡铋矿 11 种矿物或矿物族(组合),将各单矿物异常叠加套合在一张图上,对其进行空间分割、取舍,圈定综合异常,并对其异常定名、编号及异常级别的划分。

圈定方法:首先对一个多矿物叠合区域圈定异常轮廓,找出其中的主矿物,异常名称以矿物的主次顺序排列,并以此作为综合异常属性依据。其他各单矿物或矿物族按国标《区域地质图图例(1∶50 000)》(GB 958—99)用不同颜色线图元表达。综合异常轮廓线根据国标规定的线型给予。

综合异常分级根据异常强度、规模,矿物组合,成矿地质条件,已知矿(床)点分布和找矿的可靠程度,划分为Ⅰ级、Ⅱ级、Ⅲ级。

Ⅰ级异常:当异常区内主要矿物含量普遍很高,高含量点分布连续集中,异常规模大,矿物组合特征好,与已知矿(床)点吻合,为Ⅰ级异常。

Ⅱ级异常:异常区内矿物含量较高,异常规模较大,矿物组合特征较好,有已知矿(化)点存在,与化探异常吻合较好,成矿地质条件较有利,有进一步工作价值的为Ⅱ级异常。

Ⅲ级异常:异常含量低,规模小,矿物组合单一,成矿地质条件一般,地表尚未发现有价值的矿产和矿化,但能为今后提供找矿信息的异常划为Ⅲ级异常。

在综合异常圈定的基础上,划分异常带及找矿远景区。找矿远景区的确定,我们主要立足于那些无已知矿床或工作程度不高但异常强度较大、成矿地质条件较好的地区。对于异常规模大、强度高、与已知矿床吻合、工作程度高的异常区可作为深部找矿的依据。

第三节 空间数据库建设

一、1∶20万自然重砂数据库的维护

江苏省重砂数据取样点位绝大多数是在1∶5万地形图上展布,极个别展布在1∶2.5万地形图上。江苏省1∶20万区调工作起于20世纪60年代初,部分原始图件资料过于陈旧,破损严重,图件扫描后变形较大,必须严格校正图件误差,达不到精度须多次校正。故在数字化的同时,将图幅中的主要图廓点作为图形控制点录入。同时将取样点位与野外样品号关联,以便与自然重砂属性链接。由于收集的资料中没有坐标数据,靠人工量算是不可能的(工作量太大),而且也无法校对,我们采用对原始采样图件进行扫描,用MapGIS图像分析功能,将扫描文件形成MSI文件,通过控制点直接在屏幕上进行定点,并自动得到该点符合要求的经纬度值,输入原始样号,然后自动形成DBF文件。通过原始样号与采样点信息数据进行挂接,将采样点的经纬度值赋于采样点信息数据中,这样既可提高工作效率,又避免了人为的出错率,而且能够满足工作要求。按1∶20万自然重砂数据库建设指南要求,在1∶20万自然重砂数据库中补充本省1∶5万自然重砂测量数据。

数据质量的合格与否,是数据库建设成败的关键。项目组在建库过程中把质量保证贯穿数据库建设的全过程。确立三级质量保证体系:数据整理及录入人员进行100%自检,项目工作人员进行100%互检,质量检查人员进行20%抽检。数据库建设工作过程严格按保证体系运作,质量检查做到分工明确,各司其责,从而保证数据资料真实、收集齐全,内容准确、可靠,资料筛选正确。

按《自然重砂数据库建设工作指南》要求,通过1∶20万自然重砂数据库采集系统,将自然重砂鉴定报告分析数据(卡片)录入到1∶20万重砂数据库中,然后对其数据字段及结构进行调整、添加等处理,即形成符合自然重砂数据库维护要求的样品基本信息和样品鉴定结果ACCESS格式的数据库。

二、自然重砂资料应用成果数据库建设

据自然重砂矿物报出率,将自然重砂采样点位图分级,以地质图为背景图层,依据本省重砂异常特征,参考成矿地质条件、矿产地点,圈定单矿物、组合矿物异常边界并分级,形成自然重砂异常边界(线)和自然重砂异常分布(面)文件,以Ⅰ级、Ⅱ级、Ⅲ级分别表示,然后在GeoMAG中规范面文件属性结构,形成自然重砂异常分布(面)数据表,根据数据模型逐项填写,现分别简述如下。

[特征代码]:通过计算机采集。

[图元编号]:通过计算机采集。

[异常类型]:根据异常类别,填写单矿物异常或组合矿物异常。

[异常编号]:根据异常空间分布,由上往下、由左往右依次编写顺序号。

[异常名称]:根据异常空间分布,结合行政区加以命名,采用"地名+矿物名称+异常"形式,比如"栖霞山铅矿物异常"。

[矿物名称]:根据全国矿产资源潜力评价数据模型的数据项下属词规定分册,填写标准的中文矿物名称。

[矿物含量]:由于是面文件,而不是矿物含量点文件,该项未填写。

[异常分级]:按Ⅰ级、Ⅱ级、Ⅲ级划分。

[异常下限]:根据自然重砂数据分布情况,了解自然重砂在各含量段的分布情况,再结合前人资料总结确定的异常下限综合分析后确定。

[标型特征]:查找自然重砂矿物鉴定原始记录,对矿物的颜色、形态、粒径、晶体结构等描述,但由于工作量过大,该项填写率非常低。

[异常检查情况]:在全省1∶50万自然重砂总结的基础上,翻阅以往1∶20万、1∶5万区域地质调查报告及自然重砂异常查证报告中各类异常特征表,填写相关内容。

[汇水盆地]:自然重砂采集区只限于低山残丘地区,样品取自小冲沟中的残坡积物、冲坡积物及冲积物,因此汇水盆地基本都在一级汇水盆地。

[异常面积]:通过自然重砂面文件自带的图面面积换算成实际面积。

[迁移距离]:样品取自小冲沟中的残坡积物、冲坡积物及冲积物,因此,叠加江苏省1∶20万水系分布图以及自然重砂采样点位图,在图面上量定自然重砂矿物的迁移距离,换算成实际距离。

[推断矿种]:根据矿物的特点和指示意义,结合矿产地分布,确定自然重砂异常推断的矿种类型,一般只针对Ⅰ级、Ⅱ级异常进行推断。由于Ⅲ级异常找到矿产地的可能性比较小,因此,Ⅲ级异常没有进行单矿物异常推断矿种,但综合异常都已进行相应的推断。

[矿化特征]:将地质背景相关图层添加到工程中,对异常区的地层岩性、侵入岩、构造以及矿产地分布进行描述,推测异常的地质解释及可能成因。

[备注]:填写需要说明的注意事项。

第四章　自然重砂矿物特征与异常解释评价

第一节　区域自然重砂矿物特征及其分布规律

江苏省地跨华北陆块区、苏鲁造山带(秦岭造山带东段)和扬子陆块区三大地质构造单元,地质背景复杂,地质内容丰富。各单元的地质构造发展历史、岩浆活动和矿产的形成存在明显的差异,使得研究区自然重砂矿物组合比较复杂,主要有锆石、金红石、绿帘石、磁铁矿、锐钛矿、钛铁矿、石榴石、电气石、白钛矿、褐铁矿和磷灰石,其次有赤铁矿、榍石、黄铁矿、辰砂、铬铁矿、重晶石和蓝晶石,较少矿物有雄黄、雌黄、刚玉、独居石、自然金、铜矿物、铅矿物,极少见矿物有萤石、锌矿物、钼矿物、银矿物、磷钇矿、胶磷矿、铌铁矿、镜铁矿、泡铋矿和锡石等。总体来看,区域自然重砂矿物种类繁多(矿物检出80余种),但具有找矿意义的特殊自然重砂矿物极少,大多以硅酸盐矿物居多。江苏省范围内共收集到10 083件自然重砂测量样品(包含1∶5万自然重砂测量样品),本次自然重砂研究对铜矿物、钼矿物、铋矿物、铅矿物、锌矿物、金矿物、银矿物、钨矿物、锡矿物、砷矿物、黄铁矿、磷灰石、透辉(闪)石、重晶石、辰砂、菱铁矿、磁铁矿、赤铁矿、铌铁矿、钛铁矿、镜铁矿、萤石、独居石、金红石、电气石、磷钇矿26个矿物种类进行了统计分析,统计结果见表4-1,由表可以看出:

(1)江苏省分布较广泛、较常见的矿物有黄铁矿、磁铁矿、磷灰石、赤铁矿、钛铁矿、电气石、金红石等,它们的矿物检出率分别是42.39%、77.37%、50.94%、83.99%、70.08%、53.88%、76.30%;辰砂、铬铁矿、自然金、砷矿物、重晶石、独居石等的检出率较低(5.82%～19.77%);铜、钼、铋、铅、钨、锌、银、锡、萤石、镜铁矿、铌铁矿、磷钇矿等矿物极其少见,这些矿物检出率一般都低于2.00%。这些矿物基本反映出江苏省成矿地质特征(围岩性质及其蚀变矿化、岩浆活动、构造等因素),具有一定的找矿指示意义。

(2)各类自然重砂矿物的空间分布和富集与其所处地质条件、矿产分布、地貌及自然重砂矿物本身性质等诸多因素密切相关,随着各地区成矿地质、构造条件和矿产分布的不同,而显示出它们之间的共性和特性。铜、钼、铅、锌、重晶石等矿物主要分布于中酸性侵入岩与围岩接触带附近,对寻找铜、铅、多金属矿具有一定的指示作用;锡、钨、铋矿物主要分布于侵入岩或断裂附近,对高温热液活动具有一定的指示意义;辰砂、砷矿物、自然金、黄铁矿、镜铁矿、萤石等主要分布于断裂带、中酸性侵入岩与围岩接触带及硫化物多金属矿床(点)的附近,对寻找中—低温热液矿产具有一定的指示意义;磷灰石、磁铁矿广泛存在于各类岩浆岩及变质岩分布区;透辉(闪)石主要位于中酸性侵入岩与碳酸盐岩接触带附近,与矽卡岩化关系比较密切。

现将全省各类单(组合)矿物特征及其分布规律简述如下。

表 4-1　自然重砂矿物含量统计表

矿物种类	矿物组合	主要有用元素	样品检出数量(件)	检出率(%)
金红石	金红石	Ti	7693	76.30
磁铁矿	磁铁矿	Fe	7801	77.37
钛铁矿	钛铁矿	Ti	7066	70.08
磷灰石	磷灰石	P	5136	50.94
电气石	电气石	B	5433	53.88
黄铁矿	黄铁矿	S	4274	42.39
赤铁矿	赤铁矿	Fe	8469	83.99
菱铁矿	菱铁矿	Fe	106	1.05
重晶石	重晶石	Ba	899	8.92
辰砂	辰砂	Hg	1993	19.77
砷矿物	雄黄、雌黄、毒砂、砷铅矿	As	701	6.95
金矿物	自然金	Au	610	6.05
独居石	独居石	Ce,La,Nd,Th	587	5.82
铅矿物	方铅矿、白铅矿、自然铅、砷铅矿、磷氯铅矿、铅锡合金、针硫铋铅矿、钼铅矿等	Pb	319	3.16
透辉(闪)石	透辉石、透闪石	Ca,Mg	218	2.16
铜矿物	孔雀石、斑铜矿、黄铜矿、自然铜、赤铜矿	Cu	242	2.40
锡矿物	锡石、自然锡、铅锡合金	Sn	169	1.68
锌矿物	闪锌矿	Zn	71	0.70
萤石	萤石	F	43	0.43
铋矿物	泡铋矿、针硫铋铅矿	Bi	35	0.34
镜铁矿	镜铁矿	Fe	31	0.31
钼矿物	辉钼矿、钼铅矿	Mo	17	0.17
铌铁矿	铌铁矿	Nb	12	0.12
钨矿物	白钨矿	W	8	0.08
银矿物	自然银	Ag	8	0.08
磷钇矿	磷钇矿	Y	17	0.17

注:样品总数为 10 083 件。

一、铜矿物

江苏省铜矿物主要由孔雀石、黄铜矿、斑铜矿、自然铜和赤铜矿组成。由于铜矿物的化学稳定性差，易氧化分解，在沉积物中不易保存，故在全省自然重砂中铜矿物极其少见，矿物检出率仅为 2.40%。全区铜矿物样品包括 158 个孔雀石、46 个黄铜矿、33 个自然铜、4 个赤铜矿和 1 个斑铜矿，一般含量为 1～5

颗(标准化值,下同),最高含量达 351 900 颗。

除连云港隆起、盱眙断褶带和苏锡断褶带外,铜矿物在全区都有分布。铜矿物主要分布于宁芜火山断陷盆地的铜井(铜井金铜矿)、金牛洞(谷里铜矿、金牛洞铜金矿)、东善桥等地,溧水火山断陷盆地的观山(观山铜铅矿)、燕子口(燕子口金矿)等地,徐州断褶带的利国(利国铁矿)、马头山—扒头山和种羊场(淮河群、寒武系及辉绿岩)、班井地区(闪长玢岩,铜、金多金属矿化点)等地;零星分布于东海隆起带的断裂带附近及太古宙基性岩分布区,江浦-六合断褶带的老山林场(断裂交会处),宁镇断褶带的汤山(汤山金矿)、金条山(有铁矿化点)等地,宜溧断褶带的铜官山(断裂交会处)、横岭(断裂交会处)、吉多岕(有金矿化点)等地。

二、钼矿物

江苏省钼矿物主要由辉钼矿和钼铅矿组成。辉钼矿是自然界分布最广的钼矿物,主要产于高温和中温热液矿床及矽卡岩矿床中。钼矿物在全省自然重砂中检出率非常低,矿物检出率仅为 0.17%。全区钼矿物样品包括 16 个辉钼矿和 1 个钼铅矿,一般含量为 1～5 颗,少量含量高达 200 颗。

全区钼矿物主要集中分布于徐州断褶带的班井(班井闪长玢岩及脉岩与碳酸盐岩接触带附近),九龙湖西侧(北东向断裂附近)。此外,钼矿物还零星分布于宁镇断褶带的安基山(安基山铜钼矿)、铜山(铜山铜钼矿),宁芜断陷的朱门(朱门铜矿化点)等地。

三、铋矿物

江苏省铋矿物主要由泡铋矿和少量针硫铋铅矿组成。泡铋矿常产于热液矿床和接触交代矿床中。它在全省范围分布非常少见,只检出 35 件,矿物检出率仅为 0.34%。全区铋矿物样品由 33 个泡铋矿和 2 个针硫铋铅矿组成,矿物含量一般为 5 颗,少数样品达 100 颗。

全区铋矿物主要分布于宁镇断褶带西段的蒋王庙(有辉长岩分布),宁芜断陷的谷里(谷里铜矿),溧水断陷的观山(观山铜铅矿)、马占山(马占山铁铜矿点)。此外,泡铋矿还呈孤点分布于汤山金矿、梅山铁矿等地。

四、铅矿物

江苏省铅矿物种类非常丰富,主要由方铅矿、白铅矿、铅锡合金、金属铅、自然铅、砷铅矿、磷氯铅矿、针硫铋铅矿、磷硫铝铅矿、钼铅矿和软铅粒等组成。其中方铅矿主要为岩浆期后作用的产物,在接触交代矿床中,常与磁铁矿、黄铁矿、磁黄铁矿、黄铜矿、闪锌矿等共生;在中、低温热液矿床中,与闪锌矿、黄铜矿、黄铁矿、石英、方解石、重晶石等共生;在氧化带,方铅矿不稳定,易转变为铅矾、白铅矿等矿物。铅矿物在自然重砂测区分布极其少见,仅在 319 件自然重砂样品中检出铅矿物,检出率仅为 3.16%。全区铅矿物样品由 133 个铅锡合金、77 个方铅矿、22 个自然铅、47 个金属铅、22 个白铅矿、7 个软铅粒、4 个磷氯铅矿、2 个针硫铋铅矿、2 个钼铅矿、1 个磷硫铝铅矿、1 个砷铅矿和 1 个铅丹等组成。铅矿物含量一般为1～10 颗,少数在 50 颗以上,最高含量达 1600 颗。

除苏锡断褶带外,铅矿物在全区各构造单元均有分布。铅矿物主要分布于徐州断褶带的班井(班井闪长玢岩与碳酸盐岩接触带附近)、三堡—紫庄(北东向断裂带上)、东部的种羊场(淮河群、寒武系及辉绿岩);其次分布于江浦-六合断褶带的老山林场(北东向断裂与北西向断裂交会处)、冶山(铁矿),宁镇断褶带的栖霞山(有铅锌银多金属矿),宁芜断陷的梅山—吉山(有铁矿)、谷里(有铜矿),宜溧断褶带南部的松岭—凤凰山(有铁、金矿)。此外,铅矿物还以孤点分布于六合玄武岩分布区、东海隆起带的北东向断裂附近(有中酸性岩脉分布)。

五、锌矿物

江苏省锌矿物种类颇为单一,仅为闪锌矿。闪锌矿主要产于接触矽卡岩型矿床和中低温热液成因矿床中,是分布最广的锌矿物。全区重砂测量 71 件样品见有闪锌矿,矿物检出率仅为 0.71%。锌矿物含量少量在 5~100 颗之间,多数达 100 颗以上。

全区锌矿物主要分布于徐州断褶带的班井(班井闪长玢岩侵入岩与碳酸盐岩接触带及附近),东海隆起带的羽山—桃林(北东向断裂带附近,内有中酸性侵入岩及脉岩分布),宁镇断褶带的安基山(围绕安基山岩体及附近,有铜钼矿)、钉耙岗—固江口(有铅锌矿点、多金属矿点),宜溧断褶带的小梅岭(有铁矿点、铅锌多金属矿点)、伍伢山林场(有花岗斑岩脉)。此外,锌矿物还零星分布于宁芜断陷的谷里(有铜矿),盱眙断褶带的天台山一带(有铁矿、铅矿化点)。

六、金矿物

江苏省金矿物种类较为单一,主要为自然金,极少量的含金银矿物。自然金是自然界最为广泛的重砂矿物之一,它几乎赋存于各类金属矿床中。全区自然重砂测量 610 件样品见有自然金,矿物检出率较低,仅为 6.05%,一般含量为 1~5 颗,部分 10~100 颗,最大值达 1024 颗。

区域金矿物分布非常广泛,主要分布于徐州断褶带的利国(利国铁矿)、班井(班井闪长玢岩与碳酸盐岩接触带附近,有金矿化)、种羊场(淮河群、寒武系及辉绿岩),东海隆起的羽山(北东向断裂带,有金矿化点);其次分布于宁芜断陷的铜井(有铜金矿)、谷里(金牛洞铜金矿、谷里铜矿),溧水断陷的燕子口(燕子口金矿),宁镇断褶带的钉耙岗—固江口(有铅锌矿点、多金属矿点)等地。此外,金矿物还零星分布于宁镇断褶带的汤山(有金矿)、青龙山(北东向断裂),宜溧断褶带南部的吉多岕(有金矿化点),苏锡断褶带的东山(破碎蚀变带)等地。

七、锡矿物

江苏省锡矿物种类比较丰富,主要为铅锡合金和锡石,其次为自然锡。其中锡石是最常见的锡矿物,也是锡最主要的矿石矿物。锡石主要产在花岗岩类侵入体内部或近岩体围岩的热液脉中,在伟晶岩体和花岗岩体中也常有分布。由于锡石硬度高,相对密度大,抗化学风化能力强,故常富集成砂矿,称为砂锡。全区锡矿物检出率较低,仅为 1.68%。全区锡矿物样品由 120 个铅锡合金、46 个锡石和 3 个自然锡组成。锡矿物含量一般为 5~50 颗,最高值为 1760 颗。

本区锡矿物主要分布于徐州断褶带的班井(班井闪长玢岩及脉岩与碳酸盐岩围岩接触带,有多金属矿化点)、三堡—紫庄一带(北东向矿化裂隙)和种羊场一带(淮河群、寒武系及辉绿岩),其次分布于宜溧断褶带南部的梅岭—大栗园一带(有铅锌多金属矿化点)。

八、砷矿物

江苏省砷矿物主要由雄黄、雌黄和毒砂组成。砷矿物是自然界中不稳定的矿物之一，常见于低温热液矿床中，全区 10 083 件重砂样品(包含 1 : 5 万重砂测量)，其中 701 件重砂样品见砷矿物，见矿率仅为 6.95%。全区砷矿物样品由 604 个雄黄、84 个雌黄和 13 个毒砂组成。砷矿物含量一般为 1～5 颗，最高值为 3102 颗。

除连云港隆起带外，砷矿物在全区各构造单元均有大面积分布，主要分布于徐州断褶带的利国(利国铁矿)、云龙湖和太山—西贺村(北东向矿化裂隙)，宁芜断陷的梅山(有铁金矿)、陆郎(有铜、金矿)、陶吴(有铜、金矿点)，宜溧断褶带南部之上野毛山—吉多岕一带(有铁、金矿点)，宁镇断褶带的汤山(有金矿、锑、汞矿化点)、九华山钉耙岗—固江口(有铅锌矿点、多金属矿点)等地；其次分布于东海隆起广大地区(主要分布于北东向断裂附近)，盱眙断褶带的天台山(有铁、铅、钼矿点)及南部玄武岩分布区，宁镇断褶带的栖霞山—大凹山一带(有铅锌银矿、多金属矿点)等地。此外，砷矿物还以低含量零散分布于宜溧断褶带上(主要分布于层间断裂附近)。

九、黄铁矿

黄铁矿是分布最广泛的硫化物矿物，在各类岩石中都可出现。江苏省自然重砂测量中黄铁矿检出样品 4274 件，检出率为 42.39%。黄铁矿含量一般为 10～200 颗，少数高含量在 34 480 颗以上。

黄铁矿在全区各构造单元均有大面积分布，主要分布于徐州断褶带的利国(利国铁矿)、班井及外围(班井闪长玢岩及脉岩与碳酸盐岩围岩接触带)、种羊场(淮河群、寒武系及辉绿岩)，宁镇断褶带的汤-仑复背斜(有金矿、铅锌多金属矿点)、麒麟门和安基山岩体及周围(有铁矿点、铜钼矿)、栖霞山—大凹山(有铅锌银矿、多金属矿点)，宁芜断陷的梅山—凤凰山—陶吴—云台山—鸡笼山一带(有铁、铜、铅锌、金、硫矿产地几十处)和铜井(有铜金矿)，溧水断陷的观山(有铜铅矿)、金驹山(有金矿)，苏锡断褶带的潭山—光福—南阳山(北东向的铅锌银多金属和硫铁矿成矿带)；其次分布于苏锡断褶带无锡南部(层间矿化裂隙)，盱眙断褶带的李家岗—石牛塘(有铁、钼、铅矿点)，连云港隆起的锦屏山(有铅锌矿点)，东海隆起带(北东向断裂带附近)等地。从各分布区黄铁矿含量来看，黄铁矿高值点绝大多数分布在已知矿床(点)附近。

十、重晶石

重晶石是钡的最常见矿物，其成分为硫酸钡，主要产于低温热液矿脉中。江苏省自然重砂测量中重晶石检出样品 899 件，检出率为 8.92%。重晶石含量一般为 10～200 颗，最高含量为 102 400 颗。

除苏锡断褶带和连云港隆起外，重晶石在全省各构造单元均有大面积分布，主要分布于东海隆起带(北东向断裂附近)，班井及外围(班井闪长玢岩及脉岩与碳酸盐岩围岩接触带)、太山—西贺村(北东向矿化裂隙)、种羊场(淮河群、寒武系及辉绿岩)，宁芜断陷的梅山—凤凰山—陶吴—云台山—鸡笼山一带(有铁、铜、铅锌、金、硫矿产地几十处)和铜井(铜井铜金矿)，溧水断陷的观山(有铜铅矿)、金驹山(有金矿)，宁镇断褶带的栖霞山—大凹山(有铅锌银多金属矿、多金属矿点)；其次分布于江浦-六合断褶带的老山林场(北东向、北西向断裂交会处)、冶山(有铁矿)，盱眙断褶带的李家岗—石牛塘(有铁、钼、铅矿点)，溧水断陷的燕子口(有金矿)和炸山(有铁矿点)，宜溧断褶带(层间断裂)等地。

十一、辰砂

辰砂矿物在自然界中分布广泛，多形成于低温热液矿床中。江苏省辰砂检出样品 1993 件，矿物检出率为 19.77%。辰砂矿物含量一般为 1～10 颗，最高含量为 2570 颗。

辰砂在全区各构造单元中均有分布，主要分布于东海隆起带的东海—郯城（北东向断裂附近），徐州断褶带的利国（有铁矿）、马头山—扒头山和种羊场（淮河群、寒武系及辉绿岩）、班井及外围（班井闪长玢岩及脉岩与碳酸盐岩接触带）、太山—西贺村（北东向矿化裂隙），宁芜断陷的梅山—凤凰山—陶吴一带（有铁、铜、铅锌、金矿产地几十处），苏锡断褶带的基岩出露区（几乎覆盖全区），宜溧断褶带南部徐家园—小梅岭—松岭—李家园—杨店一带（区内分布有铁、铅锌、金、多金属矿重要成矿带）；其次还分布于盱眙断褶带的李家岗—石牛塘（有铁、钼、铅矿点），宁镇断褶带的汤山（有金矿、汞、锑矿化点）、钉耙岗—固江口（有铅锌矿点、多金属矿点）等地。从各分布区辰砂含量来看，辰砂高值点（三级、四级）绝大多数分布于已知矿床（点）附近。

十二、铌铁矿

铌铁矿是铁、锰和铌的氧化物矿物，是提炼铌和钽的重要矿物，主要产于花岗岩和伟晶岩中，也见于有关风化矿床和砂矿中。江苏省铌铁矿检出率极低，仅为 0.12%。铌铁矿含量一般为 50～100 颗，最高含量达 1938 颗。

全区铌铁矿分布范围较有特点，仅分布于苏州花岗岩体与围岩接触带附近。前人研究表明，在岩体内部相岩石中，Nb($175.6\times10^{-6}\sim182.1\times10^{-6}$)、Ta($10.6\times10^{-6}\sim16.8\times10^{-6}$)和 Nb＋Ta($187.3\times10^{-6}\sim198.9\times10^{-6}$)较低；在边缘相岩石中，Nb($169.3\times10^{-6}\sim260.0\times10^{-6}$)，特别是 Ta($56.6\times10^{-6}\sim65.2\times10^{-6}$)和 Nb＋Ta($234.1\times10^{-6}\sim321.9\times10^{-6}$)明显富集，且显示出较大的变化，Nb、Ta 元素富集之间存在较好的相关关系。矿物学研究表明，在边缘相岩石中发现了钽铁矿、重钽铁矿等稀有金属矿物，它们的结晶作用一般发生在岩浆阶段。综合考虑苏州花岗岩体边缘相发生的雨水与富集稀有元素的岩浆体系之间的相互作用，可以认为苏州花岗岩在演化结晶至晚期时，其顶部或边缘与雨水相遇，导致原岩岩浆体系的物理化学条件（温度、压力、氧逸度和酸碱度等）发生变化，并进一步使稀有元素络合物发生解体，从而在晚期结晶的岩石中发生稀有元素（Nb、Ta 以及 Zr、Hf、Th 等）的矿化作用。

十三、萤石

萤石，又称氟石，是一种矿物，其主要成分是氟化钙，主要产于热液矿脉中。常与闪锌矿、方铅矿等共生。江苏省萤石检出率仅为 0.43%，含量一般为 5～50 颗，最高含量达 102 400 颗。

全区萤石分布范围较为有限，主要分布于东海隆起带的双店（北东向、北西向两组断裂交会处），徐州断褶带的利国（利国铁矿）、马头山—扒头山和山寨（淮河群、寒武系及辉绿岩）、班井及外围（班井闪长玢岩及脉岩与碳酸盐岩围岩接触带）、云龙湖和太山（北东向矿化裂隙），宜溧断褶带的横山水库（层间断裂），苏锡断褶带的南阳山—七子山（苏州花岗岩体分布，有萤石矿）等地；其次分布于盱眙断褶带的龙公社（北西向断裂与北东向断裂交会处）等地。

十四、银矿物

江苏省银矿物主要由自然银组成，热液成因的自然银见于一些中低温热液矿床。区域银矿物的检出率极其低，仅为0.08%，含量一般为2～5颗，最高含量为10颗。

全区银矿物分布较为有限，主要以孤立的点分布于山左口（近南北向断裂）、徐州断褶带的班井（班井闪长玢岩及脉岩与碳酸盐岩接触带）和宁镇断褶带的汤山（有金矿、汞、锑矿化点）。

十五、钨矿物

江苏省钨矿物主要为白钨矿，未见黑钨矿。白钨矿一般产于接触交代矿床中，与石榴石、符山石、透辉石等矿物伴生，或产于高温热液矿床中与黑钨矿等伴生。在表生作用中，由于含钨矿物较稳定，常形成砂矿。区域钨矿物检出率仅为0.08%。

全区钨矿物主要分布于东海隆起带的黑埠子（南北向断裂）、竹墩（有金、铅、银多金属矿点），徐州断褶带的班井及外围（班井闪长玢岩及脉岩与碳酸盐岩接触带）。

十六、磷灰石

磷灰石是一系列磷酸盐矿物的总称，磷灰石作为副矿物见于各种火成岩中，在碱性岩中可以形成有工业价值的矿床。江苏省磷灰石矿物检出率比较高，约一半重砂样品检出磷灰石(50.94%)。

除苏锡断褶带和连云港隆起带外，磷灰石在全省各构造单元均有大面积分布，高含量点主要分布于东海隆起带的桃林（桃林花岗闪长岩）及榴辉岩分布区，徐州断褶带的利国（辉绿岩、闪长玢岩分布）、种羊场—山寨（淮河群、寒武系及辉绿岩）、班井及外围（班井闪长玢岩及脉岩分布），宜溧断褶带的铜官山和杨店（有花岗斑岩分布）、庙西（有花岗斑岩分布）、茗岭（有闪长玢岩分布），宁镇断褶带的安基山（石英闪长斑岩）、蒋王庙（有辉长岩分布）；其次分布于宁芜断陷的梅山（辉石闪长玢岩分布）、六合-江浦断褶带的冶山（有石英闪长岩分布），盱眙断褶带（有二长花岗斑岩分布），宁镇断褶带东段的粮山至水晶山（有石英闪长玢岩分布）。从上述磷灰石分布区地质情况来看，磷灰石与各类岩浆岩关系非常密切。

十七、菱铁矿

菱铁矿是一种分布比较广泛的矿物，其成分是碳酸亚铁，当菱铁矿中的杂质不多时可以作为铁矿石来提炼铁。江苏省菱铁矿检出率为1.05%，含量一般为5～200颗，最高含量为45 600颗。

全区菱铁矿主要分布于徐州断褶带的班井（班井闪长玢岩及脉岩与碳酸盐岩接触带），宁镇断褶带的栖霞山（有铅锌银多金属矿）、射乌山（有铜矿点）和沧波门（有铜矿化点），宁芜断褶带的梅山（有铁矿）、谷里—元山（已知有铜矿、金矿点）；其次分布于苏锡断褶带的青龙山（北西向与北东向两组断裂交会处）、花山和定山（层间断裂发育）等地。

十八、镜铁矿

镜铁矿形成于各种地质作用之中，但以热液作用、沉积作用和沉积变质作用为主。江苏省镜铁矿检出样品31件，见矿率仅为0.31%。

全区镜铁矿主要分布于溧水断陷的金驹山(有金矿)和东海隆起带的阿湖(有铁矿点)，其次分布于溧水断陷西侧的铜山(有金矿化)和乌山(有铁矿点)。

十九、透辉(闪)石

透辉(闪)石是矽卡岩化重要的特征矿物组合，它们主要产于中酸性侵入体与碳酸盐类岩石的接触带或其附近，江苏省透辉(闪)石检出率仅为2.16%，矿物含量一般为10～100颗。

全区透辉(闪)石主要分布于东海隆起带的西侧(分布有榴辉岩)，徐州断褶带的马头山—扒头山和种羊场—山寨(辉绿岩与寒武系接触带)、利国(有铁矿)、班井及外围(班井闪长玢岩及脉岩与碳酸盐岩接触带)，宁镇断褶带的栖霞山(有铅锌银多金属矿)、汤山(石英闪长玢岩与奥陶系灰岩接触带)、安基山(石英闪长斑岩与栖霞组灰岩接触带)，宜溧断褶带南部的小梅岭至李家园(有铁矿、铅锌多金属矿点等)。从全区透辉(闪)石分布情况来看，东海隆起带主要分布镁铝透辉石，其余地区为钙铁透辉石，主要与矽卡岩有关。

二十、独居石

独居石是稀土金属矿的主要矿物之一，常含钍、锆等。独居石主要作为副矿物产在花岗岩、正长岩、片麻岩和花岗伟晶岩中，在与花岗岩有关的热液矿床中也有产出。由于独居石的化学性质比较稳定，密度较大，故常形成滨海砂矿和冲积砂矿。江苏省独居石检出率比较低，仅为5.82%，含量一般为5～20颗。

全区除连云港隆起带、盱眙断褶带和苏锡断褶带外，其他各构造单元均有独居石分布，主要分布于东海隆起带上(片麻岩花岗岩分布)，宁镇断褶带的上坊至徐家山一带(花岗斑岩、石英闪长玢岩分布)、栖霞山(有铅锌银多金属矿)，溧水断陷的小茅山(有铜矿点)、野山凹(有铁矿点)；其次还零星分布于徐州断褶带的马头山—扒头山(辉绿岩与寒武系接触带)，宜溧断褶带的湖父、葡萄岭和松岭(花岗斑岩分布)，宁芜断陷的东侧(辉石闪长玢岩分布)等地。

二十一、磷钇矿

磷钇矿是稀土矿的主要矿物之一，是一种磷酸盐矿物。磷钇矿主要产于花岗岩、花岗伟晶岩和碱性花岗岩中，亦产于砂矿中。江苏省磷钇矿检出率极其低，仅为0.17%，含量一般为1～5颗，最大值为50颗。

全区磷钇矿主要分布于宁镇断褶带的青龙山至徐家山一带(花岗斑岩分布)，其次分布于溧水断陷的东岗(辉石闪长玢岩分布)，此外呈孤点分布。

二十二、金红石

金红石是含钛的主要矿物之一，是提取钛，制造钛合金、钛白、海绵钛、焊条涂料等的矿物原料。金红石矿在江苏省属优势矿种，主要产于苏鲁超高压变质带中。江苏省金红石矿检出率为76.30%，含量一般为5～200颗，少数含量为30 000颗以上。

金红石在全省各构造单元均有大面积分布，高含量点主要分布于东海-新沂超高压变质带（有榴辉岩分布），徐州断褶带的利国（有新元古代、寒武纪、奥陶纪变质岩分布）、种羊场—山寨（淮河群、寒武系及辉绿岩）、班井及外围（班井闪长玢岩及脉岩分布），宜溧断褶带的铜官山（有花岗斑岩分布）、葡萄岭（有花岗斑岩分布）、土包山（土包山铁金矿）、伍伢山（有花岗斑岩分布），宁镇断褶带的射乌山（石英闪长斑岩）、九华山（有辉石闪长玢岩分布）；其次分布于宁芜断陷的梅山（辉石闪长玢岩分布）、云台山（云台山硫铁矿），六合-江浦断褶带的冶山（有石英闪长岩分布），盱眙断褶带（有二长花岗斑岩分布）。从上述金红石分布区地质情况来看，金红石与变质岩关系最为密切，其次与各类岩浆岩关系密切。

二十三、磁铁矿

磁铁矿在自然界中分布很广，成因有多种。江苏省磁铁矿检出样品7801件，检出率为77.37%。

除江浦-六合断褶带外，磁铁矿在全区各构造单元均有分布，高含量值主要分布于东海隆起带西侧（分布有花岗斑岩、二长花岗岩等），徐州断褶带的利国（有铁矿）、头山—扒头山和种羊场—山寨（辉绿岩与寒武系接触带），宁芜断陷的梅山—吉山（铁矿集区和辉石闪长玢岩），溧水断陷的方边—马占山（辉石闪长玢岩）、馒头山—观山（辉石闪长玢岩）和苏州断褶带的南阳山（铁矿）等地；其次分布于盱眙南部广大地区（玄武岩分布），宁镇断褶带的安基山（石英闪长斑岩），宜溧断褶带南部（花岗斑岩与闪长斑岩）等地。

第二节　成矿类型的重砂矿物特征

江苏省潜力评价预测矿种有铁、铜、铅、锌、金、磷、银、钼、硫铁矿、萤石、煤11种，矿物学上与铁矿相关的磁铁矿、赤铁矿、菱铁矿、褐铁矿等重砂矿物由于来源的不确定性（来源于地层、岩浆岩、矿化蚀变、矿床等），无法为铁矿预测提供有意义的自然重砂信息；矿物学上与磷矿相关的磷灰石、磷钇矿、胶磷矿等重砂矿物，它们来源太广，既可来源于地层，也可来源于岩浆岩、变质岩或磷矿床，因此也无法为磷矿提供有意义的自然重砂找矿信息；煤矿无相关重砂矿物。鉴于上述原因，本次自然重砂专题涉及到的预测矿种为铜、铅、锌、金、银、钼、硫铁矿、萤石8种，其不同矿种不同预测类型有用的自然重砂矿物组合及其标型特征分述如下。

一、铜矿

江苏省铜矿预测类型有矽卡岩型、层控矽卡岩型、斑岩型和陆相火山岩型4类，其中矽卡岩型铜矿对应的典型矿床为安基山铜矿和铜山铜钼矿，层控矽卡岩型铜矿对应的典型矿床为獾子洞铜金矿，斑岩型铜矿对应的典型矿床为盘龙岗铜钼矿，陆相火山岩型铜矿对应的典型矿床为铜井铜金矿和观山铜铅矿。

(一)安基山铜矿(矽卡岩型)

安基山铜矿位于下扬子古陆块东部，宁镇穹断褶束中段，桦墅-亭子向斜南翼与汤山-仑山背斜北翼之间，近东西向断裂与北北西向断裂交会处。矿区主要位于黎家山次级背斜核部及近核两翼。矿区出露地层有下三叠统青龙组、中三叠统黄马青组和侏罗系象山群，深部自泥盆系至侏罗系较为齐全。区内褶皱轴向为近东西向，断裂走向主要为北北西向、近东西向。北北西向构造岩浆带为矿区控岩、控矿构造。在黎家山背斜与北北西向断裂交会处，原地层被断裂及岩浆冲碎、吞蚀成多个岩片状捕虏体，形成了矿液活动的有利空间，从而控制了矿化带和矿体的展布。侵入岩(安基山岩体)为燕山中晚期浅—中浅成中酸性岩体，同位素测年为123～92 Ma。安基山岩体呈岩株状产出，剥蚀较浅，平面上呈北北西向长椭圆形；岩性主要为花岗闪长斑岩、石英闪长斑岩。

安基山铜矿床按成矿作用和赋存部位可分为两类，即接触交代作用形成的矽卡岩型矿体和热液交代作用形成的斑岩型矿体。其中矽卡岩型矿体占绝对优势，占总储量的90%。矿床成因类型归属接触交代矽卡岩型。矽卡岩型矿带受一组北北西向张性断裂控制，长约1800m，宽约800m，矿带中断续分布大小不等的捕虏体，矿体主要赋存于石炭纪—二叠纪、三叠纪的碳酸盐岩层与岩体接触带部位。矿体形态复杂，以陡倾斜透镜状为主。尚见少量斑岩型铜矿体，大部分赋存于石英绢云母化花岗闪长斑岩中，少量产于砂岩捕虏体内，矿体受石英绢云母化带中北北西向裂隙控制，呈陡倾斜脉状产出，厚度几米至数十米不等，走向延长200～400m，延深300m左右，剖面上有明显的膨大、收缩、分叉现象。矿化自地表至深达－900m尚未穿过铜钼矿化带，但品位均很低，与矽卡岩矿体邻近才富集成矿体，矿体平均品位Cu 0.3%左右。

矿区内共查明大小矿体100余个，呈似层状、扁豆状、透镜状、脉状，主矿体呈不规则透镜状和脉状，长560～600m，厚14.23～45.35m，延深大于300m。围岩蚀变较强烈，有钾长石化、黑云母化、矽卡岩化、黄铁矿化、硅化、绢云母化、绿泥石化、碳酸盐化等。矿石矿物以黄铜矿、黄铁矿为主，次有闪锌矿、辉钼矿、磁黄铁矿、斑铜矿、辉铜矿、铜蓝、孔雀石、自然铜、磁铁矿、赤铁矿、褐铁矿等；矿石结构有乳滴状、自形—他形粒状、斑状结构等；矿石构造有细脉浸染状、块状、团块状、条带状构造等。矽卡岩型矿石中元素一般含量：Cu 0.8%，Mo 0.0037%，Zn 0.63%。

根据以上成矿地质背景及矿石矿物特征分析，本次选择铜矿物(黄铜矿、斑铜矿、辉铜矿、铜蓝、孔雀石、自然铜)、锌矿物、辉钼矿、铋矿物、黄铁矿、辰砂、砷矿物、重晶石等自然重砂矿物，编制了安基山矽卡岩型铜矿区自然重砂含量分级剖析图(图4-1)，由图可知：铜矿物在矿区范围内未检出(虽然铜矿物为安基山铜矿的矿石矿物，但它在地表自然重砂中未显示)；黄铁矿、砷矿物在矿区范围内检出率相对较高，从图上可知安基山铜矿与射乌山铜矿附近黄铁矿、砷矿物含量较高，一般在五级以上，远离铜矿区含量有减小趋势；辰砂在铜矿附近也见四级至五级含量点；重晶石、闪锌矿在矿物内也有一定的检出率，但含量普遍偏低，与铜矿的相关性不是很好。

从以上分析来看，对于安基山矽卡岩型铜矿，直接指示矿物不明显，其一可能是矿体埋藏较深，矿体未剥露出地表的原因，其二可能是由于采样密度(1∶20万、1∶5万)偏小，无法反映出矿区大比例尺的自然重砂找矿信息；黄铁矿、砷矿物、辰砂这组与中低温热液有关的矿物和矽卡岩型铜矿有一定的相关性，可以作为矽卡岩型铜矿的间接指示矿物。

(二)铜山铜钼矿(矽卡岩型)

铜山铜钼矿位于下扬子陆块宁镇褶皱束的中部，龙(潭)-仓(头)复背斜东段南翼。上泥盆统五通

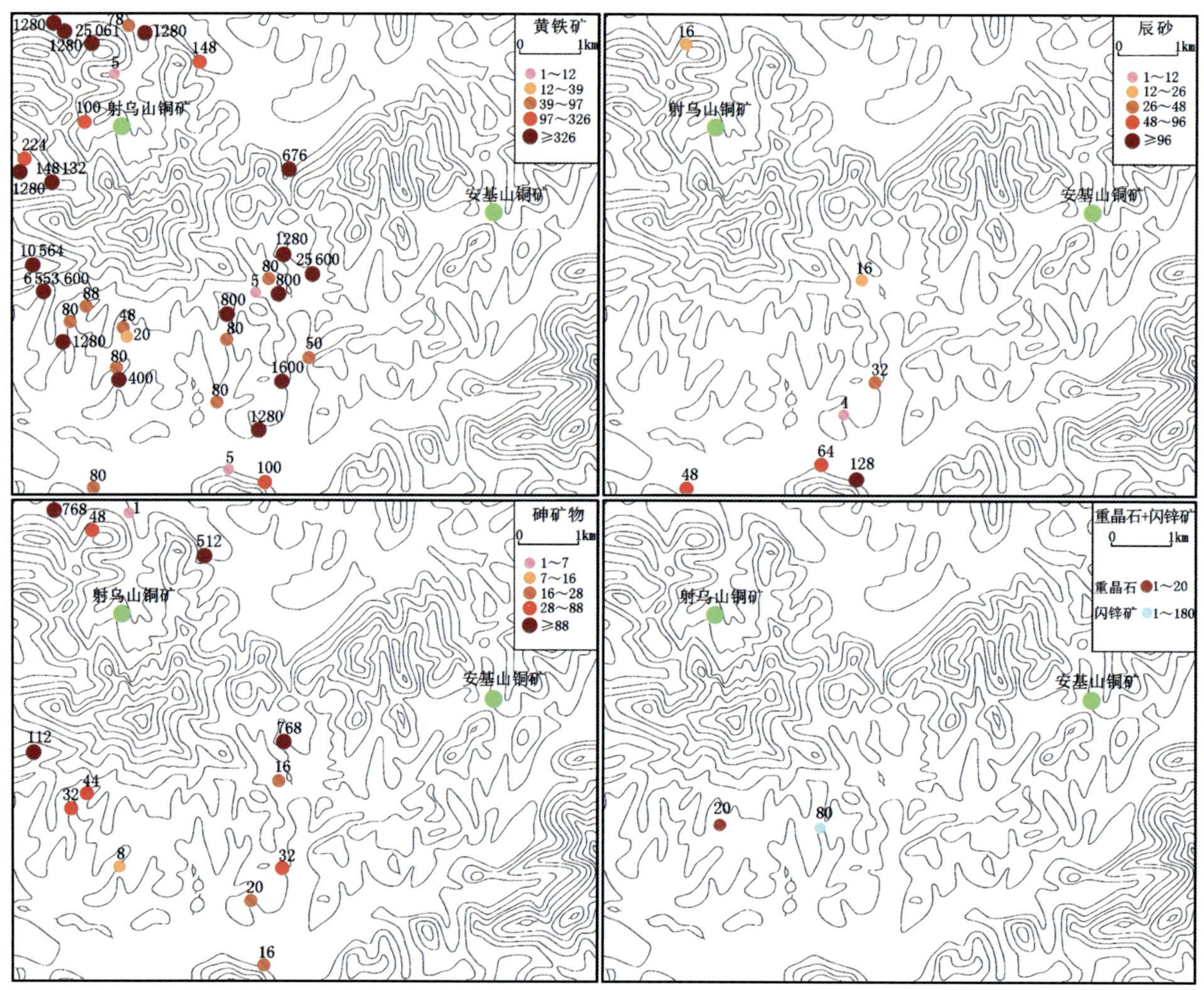

图 4-1　安基山矽卡岩型铜矿区自然重砂矿物含量分级剖析图

（数字单位为颗）

组，二叠系的栖霞组、孤峰组、龙潭组、大隆组，下三叠统青龙组均有出露，栖霞组为矿区主要赋矿层位。侵入岩为燕山晚期斑状黑云母石英闪长岩（花岗闪长斑岩），与成矿关系密切。矿区位于龙（潭）-仓（头）复背斜东段南翼，呈一向南西倾斜的单斜构造，由于受黑云母石英闪长岩体侵入的影响，致使矿区内地层走向自西向东，由北西西向转为近东西向，再拐向北东东向，为一顶部向南凸出的弧形构造，矿区位于弧顶部位。发育于上泥盆统五通组与二叠系间的纵向逆断层为矿区控矿构造，侵入接触带为控矿、容矿构造。

矿区内铜钼矿体主要赋存于岩体与二叠系栖霞组大理岩接触的矽卡岩带中，少部分赋存于蚀变黑云母石英闪长岩中。矿体在矽卡岩中大致平行排列，其产状受矽卡岩控制，矽卡岩又受接触带控制。矿区中段接触带产状变化较大，沿倾向大致呈“S”形，铜钼矿体一般富集于接触带产状较缓的部位。当接触带陡立或向北倾斜时，矽卡岩厚度虽大，但矿体很小；当接触带向南缓倾时，则矿体厚大，且品位较富。矿区中部矿体走向近东西向，南倾，倾角一般为 40°～60°，局部为 70°～80°。

含矿矽卡岩带长约 1000m，根据矿体在矽卡岩中的部位可将矽卡岩含矿带分为上、下两个部位。上部含矿带矿体以铜钼矿化为主，伴生有金，主要赋存于钙铝（钙铁）榴石矽卡岩和透辉石矽卡岩带中，或者位于矽卡岩与孤峰组硅质角岩、栖霞组大理岩之间。矿化较为稳定，呈透镜状、似层状平行排列，局部有分叉现象，矿体规模较大。其中规模较大的 1 号铜钼矿体产于含透辉石钙铝榴石矽卡岩中，走向延长 400 余米，倾向最大延深 538m，平均厚 7.37m。2 号铜钼矿体产于透辉石石榴石矽卡岩中，走向延长 450m，倾向最大延深 500m 以上，平均厚 5.76m。下部含矿带以钼矿化为主，局部有白钨矿化。矿体位于内接触带、正接触带部位或蚀变闪长岩中。矿化不稳定,矿体形态为透镜状,厚度和品位变化均较大。其中以 3 号矿体最大,矿体沿走向和倾向多随接触面变化,长 350m,延深 200m 左右,均厚 8.07m。

矿石矿物以黄铜矿、辉钼矿为主,次为磁铁矿、磁黄铁矿、黄铁矿、白钨矿,及少量闪锌矿、白铁矿。脉石矿物以石榴石、透辉石为主,次为斜长石、透闪石、方柱石,及少量绿帘石、阳起石、角闪石、绿泥石、石英等。

铜矿石主要矿物组合:①黄铜矿-黄铁矿-矽卡岩矿物及热液蚀变矿物;②黄铜矿-磁铁矿-磁黄铁矿-黄铁矿-闪锌矿-矽卡岩矿物及热液蚀变矿物;③局部地段辉铜矿、斑铜矿、铜蓝沿黄铜矿的边缘进行交代,黝铜矿和黄铜矿成连晶。

钼矿石主要矿物组合:①辉钼矿-黄铁矿-矽卡岩矿物及热液蚀变矿物;②辉钼矿-矽卡岩矿物及热液蚀变矿物。

铜钼混合型矿石主要矿物组合:①辉钼矿-黄铜矿-磁黄铁矿-闪锌矿-矽卡岩矿物及热液蚀变矿物;②辉钼矿-黄铜矿-黄铁矿-闪锌矿-矽卡岩矿物及热液蚀变矿物。

根据以上成矿地质背景及矿石矿物特征分析,本次选择铜矿物、锌矿物、辉钼矿、自然金、黄铁矿、辰砂、透辉(闪)石、石榴石等自然重砂矿物,编制了铜山矽卡岩型铜钼矿区自然重砂含量分级剖析图(图 4-2),由图可知:铜矿物(主要为孔雀石和斑铜矿,孔雀石呈翠绿色,不规则粒状,易碎,磨圆度差,粒径为 0.2～0.4mm)和钼矿物(辉钼矿)在矿区范围检出率较低,但含量较高,特别是在铜钼矿附近出现极值点,如铜矿物 20 800 颗,钼矿物为 200 颗,异常和铜钼矿存在一定的相关关系;黄铁矿在矿区范围内检出率相对较高,从图上可知铜山铜钼矿与龙潭铜矿附近黄铁矿含量较高,一般在四级以上,远离铜矿区含量有减小趋势;辰砂在铜矿附近可见一级含量点,与铜矿的相关性不太明显。

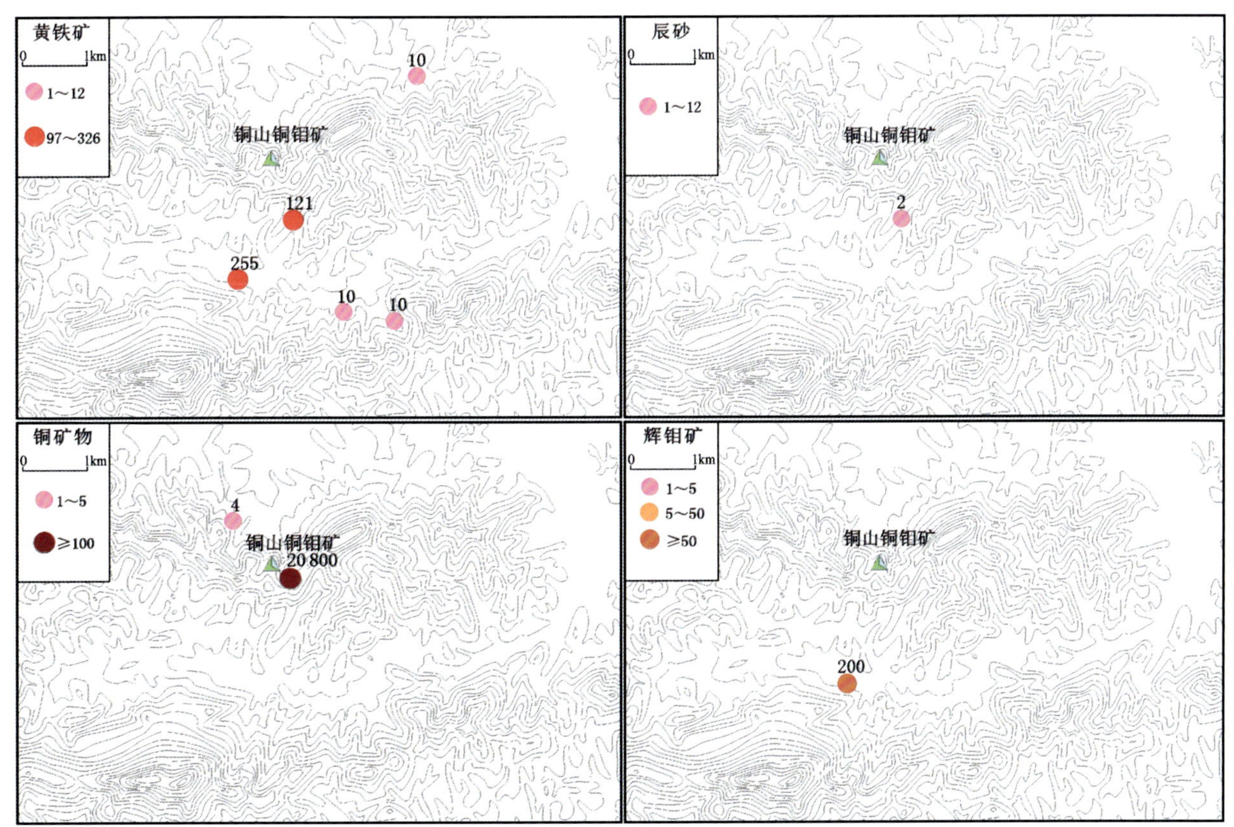

图 4-2　铜山矽卡岩型铜钼矿区自然重砂矿物含量分级剖析图

(数字单位为颗)

从以上分析来看,对于铜山矽卡岩型铜钼矿,直接指示矿物为铜矿物和钼矿物(辉钼矿);与中低温热液有关的黄铁矿和矽卡岩型铜钼矿有一定的相关性,可以作为矽卡岩型铜钼矿的间接指示矿物。综合矿床矿石矿物特征和矿区自然重砂特征可知，铜矿物、钼矿物、黄铁矿自然重砂矿物组合对寻找与铜山矽卡岩型铜钼矿类似的矿床具有良好的指示意义。

（三）獾子洞铜金矿（层控矽卡岩型）

獾子洞铜（金）矿位于宁芜中生代陆相火山岩断陷盆地中段，该盆地呈北北东向展布。区内地层由老到新可分为3个构造层：①基底构造层，其地层由中三叠统黄马青组至侏罗系西横山组组成；②火山岩构造层，由中基性向碱性演化的陆相火山岩系组成；③上构造层为火山喷发活动以后沉积的一套陆相碎屑岩。区内基底褶皱为宁芜向斜，其向斜东南翼发育次级褶皱，如许村背斜、云台山背斜和横溪-乌山向斜等。宁芜断陷盆地由于受多期构造活动的影响，基底断裂发育，主要有北北东向、北东向和北西向3组，这些断裂构成了宁芜断陷盆地中段网格状构造轮廓，并为后期岩浆侵入、热液活动提供了重要通道。区内侵入岩主要有3期：燕山中期、燕山晚期和喜马拉雅期。燕山中期为浅成、超浅成相中偏基性闪长岩类，与成矿关系密切。

矿区出露地层较简单，除第四系外，仅出露有下—中侏罗统象山群和上侏罗统西横山组，均为河湖相碎屑沉积建造，其中西横山组是矿区出露最广的地层，也是本区的赋矿层位。

本区处于东西向横溪-乌山向斜南翼，呈一个单斜构造。地层走向北东，倾向北西（320°～340°），倾角10°～25°，仅局部发育有小型短轴背斜、向斜。断裂构造发育，但规模均不大，长一般数百米至千余米，最长者2km左右。按走向可分为北西向、北东向、近东西向和近南北向4组，北西向和北东向断裂为控岩构造，近南北向张性断裂为控矿、导矿构造，该断裂南到西横山，北至荷叶山。层间破碎带（或层间碎裂带）为容矿构造。

矿区范围内，浅—超浅成侵入岩较发育，主要有荷叶山岩体和铜坑岩体两个较大的岩体，均出露于矿区中北部，前者岩性以石英闪长玢岩为主，呈北东—北东东向展布，后者岩性为闪长玢岩。荷叶山岩体和铜坑岩体均为燕山中期侵入的产物，侵入顺序上前者晚于后者。本区铜、金矿化主要与铜坑岩体有关，主要矿体均产于该岩体的接触带中。接触带由岩浆期后热液充填交代孔隙度较大的破碎砂砾岩层所形成。

围岩蚀变主要为钠长石化、钠黝帘石化、矽卡岩化、碳酸盐化、硅化、绿帘石化、绿泥石化、绢云母化和高岭土化，局部石膏化。铜矿化出现于矽卡岩矿物（石榴石）之后，与硅化、绿帘石化和绿泥石化有关。

矿区共圈定出16个铜（金）矿体，另有6个铜（金）矿条和2个"金矿体"。矿体呈北北东向延深，总长1400m，宽100～500m，所有矿体均埋深60～340m，故均为盲矿体。主要矿体分布在－250～320m标高段。矿体呈似层状、透镜状产于西横山组下段与岩体的接触带。赋存于下段下部砂砾岩、砾岩层中的矿体规模相对较大，而产于下段上部石英砂岩层中的矿体厚度一般较小。矿体产状与地层产状基本一致，倾向315°～320°，倾角10°～20°。其余矿体的特征与其相似，只是厚度较小，品位较低。

矿石有用主元素为铜，伴生有益元素为金、银。矿石中铜矿物主要为黄铜矿，次为斑铜矿、辉铜矿、黝铜矿，其他金属矿物还有黄铁矿、镜铁矿、赤铁矿、褐铁矿。金矿物主要为自然金。主要脉石矿物随矿体而异，有的以方解石、石英为主，有的以石榴石、透辉石为主。次要脉石矿物为绿帘石、绿泥石、绢云母、高岭土、石膏等。矿石构造主要为团块状构造，其次为角砾状、浸染状构造，局部为脉状构造。矿石结构主要为他形中—细粒结构，单晶粒径一般为0.1～1.3mm。黄铜矿与黄铁矿、镜铁矿等金属矿物以团块状充填于含矿岩石的破碎裂隙中，常充填于方解石、石英等脉石矿物中。

根据以上成矿地质背景、成矿类型及矿石矿物特征分析，本次选择铜矿物（黄铜矿、斑铜矿、辉铜矿、黝铜矿、孔雀石）、锌矿物、自然金、黄铁矿、辰砂、砷矿物、重晶石等自然重砂矿物，编制了獾子洞层控矽卡岩型铜金矿区自然重砂含量分级剖析图（图4-3），由图可知：铜矿物在矿区范围内检出率较低，仅出现在獾子洞铜金矿和横山铜矿附近，与铜矿有一定的相关性；自然金、黄铁矿、重晶石在矿区范围内检出率相对较高，獾子洞铜金矿附近自然金、黄铁矿、重晶石含量较高，一般在五级以上，且见异常极值点（自然金 1001 颗，黄铁矿 1510 颗，重晶石 4050 颗)，含量远离铜金矿区含量有减小趋势；辰砂和砷矿物在铜金矿附近仅见一级含量点。

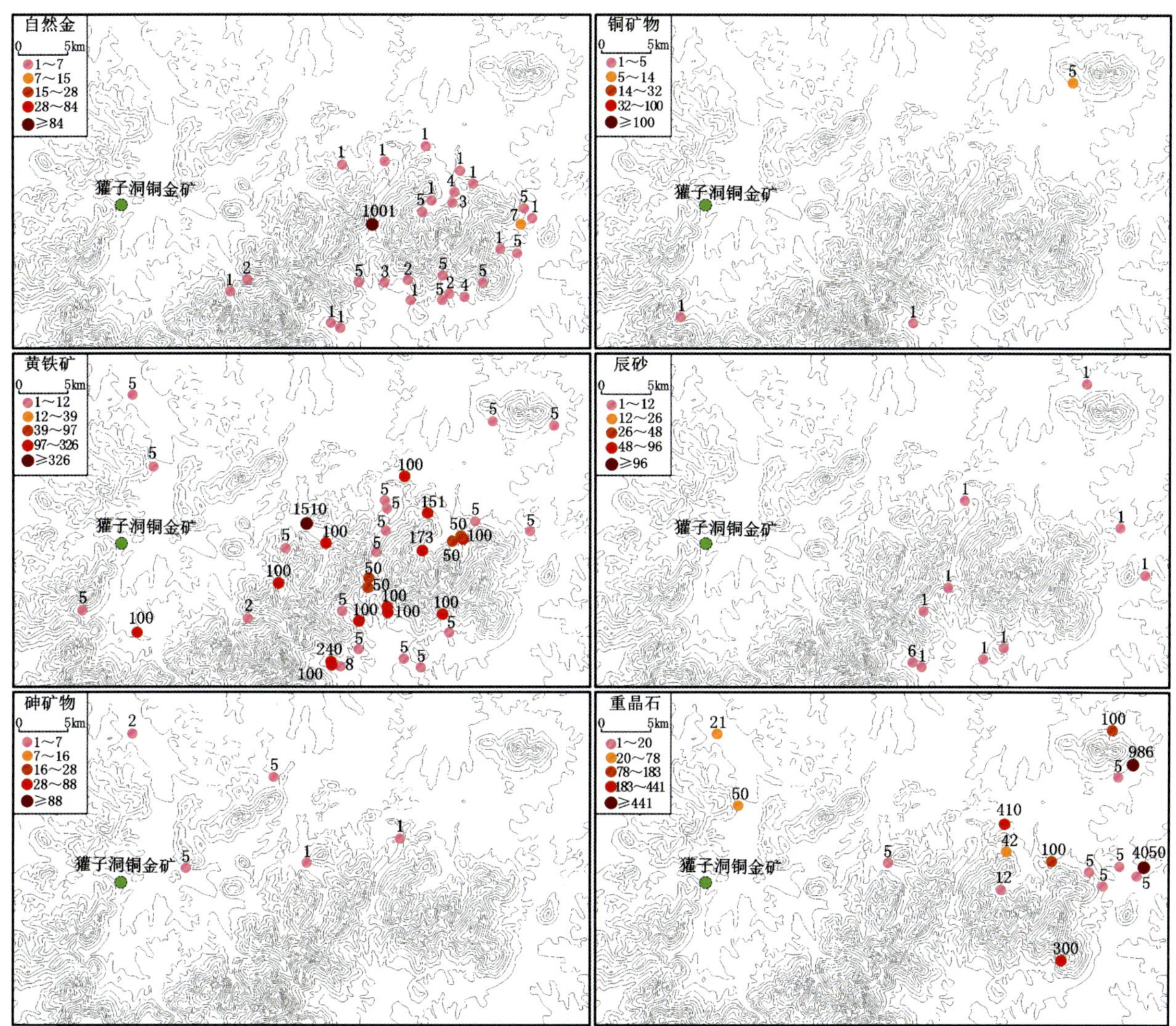

图 4-3　獾子洞层控矽卡岩型铜金矿区自然重砂矿物含量分级剖析图

(数字单位为颗)

从以上分析来看，对于獾子洞层控矽卡岩型铜金矿，直接指示矿物为铜矿物、自然金；与中低温热液有关的黄铁矿和重晶石矿物与层控矽卡岩型铜金矿有一定的相关性，可以作为层控矽卡岩型铜矿的间接指示矿物；辰砂和砷矿物与獾子洞层控矽卡岩型铜金矿相关关系不明显。因此铜矿物、自然金、黄铁矿、重晶石自然重砂矿物组合对寻找与獾子洞层控矽卡岩型铜金矿相类似的矿床具有良好的指示意义。

(四)盘龙岗铜钼矿(斑岩型)

盘龙岗铜钼矿位于下扬子古陆块宁镇断褶束中段，宝巢复背斜中段轴部偏南部位。近东西向纵断裂是主要的控矿构造，其次是北西向断裂，岩体中部分节理也是容矿裂隙。矿区零星出露志留系高家边组、坟头组，泥盆系五通组，二叠系栖霞组、孤峰组、龙潭组，三叠系青龙组、周冲村组。矿区内岩浆岩分布广泛，为下蜀-高资岩体南部边缘部分，中酸性—酸性，属中深—浅成相，呈岩株状、岩枝状及脉状产出。岩石测年为 117～112Ma，属燕山晚期产物。岩性主要为花岗闪长斑岩，其次为石英闪长玢岩、石英二长斑岩和二长斑岩。

矿区内铜钼含矿带主要赋存于燕山晚期花岗闪长斑岩与上奥陶统—下志留统高家边组、坟头组角岩化泥质粉砂岩超覆接触带内侧，少部分产于接触带外侧的角岩化泥质粉砂岩之中。含矿带产状受接触带控制，多平行于岩体与围岩的接触界面。含矿带东西长1200余米，南北宽100～200m，走向为25°～70°，倾向为上陡下缓，向北(北西)倾斜。已探明的矿体产出标高89～594m。主矿体呈透镜状及似层状，大多数小矿体主要呈小透镜状、脉状。早期围岩蚀变为黑云母化，随后产生低品位铜矿化和钼矿化；中期蚀变为绢云母化，伴随产生主要铜矿化；晚期蚀变为泥化、碳酸盐化。

矿石矿物以黄铜矿为主，其次为黄铁矿，少量辉钼矿、闪锌矿、方铅矿，微量磁铁矿。脉石矿物主要为石英、绢云母、斜长石、钾长石，其次为角闪石、黑云母，少量绿泥石、绿帘石、磷灰石、锆石、榍石。矿石结构以他形粒状结构为主，次为不规则状、片状结构。矿石构造以浸染状、细脉状构造为主，次为团块状构造，少量串珠状构造。矿石类型以斑岩型铜矿石、斑岩型钼矿石和角岩型钼矿石为主，少量斑岩型铜钼矿石。

根据以上成矿地质背景及矿石矿物特征分析，本次选择铜矿物(黄铜矿、斑铜矿、孔雀石)、辉钼矿、锌矿物、铅矿物、黄铁矿、砷矿物、重晶石等自然重砂矿物，编制了盘龙岗斑岩型铜钼矿区自然重砂含量分级剖析图(图4-4)，由图可知：铜矿物和钼矿物在矿区范围内未检出(虽然铜矿物和钼矿物为盘龙岗铜钼矿的矿石矿物，但它在地表自然重砂中未显示)，仅见零星黄铁矿、砷矿物一级含量点分布于盘龙岗铜钼矿床附近，可能与铜钼热液矿化有关。

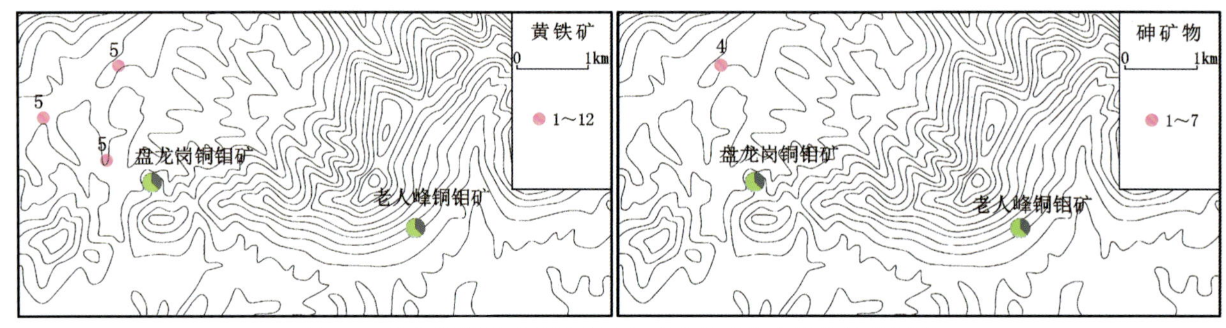

图4-4 盘龙岗斑岩型铜钼矿区自然重砂矿物含量分级剖析图

(数字单位为颗)

从以上分析来看，对于盘龙岗斑岩型铜钼矿，自然重砂直接指示矿物不明显，可能原因是采样密度(1∶20万、1∶5万)偏小，无法反映出矿区大比例尺的自然重砂找矿信息；黄铁矿、砷矿物及与中低温热液有关的矿物与斑岩型铜钼矿有一定的相关性，可以作为斑岩型铜钼矿的间接指示矿物。

(五)观山铜铅矿(陆相火山岩型)

观山铜铅矿位于新桥-白马断裂与马鞍山-李巷断裂的交会点，观山古火山的中心部位。整个火山通道被粗安质次火山岩侵入充填，其形态与该次火山岩的形态基本一致，呈向南西倾斜收缩的喇叭状。火山颈四周为下白垩统大王山组丘虎山旋回和观山旋回的粗安质-粗面质火山岩，距火山通道较近处的火山岩多为粗安质集块角砾岩，而距离较远的多为粗安质凝灰角砾岩、粗安岩。成矿岩体为白垩纪次火山岩-斑岩，呈岩颈及岩脉状产出，与大致同期侵位的闪长岩类存在过渡关系。矿床围岩是侏罗纪—白垩纪浅成岩体及其爆发角砾岩。围岩蚀变有两期，早期蚀变类型有绢云母化、硅化、黄铁矿化、菱铁矿化，后期有绿帘石化、高岭土化、碳酸盐化、重晶石化及赤铁矿化。蚀变分带较明显，略呈对称的带状，由矿体向两侧依次为菱铁矿化、重晶石化、黄铁矿化、硅化、高岭石化和绢云母化。

矿体产出于火山通道外侧的裂隙带中，呈近平行的脉体或脉带，矿脉沿走向和倾向长度可达数百米，铜含量一般在1%左右。成矿作用以充填和交代作用为主，矿体呈细脉、复脉分布。矿脉均分布在粗安斑岩次火山岩体的边缘，在地表表现为重晶石-赤铁矿铁帽，在面上大致呈三角形(或近环形)，每条矿脉的产状均与粗安斑岩接触面一致，向“三角形”(近环形)的中心倾斜。各矿脉长短不一，倾角陡，厚度变化较大，矿化不均匀。浅部矿体膨大收缩、分支复合现象明显，平行小矿体也较多；到深部矿体渐趋稳定,形态较规则,厚度变化较小。有用组分的分布具分带性:在平面上,自北西向南东铜矿带过渡到铅铜混合矿带,再过渡到铅矿带;在垂直方向上,地表的铜铅金混合矿向深部过渡为铜矿;北部矿体的金含量高于南部,形成金共生矿体或独立矿体。矿脉长数十米至数百米,最长达1850m,一般宽2～5m,最大达30m,倾角较大,一般为50°～80°。剖面上可见多个平行矿体,各矿体大致呈侧列式排列,其间距一般为10～25m。规模较大的矿脉为一号脉、二号脉和六号脉,其中:一号脉,长1850m,走向近东西向,倾向北,由2条断续的主矿体和10个小矿体组成,以铜矿为主;二号脉,长900m,走向北东,倾向南东,由1个主矿体和13个小铜矿体组成,主矿体旁侧有数条扁豆状的小矿脉,呈大致平行于主矿体的雁列式排列,并组成约30m宽的矿带;六号脉,长1350m,走向北西,倾向南西,倾角60°左右,呈舒缓波状弯曲伸展,该矿脉分为北西和南东两矿段,北西矿段为铜铅金混合矿,南东矿段为铅(锌)。

矿化以铜铅锌硫化物-碳酸盐(石英、重晶石)组合为主,矿体原生带的主要金属矿物为黄铜矿、方铅矿、闪锌矿,次为斑铜矿、辉铜矿,并伴生黄铁矿、赤铁矿等。在氧化带,上述矿物被氧化形成褐铁矿、软锰矿、孔雀石、铜蓝及铅矾等次生矿物,在地表形成"铁帽"。脉石矿物以菱铁矿为主,次为重晶石、石英和方解石。矿石结构多为微粒、细粒结构,地表可见呈胶状结构。

根据以上成矿地质背景及矿石矿物特征分析,本次选择了铜矿物(黄铜矿、斑铜矿、辉铜矿、孔雀石、铜蓝)、铅矿物、重晶石、黄铁矿、镜铁矿等自然重砂矿物编制了重砂矿物含量分级剖析图(图4-5),由图

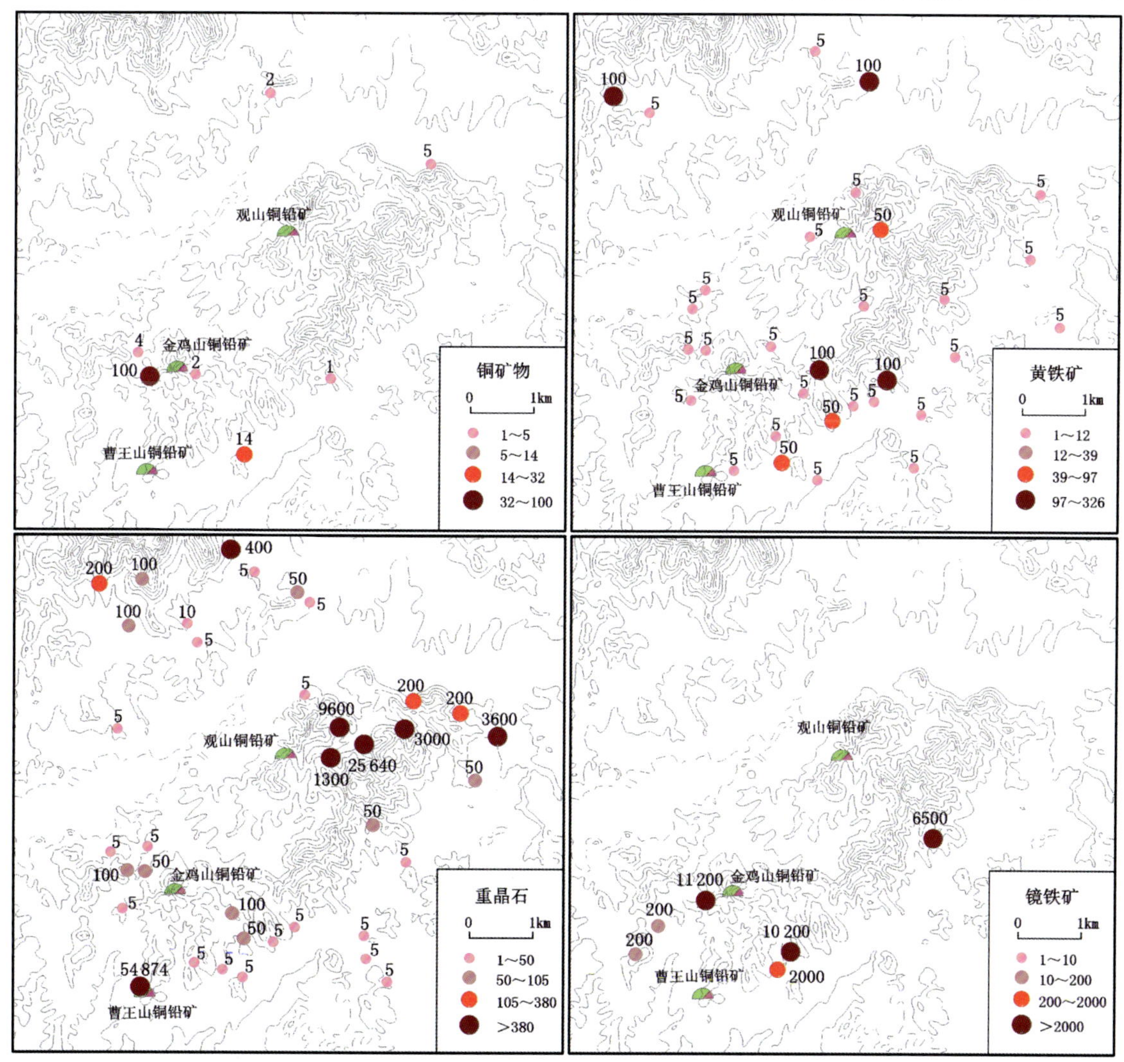

图4-5　观山陆相火山岩型铜铅矿区自然重砂矿物含量分级剖析图

(数字单位为颗)

可见，铜矿物在观山地区有零星分布，矿物含量一般在2～5颗之间，最高可达100颗（出现在金鸡山铜铅矿南侧）。由于铜矿物的化学稳定性差，易氧化分解，在沉积物中不易保存，因而在矿区没有显示出较好的铜矿物分布。黄铁矿在全区均有分布，一般含量在5颗左右，局部地区出现了50颗或100颗的高含量点，它与黄铁矿化有关，也表明黄铁矿对多金属矿成矿作用有较好的指示作用。重晶石在全区具有较高的矿物检出率，一般含量在5颗左右，最高含量达到了25 640颗。野外踏勘发现地表含铜重晶石脉非常发育，它指示了铜多金属矿成矿作用，因此在溧水地区重晶石对寻找铜多金属矿具有较好的指示作用。镜铁矿在矿区有6个重砂样品中检出，其矿物含量普遍较高，含量介于200～10 200颗之间，镜铁矿可能是成矿期热液作用所致，与铜矿化关系密切。

（六）铜井铜金矿（陆相火山岩型）

铜井铜金矿床分布于洪幕山—铜坑山—娘娘山一带，主要分为铜坑山和娘娘山两个矿段，赋矿岩层的岩性为娘娘山组的碱性粗面岩。矿体赋存空间主要为断裂破碎裂隙构造或围绕中偏碱性火山-次火山岩体边缘近于雁行（羽状）排列的张（扭）性裂隙带，其次为隐爆角砾岩筒。角砾岩筒主要由隐爆含角砾岩屑晶屑凝灰岩组成，矿石矿物以胶结物形式充填在角砾的裂隙以及构造裂隙、破碎带中。矿体位于构造带内且矿化不均，被铜硫化物充填。围岩蚀变主要为钠长石化、钠黝帘石化、矽卡岩化、碳酸盐化、硅化、绿帘石化、绿泥石化、绢云母化、高岭土化，局部石膏化。铜矿化出现于矽卡岩矿物（石榴石）之后，与硅化、绿帘石化、绿泥石化有关。

矿脉主要为含铜、金黄铁矿石英脉，以及含铜、金重晶石方解石石英脉。铜金矿体大多为单脉状，呈北西330°方向展布，倾向北东，倾角75°～80°，空间上呈雁行式或侧幕式排列，脉宽几厘米至几米，一般1～2m，脉长几十米至几百米。

矿石矿物主要为黄铜矿，次为斑铜矿、辉铜矿、黝铜矿，其他金属矿物有黄铁矿、镜铁矿、赤铁矿、褐铁矿、自然金。脉石矿物有的以方解石、石英为主，有的以石榴石、透辉石为主，次为绿帘石、绿泥石、绢云母、高岭土、石膏等。矿石结构主要为他形中—细粒结构。矿石构造主要为团块状、细脉状、浸染状构造，其次为脉状构造、块状构造和角砾状构造。矿石类型为含金银黄铁矿（镜铁矿）黄铜矿矿石。

根据以上成矿地质背景及矿石矿物特征分析，本次选择了铜矿物、自然金、重晶石、辰砂4种矿物做了含量分级剖析图（图4-6），由于受矿物检出率普遍较低的影响，落在矿区范围的重砂矿物偏少，但反映出这些自然重砂矿物在铜井铜金矿周围有较好的显示（或指示）。全省铜矿物含量一般为1颗，但在铜井铜金矿周围含量普遍都为5颗以上，在矿点附近两个点均高达100颗，远远高于全省其他地区。全省自然金含量一般为1颗，但铜井周围两个点的自然金含量分别高达5颗、39颗。重晶石与辰砂也具有相似的分布规律。由此可以看出，铜、金矿床（点）附近的铜矿物、自然金、重晶石、辰砂自然重砂组合矿物对寻找与铜井陆相火山岩型铜金矿类似的矿床具有较好的指示意义。

二、金矿

江苏省金矿预测类型有卡林型、破碎蚀变岩型、陆相火山岩型和矽卡岩型4类，其中，卡林型金矿对应的典型矿床为汤山金矿，破碎蚀变岩型金矿对应的典型矿床为燕子口金矿，陆相火山岩型金矿对应的典型矿床为金驹山金矿，矽卡岩型金矿对应的典型矿床为土包山铁金矿。由于卡林型金矿矿石矿物颗粒较细，一般淘洗不出自然重砂，因此本次选择破碎蚀变岩型、陆相火山岩型和矽卡岩型金矿进行自然重砂矿物特征组合研究。

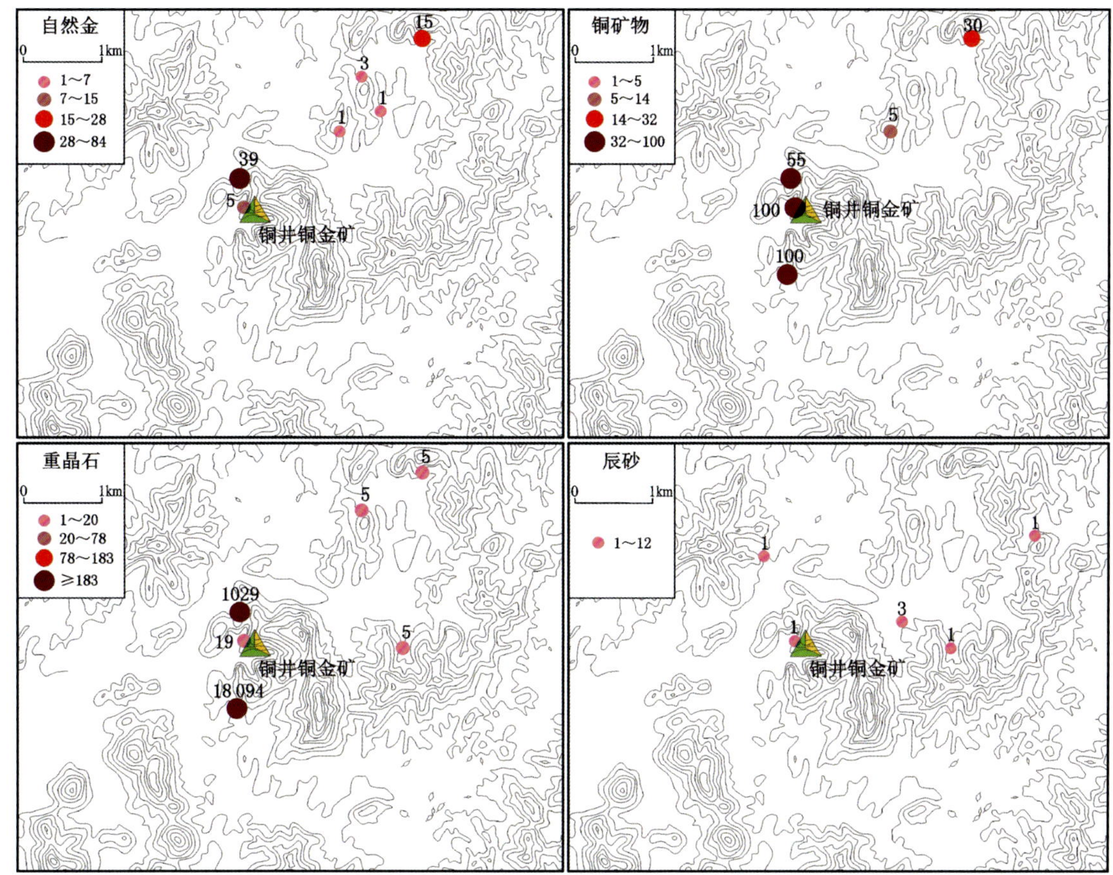

图 4-6 铜井陆相火山岩型铜金矿区自然重砂矿物含量分级剖析图
（数字单位为颗）

（一）燕子口金矿（破碎蚀变岩型）

燕子口金矿床位于横山-老虎头铁、铜、金多金属成矿区。矿区出露地层有中侏罗统朱村组、陡山组，上侏罗统西横山组及第四纪松散沉积物。岩体以石英闪长玢岩、角闪闪长玢岩等为主。断裂构造十分发育，以北东向、近东西向、北西向和南北向断裂为主，其中北东向、近东西向和北西向断裂为成矿断裂，南北向断裂为成矿后断裂。

矿区经槽探、钻探工程揭露和控制，发现含金构造破碎带长 1800m，宽 150m，走向近东西向。容矿岩石以破碎程度不等的变质细粒石英砂岩、石英闪长玢岩为主。凡破碎程度较高者（尤其是构造角砾岩、褐铁矿化碎裂岩），含矿性更好。矿体产于构造破碎带构造角砾岩和褐铁矿化碎裂岩中。矿区共圈出 11 个金矿体，长 50～500m 不等，视厚度为 0.97～6.16m，个别矿体控制延深达 135m，Au 品位为 1.01×10^{-6}～202×10^{-6}，平均品位为 1.12×10^{-6}～6.59×10^{-6}。矿体形态均为脉状。围岩蚀变主要有褐铁矿化、赤铁矿化、黄铁矿化、硅化、次生石英岩化、绿帘石化、石榴石化、碳酸盐化、绢云母化、泥化、高岭土化；黄铁矿化（褐铁矿化）与自然金的关系较密切。

矿石矿物主要为褐铁矿、自然金，其次为赤铁矿、磁铁矿、黄铁矿、黄铜矿、方铅矿、闪锌矿、自然银。脉石矿物以石英为主，绢云母、白云石次之，方解石、绿帘石微量。矿石结构以他形晶粒状结构、交代假象结构为主，次为交代残留结构、包含结构、聚粒状结构、碎裂结构。矿石构造以稀疏浸染状构造、稠密浸染状构造为主，次为块状构造、细脉浸染状构造。

根据以上成矿地质背景、成矿类型及矿石矿物特征分析，本次选择铜矿物（黄铜矿、斑铜矿、孔雀石)、锌矿物、自然金、黄铁矿、辰砂、砷矿物、重晶石等自然重砂矿物，编制了燕子口破碎蚀变岩型金矿区自然重砂含量分级剖析图(图 4-7)，由图可知：铜矿物在矿区范围内检出率较低，仅出现在燕子口金矿附近，与铜矿有一定的相关性；自然金、黄铁矿、重晶石在矿区范围内检出率相对较高，燕子口金矿附近自然

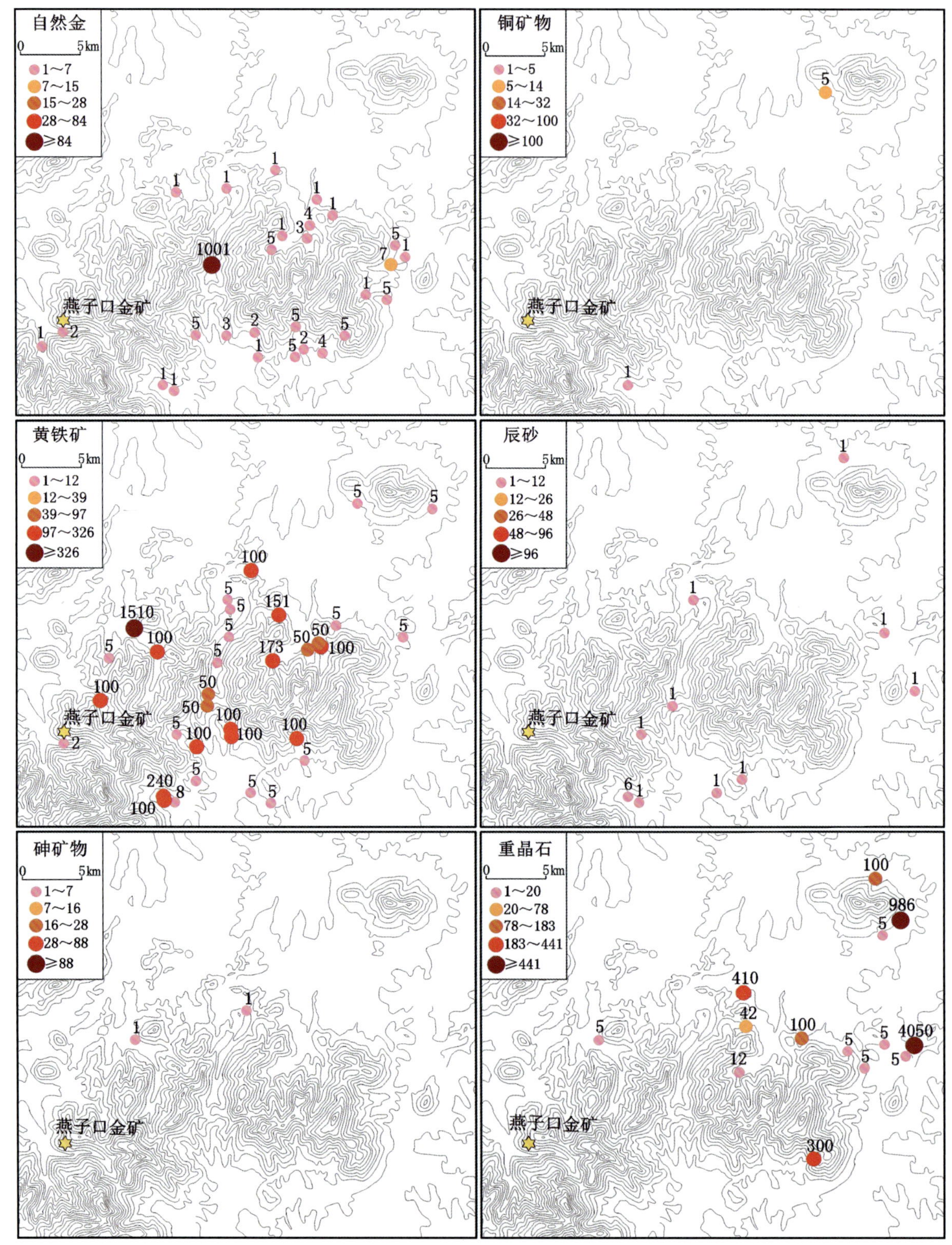

图 4-7　燕子口破碎蚀变岩型金矿区自然重砂矿物含量分级剖析图

(数字单位为颗)

金、黄铁矿、重晶石含量较高，一般在五级以上，且见异常极值点（自然金为 1001 颗，黄铁矿为 1510 颗，重晶石为 4050 颗），远离金矿区含量有减小趋势；辰砂和砷矿物在金矿附近仅见一级含量点。

从以上分析来看，对于燕子口破碎蚀变岩型金矿，直接指示矿物为自然金；黄铁矿和重晶石矿物与热液蚀变活动有关，可以作为破碎蚀变岩型金矿的间接指示矿物；铜矿物作为金矿的伴生矿物，也可作为金矿的间接指示矿物；辰砂和砷矿物与燕子口破碎蚀变岩型金矿相关关系不明显。因此，自然金、铜矿物、黄铁矿、重晶石自然重砂矿物组合对寻找与燕子口破碎蚀变岩型金矿相类似的矿床具有良好的指示意义。

（二）金驹山金矿（陆相火山岩型）

金驹山金矿位于溧水中生代火山岩盆地观山火山机构西南部。区内出露大王山组，岩性为粗安质火山碎屑岩及粗安岩，为金矿化主要赋矿层位。矿区褶皱为一略向北东倾伏的舒缓向斜，断裂构造十分发育，其中北西向、近东西向和北东东向断裂为主要控矿构造。与金矿化有关的次火山岩是粗安斑岩和正长斑岩。

矿区已发现的含金（碲）的黄铁矿石英蚀变破碎带与围岩（粗安岩）界线不清，以北西向为主，带长 90～500m，宽 0.1～4m，倾向南西，倾角 65°～75°，其次为近东西向。破碎带在平面上呈雁行排列，多见尖灭再现、尖灭侧现现象，矿体呈脉状、透镜状产于蚀变破碎带中。金矿化向脉中心富集，并与硅化渐强有关。

热液蚀变可分为早、晚两期：早期伴随次火山岩侵入而发生的面型蚀变，有绢云母化、高岭土化、黄铁矿化等；晚期热液蚀变沿破碎带呈带状分布，主要有硅化、黄铁矿化、重晶石化和碳酸盐化等，金矿化和晚期热液蚀变有关，尤其与硅化、黄铁矿化关系密切。矿石类型为黄铁矿石英型和黄铁矿石英重晶石型，星点状、浸染状构造。矿石矿物主要为自然金、碲金矿，次为银金矿、黄铁矿、碲金银矿、黄铜矿等；脉石矿物主要为石英、重晶石，次为菱铁矿、方解石、绢云母等。

根据以上成矿地质背景、成矿类型及矿石矿物特征分析，本次选择铜矿物（主要为黄铜矿）、自然金、黄铁矿、辰砂、砷矿物、重晶石等自然重砂矿物，编制了金驹山陆相火山岩型金矿区自然重砂含量分级剖析图（图 4-8），由图可知：自然金在矿区范围内检出率较低，仅在金驹山金矿北侧有一个检出样品；铜矿物在矿区范围内检出率也较低，仅出现在金驹山金矿北西、北东方向，异常极值点为 100 颗；黄铁矿、重晶石在矿区范围内检出率相对较高，特别是在金驹山金矿附近黄铁矿、重晶石含量较高，一般在四级以上，且见异常极值点（黄铁矿为 100 颗，重晶石为 54 874 颗），向南远离金矿区含量有减小趋势；辰砂和砷矿物在金矿附近仅见一级含量点。

从以上分析来看，对于金驹山陆相火山岩型金矿，直接指示矿物为自然金；黄铁矿和重晶石矿物与热液蚀变活动有关，可以作为陆相火山岩型金矿的间接指示矿物；铜矿物作为金矿的伴生矿物，也可作为金矿的间接指示矿物；辰砂和砷矿物与金矿相关关系不明显，可能仅与热液活动有关。因此，自然金、铜矿物、黄铁矿、重晶石自然重砂矿物组合对寻找与陆相火山岩型金矿相类似的矿床具有良好的指示意义。

（三）土包山铁金矿（矽卡岩型）

土包山铁金矿位于溧阳-南渡断裂与溧阳-庙西断裂交会处，两侧分布有侏罗纪火山岩，古生代沉积地层呈地垒分布其中。矿区内第四系覆盖较厚，基岩出露较差。所见地层皆不完整，具不同程度的蚀变，主要有泥盆系五通组，石炭系高骊山组、黄龙组、船山组，二叠系栖霞组、龙潭组，侏罗系大王山组及第四系。区内侵入岩分布较广，主要有石英闪长玢岩（为成矿母岩）、花岗闪长岩，偶见煌斑岩脉。矿区外

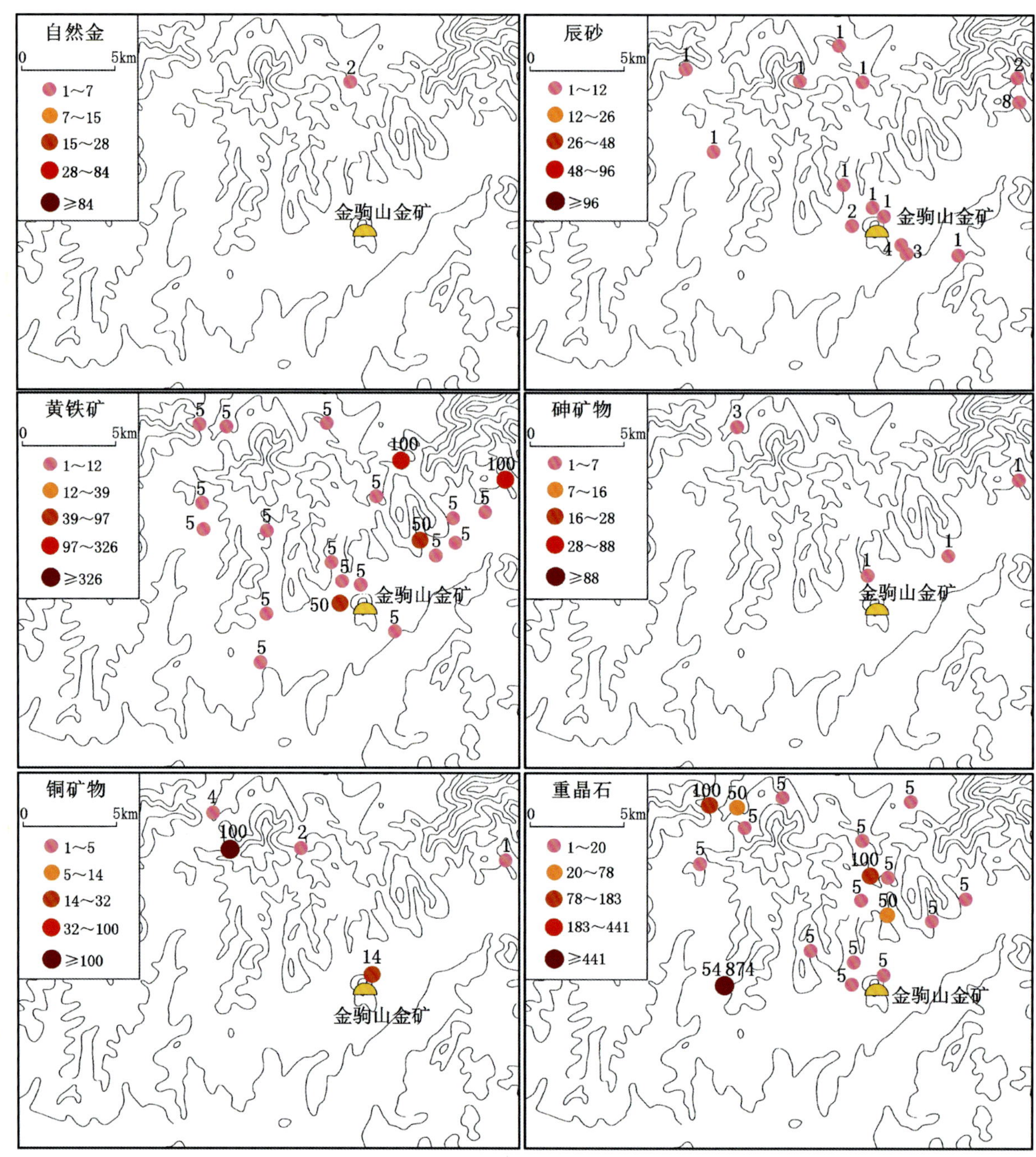

图 4-8 金驹山陆相火山岩型金矿区自然重砂矿物含量分级剖析图

(数字单位为颗)

围断裂较发育,主要见北东东向、北东向和北西向 3 组。

矿区赋存以磁铁矿为主,共伴生金、硫矿,矿体产出主要受石英闪长玢岩与石炭系黄龙组、船山组接触带的控制,具有似层状特征,总体规模较小。矿床内共发现 10 个金矿体,其规模不一,品位变化大。矿体大多产于内带的磁铁矿中,并受石英闪长玢岩和围岩的接触带控制。矿体连续性差,形态不规则。矿体呈似层状、透镜体状、囊状分布,走向近南北向,多为西倾,局部转为东倾,倾角 10°~50°。围岩蚀变有矽卡岩化、黄铁矿化、碳酸盐化、钠长石化、硅化、高岭土化、褐铁矿化等。矿化蚀变略具分带,矿体内部为金矿化、磁铁矿化、黄铁矿化、碳酸盐化;矿体两侧为矽卡岩化;岩体为钠长石化、高岭石化。

矿石类型以磁铁矿型金矿石和磁铁矿黄铁矿型金矿石为主。矿石矿物以自然金、磁铁矿为主,次为黄铁矿,少量的黄铜矿、磁黄铁矿、毒砂、褐铁矿化、赤铁矿等。脉石矿物主要为方解石、石榴石、绿泥石、绿帘石、透辉石等。矿石结构以粒状变晶结构、自形变晶结构为主，显微镜下见填隙结构、嵌晶结构、粒状结构。金矿物多为填隙结构，充填在矿石裂隙中。矿石构造以块状构造为主，次为浸染状构造，部分为角砾状构造。

根据以上成矿地质背景、成矿类型及矿石矿物特征分析，本次选择自然金、磁铁矿、黄铁矿、铜矿物（主要为黄铜矿）、辰砂、砷矿物、重晶石等自然重砂矿物，编制了土包山矽卡岩型铁金矿区自然重砂含量分级剖析图（图 4-9），由图可知：自然金、铜矿物、砷矿物、重晶石在矿区范围内未检出，可能原因是采样密度（1∶20 万、1∶5 万）偏小，无法反映出矿区大比例尺的自然重砂找矿信息；磁铁矿、黄铁矿在矿区范围内检出率相对较高，特别是在土包山铁金矿北东侧山坡附近黄铁矿、磁铁矿含量较高，一般在五级以上，且见异常极值点（黄铁矿为 420 颗，磁铁矿为 19 497 颗），向南西远离铁金矿区含量有减小趋势；铅矿物和辰砂在铁金矿附近仅见一级至二级含量点。

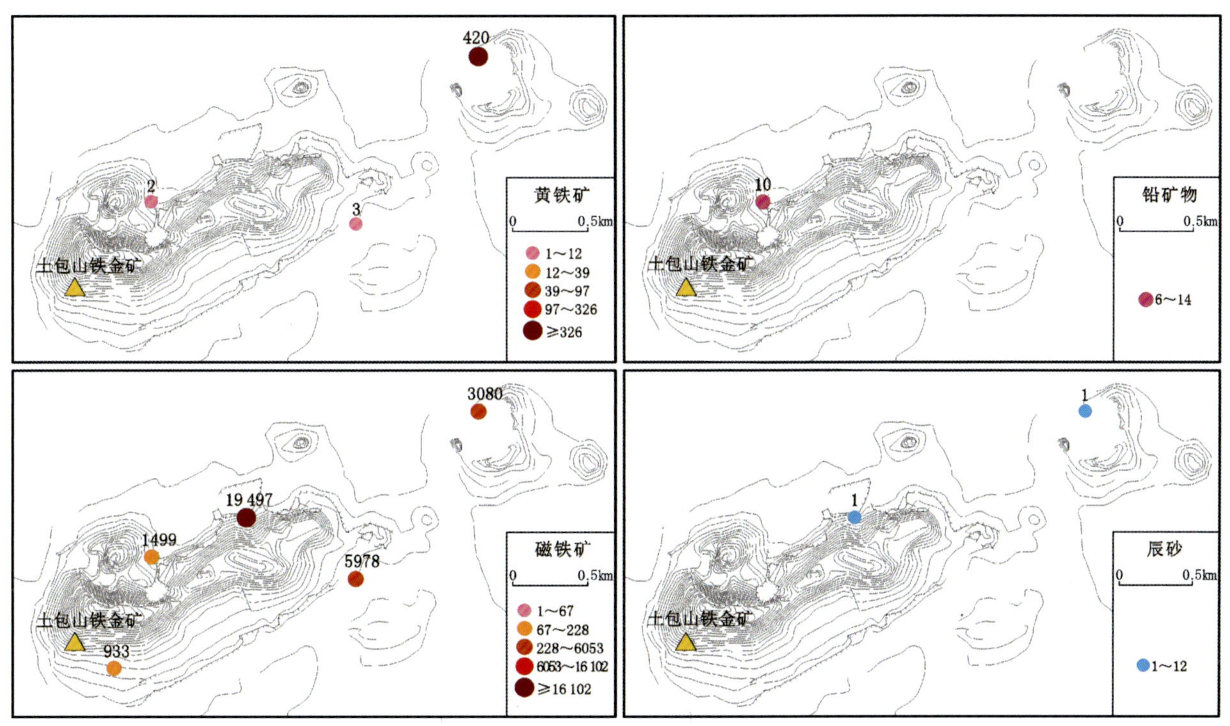

图 4-9 土包山矽卡岩型金矿区自然重砂矿物含量分级剖析图

（数字单位为颗）

从以上分析来看，对于土包山矽卡岩型铁金矿，直接指示矿物为磁铁矿；黄铁矿与热液蚀变活动有关，可以作为矽卡岩型铁金矿的间接指示矿物；辰砂和铅矿物与铁金矿相关关系不明显。

三、铅锌银矿

江苏省铅锌矿预测类型有碳酸盐岩型、层控矽卡岩型两类，其中碳酸盐岩型铅锌银矿对应的典型矿床为栖霞山铅锌银矿，层控矽卡岩型铅锌银矿对应的典型矿床为吴宅铅锌银矿。

（一）栖霞山铅锌银矿（碳酸盐岩型）

栖霞山铅锌银矿位于南京东郊，宁镇断褶束北侧龙-仓复背斜南翼。矿区走向长 8km，面积 25km^2，从东到西可分为棉花地矿段、平山头矿段、虎爪山矿段、北象山矿段、甘家巷矿段、西库矿段。矿区地层分为上、下两个构造层:上构造层为侏罗纪陆相碎屑岩和火山碎屑岩;下构造层为志留纪至三叠纪的海相、陆相及其过渡环境的碳酸盐岩和碎屑岩层。上、下两构造层之间呈角度不整合接触。矿床受层位、岩性、岩相控制十分明显。上石炭统黄龙组碳酸盐相地层为最主要赋矿层位,显示出层控矿床特征。上构造层由象山群砂页岩组成开阔的背斜褶皱。下构造层褶皱强烈,栖霞山-甘家巷复式背斜是背斜西延再现部分。自北向南由甘家巷背斜、五亩山向斜、大凹山背斜、钱家渡向斜等次级褶皱组成。断裂构造十分发育,纵向断裂是矿区重要的容矿构造之一。发育于栖霞山-甘家巷复背斜南翼(倒转翼)的断层面与地层层面大致平行或小角度相交,层间错动,略有逆冲,使浅部的五通组砂岩和下石炭统高骊山组粉砂岩逆冲到石炭纪、二叠纪灰岩之上。断裂走向北东—南西,纵贯全区,断续长 5km 以上,属压性、压扭性构造,具"先压后张"特征。横向断裂亦十分发育,可归纳为两级共 40 余条。一级横断裂规模较大的有甘家巷-钱家渡断裂和栖霞-长林断裂,切割深,是导矿构造。二级横断裂部分与纵断裂配套,在成矿前发生,交叉部位矿体往往膨大,少数直接赋存于横断裂中的矿体规模较小。此外,还有沿象山群砂岩与下构造层之间不整合面发生的断裂破碎带、古岩溶构造等,常被后期矿液充填交代,也是重要的容矿构造。矿区内未出露岩浆岩体,仅西部甘家巷地表及个别钻孔深部见有少量的闪长玢岩岩脉。在矿区西南方向尧化门一带则有石英闪长岩体出露。另据物探低缓磁异常推测,大凹山一带地下深部可能存在较大规模的中酸性侵入岩体。

矿区有大小矿体 17 个,主矿体 9 个,总体呈带状分布。主矿体赋存于高骊山组与黄龙组之间硅、钙岩层界面控制的纵向断裂带中,旁侧断裂大致沿象山群与下构造层不整合面发育,形成数十米厚的构造角砾岩。主矿体形态规则,呈似层状、大透镜状产出,走向北东,倾向北西,矿体长约 1400m,厚 30~50m 不等。主要矿石矿物为闪锌矿、方铅矿、黄铁矿,次为菱锰矿、黄铜矿、黝铜矿、白铁矿,此外,有少量磁铁矿、磁黄铁矿、毒砂、辉银矿、螺状硫银矿、深红银矿、含银自然金、辰砂和镜铁矿等。脉石矿物主要为石英、方解石,次为白云石、重晶石、玉髓,少量萤石、石膏、滑石,偶见钙铁辉石、阳起石、透闪石、透辉石和绿帘石等。

常见矿石结构有粒晶结构、镶嵌结构、交代结构、显微压碎结构,次为乳滴状结构、显微包含结构、草莓结构、束状变晶结构和凝灰结构。矿石构造以角砾状、浸染状构造为主,次为块状构造,尚有脉状、网脉状、条带状及层纹状构造。矿物形成具有多期多阶段特征,铅锌等硫化物主要形成于热液成矿期的闪锌矿-方铅矿阶段和菱锰矿-闪锌矿-方铅矿阶段。

矿体围岩蚀变弱,较为常见的是硅化、碳酸锰化、重晶石化,局部见萤石化、石膏化。在矿区西部甘家巷矿段,蚀变稍强,个别地段见有透辉石、阳起石和透闪石等蚀变矿物。

根据以上成矿地质背景、成矿类型及矿石矿物特征分析,本次选择铅矿物(主要为方铅矿)、锌矿物(主要为闪锌矿)、铜矿物(主要为黄铜矿、黝铜矿、孔雀石)、银矿物(主要为辉银矿、螺状硫银矿、深红银矿、含银自然金等)、黄铁矿、砷矿物、重晶石等自然重砂矿物,编制了栖霞山碳酸盐岩型铅锌银矿区自然重砂含量分级剖析图(图 4-10),由图可知:锌矿物、银矿物、铜矿物在矿区范围内未检出;铅矿物、黄铁矿、砷矿物、重晶石在矿区范围内检出率相对较高,在栖霞山铅锌银矿附近铅矿物、黄铁矿、重晶石含量较高,一般在四级以上,且见异常极值点(铅矿物为 316 颗,黄铁矿为 5100 颗,砷矿物为 167 颗,重晶石为 30 000 颗),远离矿区含量有减小趋势。

从以上分析来看,对于栖霞山碳酸盐岩型铅锌银矿,直接指示矿物为铅矿物,锌矿物和银矿物未检出,可能与闪锌矿和自然银的易氧化有关,也可能与采样密度有关;黄铁矿、砷矿物、重晶石矿物与热液蚀变活动有关,可以作为碳酸盐岩型铅锌银矿的间接指示矿物。因此,铅矿物、黄铁矿、砷矿物、重晶石自然重砂矿物组合对寻找与碳酸盐岩型铅锌银矿相类似的矿床具有一定的指示意义。

(二)吴宅铅锌银矿(层控矽卡岩型)

吴宅铅锌银矿位于太湖构造隆起区,北东向潭山-通安桥断裂和光福-迂里逆推断裂复合控制印支

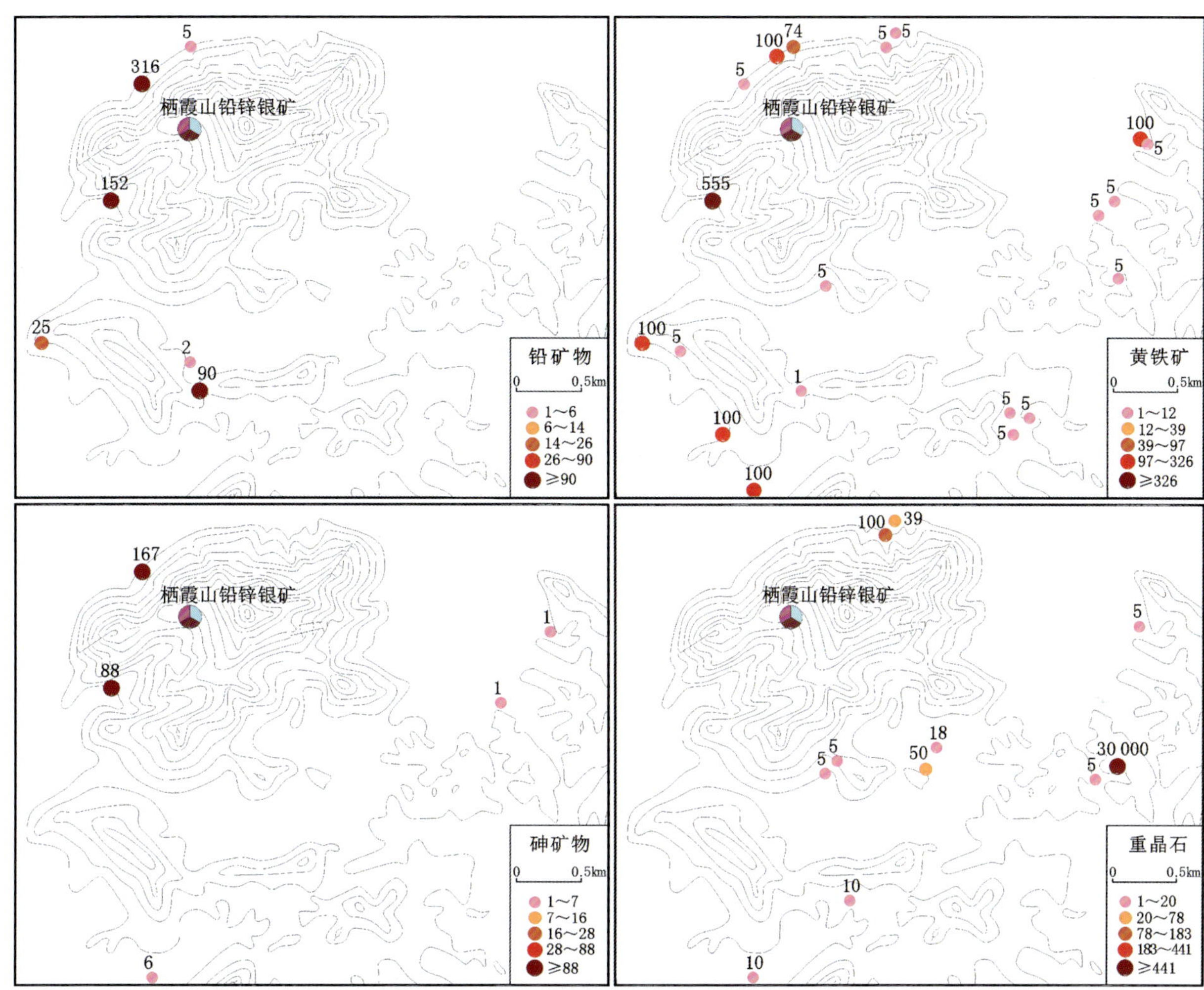

图 4-10　栖霞山碳酸盐岩型铅锌银矿区自然重砂矿物含量分级剖析图

(数字单位为颗)

期—燕山早期花岗斑岩的侵入,主岩体边部沿底板逆推断裂贯入,呈岩舌状顺层侵入于古生代地层中。矿体主要产于花岗斑岩边部岩舌体与石炭纪、二叠纪碳酸盐岩围岩的接触带及其附近的碳酸盐岩地层中,受层间构造控制明显。

主矿体产于逆推断裂下盘碳酸盐岩与岩体接触带附近,矿体呈似层状、透镜状,长 100~400m 不等,延深 100~200m,厚数米至 10 余米,产状平缓,与地层产状一致。近矿围岩蚀变有矽卡岩化、硅化、绢云母化、绿泥石化、萤石化、碳酸盐化等。矿石矿物主要有闪锌矿、方铅矿、黄铁矿、磁铁矿,次有磁黄铁矿,局部有黄铜矿,少量银、铋和碲的矿物(呈微粒状分布于黄铁矿、方铅矿、黄铜矿等载体矿物中)。矿石构造有块状、稠密浸染状、条纹状、细脉浸染状构造等。

根据以上成矿地质背景、成矿类型及矿石矿物特征分析,本次选择铅矿物(主要为方铅矿)、锌矿物(主要为闪锌矿)、铜矿物(主要为黄铜矿和孔雀石)、银矿物、辰砂、黄铁矿、砷矿物、重晶石等自然重砂矿物,编制了吴宅矽卡岩型铅锌银矿区自然重砂含量分级剖析图(图 4-11),由图可知:铅矿物、锌矿物、银矿物、铜矿物在矿区范围内未检出;黄铁矿在矿区范围内检出率相对较高,一般在四级以上,且见异常极值 200 颗;辰砂和砷矿物检出率一般,含量较低,一般为一级至二级含量。

从以上分析来看,对于吴宅矽卡岩型铅锌银矿,自然重砂直接指示矿物不明显,可能原因是采样密度(1∶20 万、1∶5 万)偏小,无法反映出矿区大比例尺的自然重砂找矿信息;也可能是深部成矿,造成地表无直接指示重矿物异常。黄铁矿、辰砂、砷矿物这组与中低温热液有关的矿物和矽卡岩型铅锌银矿有一定的相关性,可以作为矽卡岩型铅锌银矿的间接指示矿物。

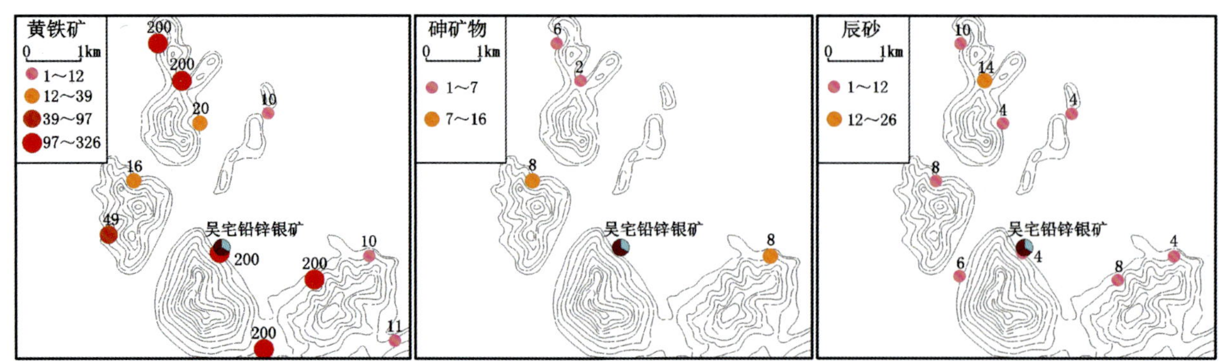

图 4-11 吴宅矽卡岩型铅锌银矿区自然重砂矿物含量分级剖析图

(数字单位为颗)

四、硫铁矿

江苏省硫铁矿预测类型有陆相火山岩型和矽卡岩型两类，其中陆相火山岩型硫铁矿对应的典型矿床为云台山硫铁矿，矽卡岩型硫铁矿对应的典型矿床为岔路口硫铁矿和潭山硫铁矿。

(一)云台山硫铁矿(陆相火山岩型)

云台山硫铁矿位于宁芜火山岩盆地东侧中段，北北东向云台山-乔木山压扭性断裂带北段。矿区地层有周冲村组、黄马青组、象山群、龙王山组。发育北北东—北东向、北北西向和北西西向 3 组断裂。云台山-乔木山断裂带由 1～4 条逆冲断层组成，浅部为近直立的挤压破碎带，深部变缓，它控制了辉长闪长玢岩的侵入，次一级断裂构造及层间裂隙控制矿体产出。矿体主要赋存于周冲村组碳酸盐岩中，在黄马青组钙质泥质粉砂岩、象山群砂页岩、龙王山组火山岩及辉石闪长玢岩中亦有矿体赋存。燕山期火山活动形成的浅成—超浅成辉长闪长玢岩体与成矿关系密切。围岩蚀变有硅化、碳酸盐化、绢云母化、高岭土化、绿泥石化等。

云台山矿区分为狮子山、云台山、母鸡山、秃子山等矿段，共有 200 多个矿体，组成北北东—北东向延伸的矿带，长达 5km，延深 200～400m。矿体多呈扁豆状、透镜状、似层状，少数呈脉状。大矿体形态较复杂，一般均呈不规则的透镜状，沿走向及倾向常有分叉、尖灭现象。矿体产状与地层产状大体一致，倾向主要为北西向，局部倾向南东，倾角 30°～55°，长 25～475m，厚 1～69m，一般厚 2～10m。

矿石矿物以黄铁矿为主，次为少量白铁矿、磁铁矿、菱铁矿，及极少量镜铁矿、赤铁矿、黄铜矿、闪锌矿、方铅矿、毒砂、磁黄铁矿等。脉石矿物主要为白云石、方解石、石英，次为绢云母、绿泥石，少量高岭石、金云母、磷灰石等。矿物组合有黄铁矿-石英、黄铁矿-白云石、黄铁矿-白云石-方解石、黄铁矿-白云石-方解石-石英、黄铁矿-绢云母-绿泥石和黄铁矿-磁铁矿。矿石结构主要为他形粒状结构，次为自形、半自形粒状结构，少量压碎结构及包含结构。矿石构造为块状、浸染状、细脉状、条带状及角砾状构造。矿石类型有块状黄铁矿、稠密浸染状黄铁矿、稀疏浸染状黄铁矿、细脉状黄铁矿和角砾状黄铁矿矿石。

根据以上成矿地质背景、成矿类型及矿石矿物特征分析，本次选择黄铁矿、砷矿物、重晶石、铜矿物等自然重砂矿物，编制了云台山陆相火山岩型硫铁矿矿区自然重砂含量分级剖析图(图 4-12)，由图可知：黄铁矿和重晶石在矿区范围内检出率相对较高，在云台山硫铁矿附近黄铁矿、重晶石含量较高，一般在五级以上，且见异常极值点(黄铁矿为 8169 颗，重晶石为 1517 颗)，远离矿区含量有减小趋势；铜矿物和砷矿物检出率一般，含量较低，一般在一级至二级含量。

从以上分析来看，对于云台山陆相火山岩型硫铁矿，直接指示矿物为黄铁矿，间接指示矿物为重晶石；铜矿物和砷矿物与硫铁矿相关性不明显。

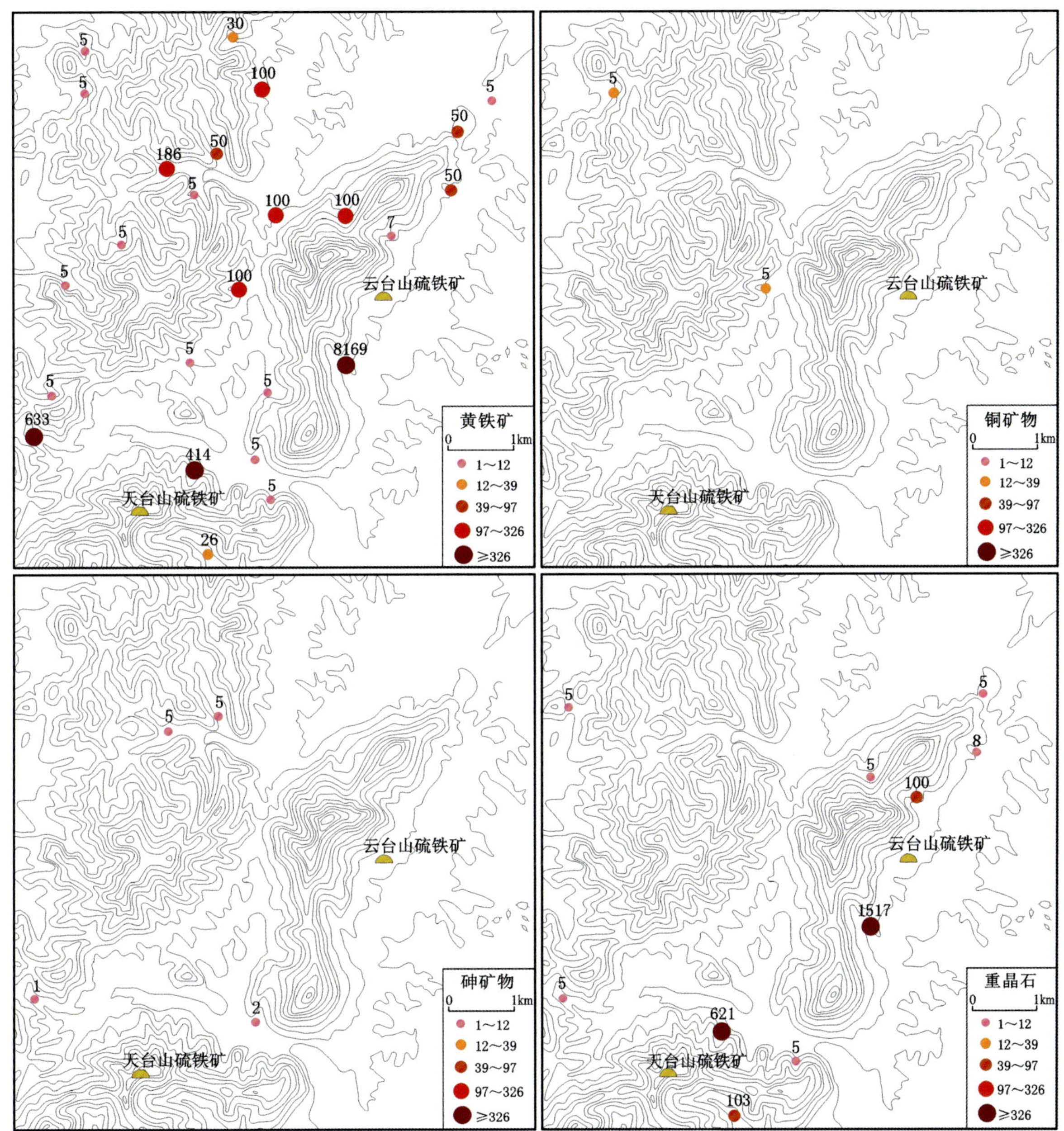

图4-12　云台山陆相火山岩型硫铁矿矿区自然重砂矿物含量分级剖析图

（数字单位为颗）

（二）岔路口硫铁矿（矽卡岩型）

岔路口硫铁矿位于下扬子陆块宁镇褶皱束西段，杨坊山-长林村压扭性断裂带上。矿区出露周冲村组灰岩、角砾状灰岩，黄马青组及象山群砂质页岩、粉砂岩及砂岩等。矿区断裂发育，东西向压扭性断裂带不仅控制了闪长岩的侵入，也控制了矿体的分布；北西向断裂形成于成矿之后，切割了矿体。燕山晚期闪长岩呈岩床、岩舌状沿近东西向断裂侵入，与成矿关系密切。

矿体主要赋存于岩体接触带和断裂内，以及接触带上部周冲村组角砾状灰岩中，少数矿体赋存于黄马青组砂页岩及岩体裂隙中。矿体呈透镜状、似层状，部分有分叉、复合现象，走向近东西，倾向南，倾角30°～70°，上陡下缓。已控制矿化带长1000余米，宽约800m，延深600余米。在灰岩、角砾状灰岩与接触带中矿体规模较大，厚0.43～18m，最厚约30m，控制长250m左右，延深200余米。闪长岩中矿体呈脉状，规模小，长数米至数十米。围岩蚀变主要为硅化、绿泥石化、高岭土化、角岩化、绿帘石化、阳起石化、透闪石、大理岩化等。

矿石矿物成分以黄铁矿为主，氧化后成褐铁矿，伴生有少量磁黄铁矿、磁铁矿、黄铜矿、斑铜矿、方铅矿、闪锌矿等；脉石矿物有石英、方解石、绿泥石及硅酸盐矿物。矿物组合为黄铁矿-石英和黄铁矿-方解石。矿石结构有自形粒状结构、半自形粒状结构、他形粒状结构及压碎结构。矿石构造主要为块状构造、浸染状构造、细脉浸染状构造、角砾状构造等。

根据以上成矿地质背景、成矿类型及矿石矿物特征分析，本次选择黄铁矿、砷矿物、重晶石、铜矿物等自然重砂矿物，编制了岔路口矽卡岩型硫铁矿矿区自然重砂含量分级剖析图（图4-13），由图可知：黄铁矿和重晶石在矿区范围内检出率相对较高，在岔路口硫铁矿附近黄铁矿、重晶石含量较高，一般在五级以上，且见异常极值点（黄铁矿为30 000颗，重晶石为582颗），远离矿区含量有减小趋势；铜矿物和砷矿物未见检出。

从以上分析来看，对于岔路口矽卡岩型硫铁矿，直接指示矿物为黄铁矿，间接指示矿物为重晶石；铜矿物和砷矿物与硫铁矿相关性不明显。

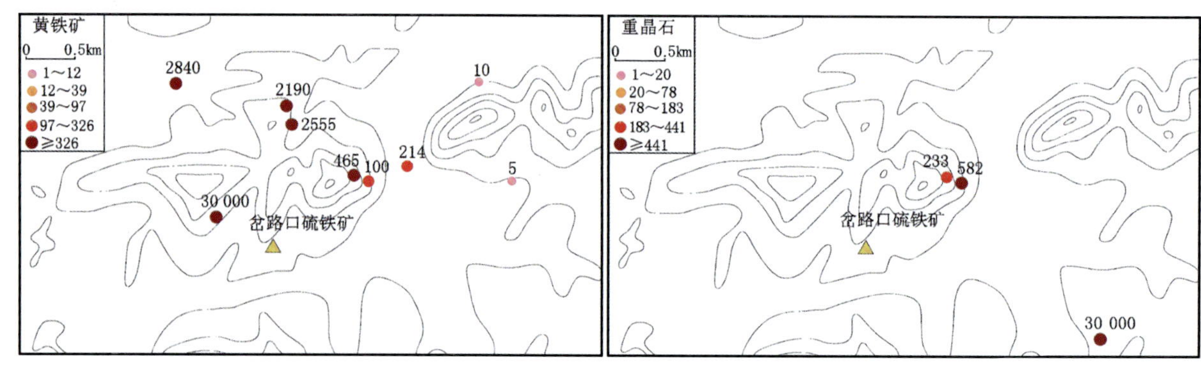

图4-13　岔路口矽卡岩型硫铁矿矿区自然重砂矿物含量分级剖析图

（数字单位为颗）

综上所述，通过成矿类型的自然重砂矿物特征研究，结合相应类型典型矿床矿石矿物特征，各预测类型矿种对应的自然重砂矿物特征组合综合确定如下。

矽卡岩型铜矿：铜矿物、辰砂、黄铁矿、砷矿物、重晶石。

斑岩型铜矿：铜矿物、钼矿物、黄铁矿、砷矿物。

陆相火山岩型铜矿：铜矿物、自然金、重晶石、黄铁矿。

层控矽卡岩型金矿：自然金、铜矿物、黄铁矿、重晶石。

矽卡岩型金矿：自然金、磁铁矿、黄铁矿。

破碎蚀变岩型金矿：自然金、铜矿物、黄铁矿、重晶石。

陆相火山岩型金矿：自然金、铜矿物、黄铁矿、重晶石、砷矿物、辰砂。

碳酸盐岩型铅锌银矿：铅矿物、锌矿物、银矿物、黄铁矿、砷矿物、重晶石。

层控矽卡岩型铅锌银矿：铅矿物、锌矿物、银矿物、黄铁矿、砷矿物、辰砂。

陆相火山岩型铅矿：铅矿物、镜铁矿、黄铁矿、重晶石。

斑岩型钼矿：钼矿物、铜矿物、黄铁矿、砷矿物。

矽卡岩型钼矿：钼矿物、铜矿物、黄铁矿。

陆相火山岩型硫铁矿：黄铁矿、重晶石。

矽卡岩型硫铁矿：黄铁矿、重晶石。

由以上各预测类型矿种对应的自然重砂矿物特征组合可以看出，同一矿种不同预测类型自然重砂矿物特征组合基本相同，因此，本次研究无法将自然重砂矿物特征组合与预测类型一一对应，只能按矿种确定自然重砂矿物组合，各矿种对应的自然重砂矿物特征组合如下。

铜矿：铜矿物、辰砂、黄铁矿、砷矿物、重晶石。

铜金矿：铜矿物、自然金、重晶石、黄铁矿。

金矿：自然金、铜矿物、黄铁矿、重晶石、砷矿物、辰砂。

铜钼矿：铜矿物、钼矿物、黄铁矿、砷矿物。

钼矿：钼矿物、铜矿物、黄铁矿、砷矿物(铋矿物、锡矿物)。

铅锌矿：铅矿物、锌矿物、银矿物、黄铁矿、镜铁矿、砷矿物、重晶石、辰砂。

银矿：银矿物、铅矿物、锌矿物、黄铁矿、砷矿物、辰砂。

硫铁矿：黄铁矿、重晶石。

萤石：萤石。

第三节　省级自然重砂异常及特征

本次江苏省矿产资源潜力评价自然重砂专题共评价了铜、铅、锌、金、钼、银、硫铁矿、萤石共8个矿种，结合上述不同矿种不同预测类型对应的自然重砂矿物特征组合，省级自然重砂选择了磁铁矿、黄铁矿、辰砂、砷矿物、重晶石、铜矿物、铅矿物、锌矿物、自然金、锡矿物、铋矿物等27种自然重砂矿物编制省级自然重砂异常图，其中能为预测矿种提供自然重砂找矿信息的有16种，现将这16种重砂矿物(组)异常特征简述如下。

一、单矿物

(一)磁铁矿

全区共圈定磁铁矿异常53处，其中Ⅰ级异常8处，Ⅱ级异常27处，Ⅲ级异常18处(图4-14)，现将主要异常简述如下。

1. 利国磁铁矿异常

异常编号为Mgt06，异常级别为Ⅰ级，异常呈北东向椭圆形分布，长约12km，宽约6km，面积约67.23km^2。该异常由23个异常点组成，最高含量五级以上。区内主要出露寒武系至奥陶系，侵入岩有石英闪长玢岩、花岗岩、花岗闪长斑岩及辉绿岩，北东向、北西向断裂发育，已知有铁铜金矿，异常与已知矿产成矿作用有关。

2. 石马磁铁矿异常

异常编号为Mgt26，异常级别为Ⅰ级，异常呈北西向椭圆状分布，长约5km，宽约3km，面积约13.7km^2。该异常由9个异常点组成，最高含量为五级以上。区内主要出露碳酸盐岩地层，侵入岩见石英闪长斑岩。有石马小型铁矿床，推测异常与已知矿产成矿作用有关。

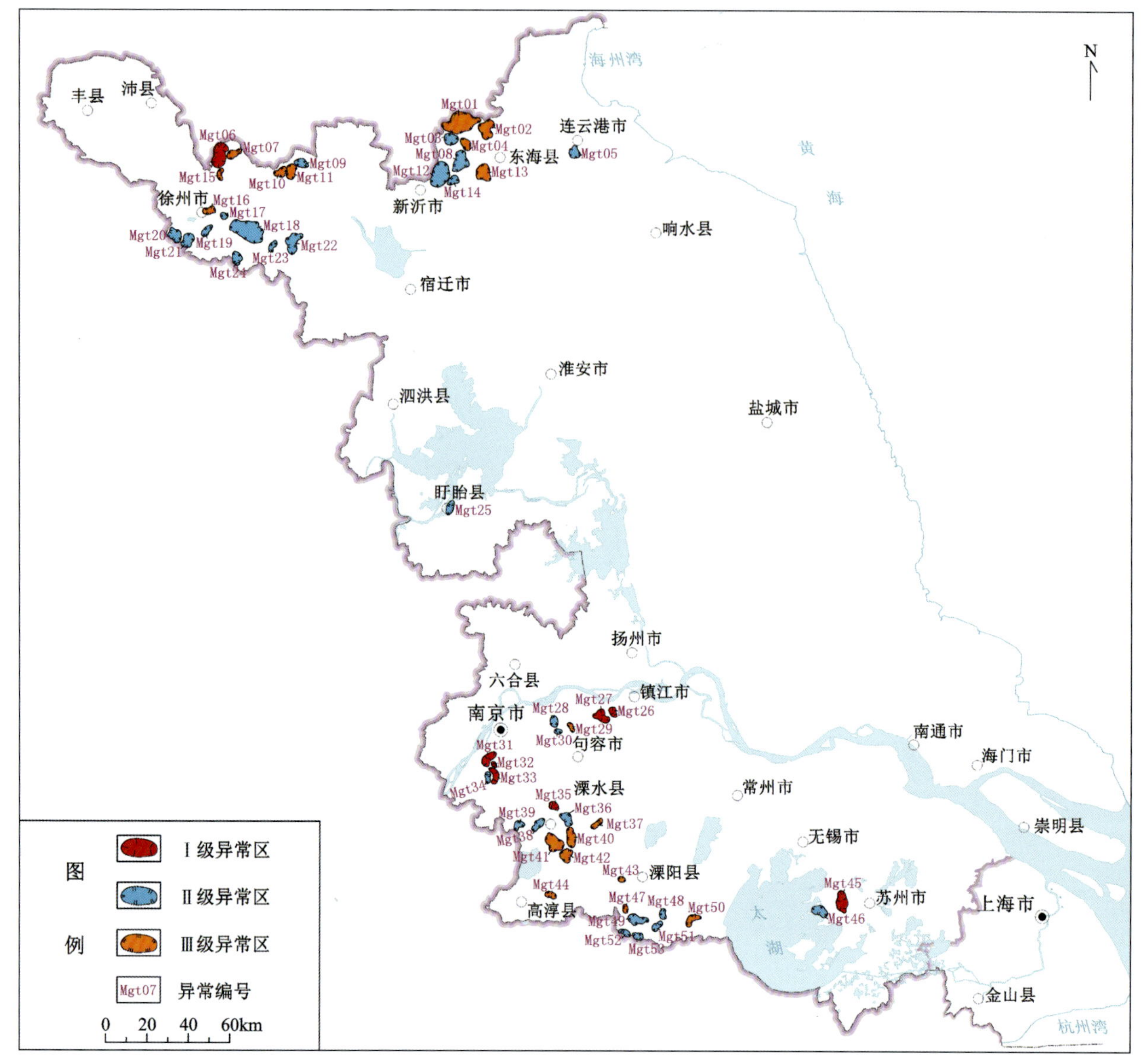

图 4-14 江苏省磁铁矿自然重砂异常图

3. 徐湾磁铁矿异常

异常编号为 Mgt27，异常级别为Ⅰ级，异常呈北西向不规则状分布，长约 7.5km，宽约 3.5km，面积约 30.26km^2。该异常由 16 个异常点组成，最高含量为五级以上。区内主要出露奥陶系至志留系，侵入岩有石英闪长岩、石英二长岩、石英二长斑岩，北东向断裂发育，附近见 8 处铁矿点，异常与已知铁矿点关系密切。

4. 梅山磁铁矿异常

异常编号为 Mgt31，异常级别为Ⅰ级，异常呈北东向椭圆状分布，长约 8.5km，宽约 3.5km，面积约 27.72km^2。该异常由多个异常点组成，最高含量为五级以上。区内主要出露侏罗纪—白垩纪火山岩。异常区见梅山铁矿、小红山等多个陆相火山岩型铁矿，异常与已知铁矿点关系密切。

5. 牛首山磁铁矿异常

异常编号为 Mgt32，异常级别为Ⅰ级，异常呈北西向椭圆状分布，长约 3.4km，宽约 2.1km，面积约

5.47km²。该异常由多个五级以上含量点组成。区内主要出露侏罗纪—白垩纪火山岩。有牛首山小型铁矿床。异常与已知铁矿点关系密切。

6. 祖堂山磁铁矿异常

异常编号为Mgt33，异常级别为Ⅰ级，异常呈北西向条带状分布，长约8.8km，宽约2.8km，面积约21.43km²。该异常由多个五级以上含量点组成。区内主要出露侏罗纪—白垩纪火山岩。有吉山大型铁矿床。异常与已知铁矿床关系密切。

7. 石坝磁铁矿异常

异常编号为Mgt35，异常级别为Ⅰ级，异常呈北西向椭圆状分布，长约5.3km，宽约3.4km，面积约15.06km²。该异常由多个五级以上含量点组成。区内主要出露侏罗纪—白垩纪火山岩及石英流纹斑岩、石英正长斑岩。有东岗、石坝、石头山铁矿床(点)。异常与已知铁矿点关系密切。

8. 阳山磁铁矿异常

异常编号为Mgt45，异常级别为Ⅰ级，异常呈椭圆状南北向延伸，长约10.3km，宽约5.3km，面积约42.45km²。该异常由多个五级以上含量点组成。区内出露泥盆系至二叠系，有钾长花岗岩、花岗斑岩侵入。区内见南瓜山小型磁铁矿床，船尾巴、范家桥、凌公桥磁铁矿点，陈家沟小型磁铁矿床，曾山褐铁矿点。异常与已知矿点有关。

9. 横山水库磁铁矿异常

异常编号为Mgt51，异常级别为Ⅱ级，异常呈北东向椭圆形分布，长4.6km，宽3.7km，面积约15.2km²。该异常由5个异常点组成。异常区石炭系至二叠系较发育，有花岗斑岩、石英闪长斑岩侵入。区内见鸡笼山、长山等铁矿点。异常与已知铁矿点关系密切。

其他异常特征见表4-2。

(二)黄铁矿

全区共圈定黄铁矿异常50处，其中Ⅰ级异常19处，Ⅱ级异常21处，Ⅲ级异常10处(图4-15)，现将主要异常简述如下。

1. 利国黄铁矿异常

异常编号为Py05，异常级别为Ⅰ级，异常呈椭圆形沿北东向延伸，长约9km，宽约8km，面积约60.29km²。该异常由多个四级至五级异常点组成，最高含量为五级以上。区内主要出露寒武系至奥陶系。侵入岩有石英闪长玢岩、花岗岩、花岗闪长斑岩及辉绿岩。北东向、北西向断裂发育。已知有铁铜金矿。异常与已知矿产成矿作用有关。

2. 栖霞山黄铁矿异常

异常编号为Py14，异常级别为Ⅰ级，异常呈椭圆形沿北东向延伸，长约4.1km，宽约2.7km，面积约8.92km²。该异常由4个四级异常点和1个五级异常点组成，最高含量为五级以上。区内主要出露碳酸盐岩和碎屑岩地层。区内见铅锌银矿点，推测异常与已知矿产成矿作用有关。

表 4-2 磁铁矿异常特征表

异常编号	异常位置	矿物名称	异常面积（km^2）	异常级别	异常特征	地质矿产概况及异常推断解释
Mgt01	东海县陈行	磁铁矿	120.92	Ⅲ	异常呈北东向面状分布，长 19km，宽 9km，由 1 个四级异常点和 2 个三级含量点组成	出露东海岩群二长片麻岩，脉岩有煌斑岩、二长花岗岩、花岗岩，北东向、近南北向断裂发育，异常与脉岩侵入有关
Mgt02	东海县横沟	磁铁矿	48.27	Ⅲ	呈肾形近南北向分布，长 9km，宽约 5.6km，由 2 个三级和多个二级含量点组成	出露东海岩群黑云母斜长片麻岩，脉岩有花岗闪长岩、二长花岗岩和煌斑岩等。北东向、近南北向断裂较发育
Mgt03	东海县黑埠	磁铁矿	28.86	Ⅱ	异常呈近圆形，由 1 个四级异常点和 4 个三级含量点组成	出露东海岩群片麻岩，侵入岩有榴辉岩、蛇纹岩，北东向、南北向断裂发育，推测异常与侵入岩及热液矿化有关
Mgt04	东海县双店	磁铁矿	21.12	Ⅲ	呈北西向椭圆形分布，长 6.5km，宽 3.8km，由 1 个五级、1 个四级异常点和 3 个三级含量点组成	异常区见东海岩群虎山斜长片麻岩及少量榴辉岩，脉岩有煌斑岩，推测异常与煌斑岩侵入有关
Mgt05	连云港市锦屏山	磁铁矿	23.94	Ⅱ	异常呈近圆形，主要由 10 余个五级异常点组成	出露东海岩群朐山片麻岩组(花岗片麻岩)。区内见锦屏山铅锌矿点，异常与成矿作用有关
Mgt07	铜山县大成山	磁铁矿	21.76	Ⅲ	异常沿北东向呈椭圆形分布，长 5.8km，宽 3.7km，由多个三级含量点组成	出露寒武系至奥陶系，北东向、北西向断裂发育，推测异常与断裂中的矿化有关
Mgt08	东海县竹墩	磁铁矿	53.38	Ⅱ	异常呈不规则状分布，由 2 个三级和多个二级含量点组成	出露东海岩群摩天岭组，南部有花岗斑岩脉侵入。北侧有竹墩多金属矿点，推测异常与已知矿产有关
Mgt09	邳州县燕子埠	磁铁矿	21.66	Ⅱ	异常呈不规则状分布，由 5 个四级异常点组成	区内出露淮河群九顶山组，脉岩见辉绿岩，已知有白石垅磁铁矿点，推测异常与已知铁矿点有关
Mgt10	邳州县奶奶山	磁铁矿	20.48	Ⅲ	异常呈不规则状分布，由 7 个五级和 3 个四级异常点组成	区内出露淮河群九顶山组，脉岩见辉绿岩，推测异常辉绿岩侵入有关
Mgt11	邳州县扒头山	磁铁矿	27.37	Ⅲ	异常呈椭圆形沿近南北向断裂分布，长 5.5km，宽 4.2km，由多个四级异常点组成	区内出露淮河群九顶山组，脉岩见辉绿岩，有南北向断裂，异常与断裂热液活动有关
Mgt12	东海县桃林	磁铁矿	81.85	Ⅱ	呈北东向椭圆形分布，长 12.5km，宽 6.4km，由 3 个三级和多个二级含量点组成	出露东海岩群，侵入岩有花岗斑岩(桃林岩体)、斑状二长花岗岩，推测异常与岩体侵入活动有关
Mgt13	东海县安峰山水库	磁铁矿	44.36	Ⅲ	异常呈不规则状分布，由 3 个三级含量点组成	出露东海岩群摩天岭组，局部夹榴辉岩，推测异常与地层分布有关
Mgt14	东海县孟庄	磁铁矿	17.63	Ⅱ	异常呈北东向椭圆形分布，长 6.3km，宽 3.4km，由多个二级含量点组成	出露东海岩群摩天岭组，区内见徐塘庄、孟庄磁铁矿点，异常与已知铁矿点有关

续表 4-2

异常编号	异常位置	矿物名称	异常面积(km^2)	异常级别	异常特征	地质矿产概况及异常推断解释
Mgt15	铜山县柳泉	磁铁矿	12.76	Ⅲ	异常呈椭圆形沿北东向断裂分布,长 5.3km,宽 2.7km,由多个三级含量点组成	出露寒武系至奥陶系,北东向断裂发育,推测异常由地层中热液矿化引起
Mgt16	铜山县下淀	磁铁矿	18.17	Ⅲ	异常呈北东向椭圆形分布,长 5.4km,宽 2.8km,由多个二级含量点组成	出露寒武系至奥陶系,北东向断裂发育,推测异常与中低温热液充填有关
Mgt17	铜山县东贺村	磁铁矿	9.37	Ⅱ	异常呈近圆形,由多个二级含量点组成	出露寒武系至奥陶系,北东向断裂发育,区内有京山、小刘山、芦山等多个铁矿点,推测异常与已知矿点有关
Mgt18	铜山县种羊场	磁铁矿	125.22	Ⅱ	呈北西向长条状,长约 12km,宽约 5.8km,由 3 个五级异常点和 4 个三级含量点组成	出露淮河群九顶山组,有辉绿岩脉,有北西向断层。已知有马山铅矿点,异常与已知矿产有关
Mgt19	铜山县曹山	磁铁矿	17.77	Ⅱ	异常呈北东向椭圆形分布,长 3.5km,宽 2.4km,由多个二级含量点组成	出露寒武系至奥陶系,北东向断裂发育,已知有破头山磁铁矿点,异常与已知矿点有关
Mgt20	铜山县班井	磁铁矿	32.3	Ⅱ	异常呈不规则状分布,由 3 个五级异常点和 5 个三级含量点组成	出露寒武系至奥陶系,侵入岩有闪长斑岩,推测异常可能和闪长斑岩与碳酸盐岩接触带有关
Mgt21	铜山县罗岗	磁铁矿	30.91	Ⅱ	异常呈北东向面状分布,长 6.8km,宽 4.5km,由 3 个四级异常点和多个二级含量点组成	石英闪长斑岩与寒武系碳酸盐岩接触带及其附近次级构造裂隙。区内见杨林、小南山磁铁矿点,异常与已知矿点有关
Mgt22	邳州县寨山	磁铁矿	48.26	Ⅱ	呈北东向分布,长 5.4km,宽 3.7km,由 4 个五级、3 个四级异常点和多个二级含量点组成	出露淮河群九顶山组,有辉绿岩脉,推测异常与辉绿岩侵入有关
Mgt24	邳州县郭集	磁铁矿	23.17	Ⅱ	异常呈近南北向分布,长 3.9km,宽 2.5km,主要由 2 个五级异常点组成	辉绿岩呈岩床状、脉状侵入震旦系灰岩。围岩蚀变主要有大理岩化。异常与脉岩侵入有关
Mgt25	盱眙天台山	磁铁矿	18.94	Ⅱ	异常呈条形北东向分布,长 6.8km,宽 2.8km,由 3 个三级和多个二级含量点组成	二长花岗斑岩侵入灯影组灰岩,有五里墩磁铁矿点
Mgt28	南京市射乌山	磁铁矿	17.12	Ⅱ	异常呈北西椭圆形分布,长 3.7km,宽 2.7km,由 10 余个异常点组成	与安基山岩体侵入有关。围岩蚀变有矽卡岩化、硅化、绢云母化、高岭土化、绿泥石化等
Mgt29	句容县固江口	磁铁矿	9.52	Ⅲ	异常呈北西向椭圆形分布,长 5.5km,宽 2.8km,由 6 个五级异常点组成	与地表铁帽有关,有褐铁矿点 1 处
Mgt30	南京市伏牛山	磁铁矿	8.06	Ⅱ	异常呈近东西向椭圆形分布,长 3.7km,宽 2.4km,由 3 个五级异常点组成	与安基山岩体侵入有关
Mgt34	江宁区金牛洞	磁铁矿	12.07	Ⅱ	异常呈近南北向分布,长 4.2km,宽 3.4km,由多个二级含量点组成	与辉石闪长玢岩侵入有关

续表 4-2

异常编号	异常位置	矿物名称	异常面积(km^2)	异常级别	异常特征	地质矿产概况及异常推断解释
Mgt36	溧水县方边	磁铁矿	26.84	Ⅱ	异常呈面状分布，由 2 个二级含量点组成	大王山组下段粗面质火山岩及火山碎屑岩，有高塘铜铁矿点
Mgt37	溧水县髻山	磁铁矿	14.05	Ⅲ	异常呈北东向分布，长 5.2km，宽 2.1km，由 1 个五级异常点和 1 个三级含量点组成	闪长岩脉、辉绿岩脉与碳酸盐岩接触带
Mgt38	溧水县小茅山	磁铁矿	21.88	Ⅱ	异常呈北东向面状分布，长 6.3km，宽 2.7km，由多个异常点组成	辉石闪长玢岩与陡山组石英砂岩、西横山组长石砂岩接触带，有炸山镜铁矿矿床
Mgt39	溧水县横山	磁铁矿	16.13	Ⅱ	异常呈肾形分布，长 3.4km，宽 3.1km，由多个二级含量点组成	辉石闪长玢岩侵入西横山组砂岩接触带，有老虎头铁矿点
Mgt40	溧水县东芦山—马占山	磁铁矿	33.95	Ⅲ	异常呈近南北向椭圆形分布，长 6.8km，宽 4.6km，由多个二级含量点组成	大王山组下段粗安质火山岩及火山碎屑岩
Mgt41	溧水县馒头山	磁铁矿	53.10	Ⅲ	异常呈不规则状，由 7 个二级含量点组成	大面积出露粗面安山岩
Mgt42	溧水县观山	磁铁矿	29.32	Ⅲ	异常呈不规则状，由多个异常点组成	姚家边组粗安斑岩大面积分布区
Mgt43	溧阳市乌龟山	磁铁矿	7.85	Ⅲ	异常呈近圆形分布，由多个异常点组成	大王山组上段流纹岩
Mgt44	高淳县南溧山	磁铁矿	14.37	Ⅲ	异常沿东西向断裂分布，长 3.4km，宽1.7km，由 2 个二级含量点组成	姚家边组粗安斑岩大面积分布区
Mgt46	苏州市光福	磁铁矿	29.09	Ⅱ	异常呈北西向面状分布，长 6.8km，宽 3.7km，由多个二级含量点组成	泥盆系至二叠系，有石英闪长斑岩侵入，有小坞里镜铁矿点
Mgt47	溧阳市东陵	磁铁矿	8.67	Ⅲ	异常呈近南北向分布，长 3.4km，宽 2.4km，由 5 个异常点组成	大王山组上段流纹岩，局部有花岗斑岩脉侵入
Mgt48	宜兴市张渚	磁铁矿	13.13	Ⅱ	异常呈南北向近肾形分布，长 4.8km，宽 3.4km，由 5 个异常点组成	茅山组石英砂岩和二长石英斑岩。有大贤岭、小贤岭磁铁矿点
Mgt49	溧阳市平桥	磁铁矿	33.90	Ⅱ	异常呈近圆形分布，由 6 个异常点组成	大王山组流纹质碎屑岩和石英闪长斑岩
Mgt50	宜兴市省庄	磁铁矿	22.02	Ⅲ	异常呈北东向弯月形分布，长 6.4km，宽 4.3km，由多个二级含量点组成	出露志留系至二叠系，少量燕山晚期花岗斑岩和石英闪长斑岩出露
Mgt52	溧阳市小梅岭	磁铁矿	13.58	Ⅱ	异常呈近东西向椭圆形分布，长 5.4km，宽 3.4km，由 3 个三级和多个二级含量点组成	上志留统—中三叠统的碎屑岩及碳酸盐岩之上。有庙西岩体及陈家边岩体。局部见矽卡岩化、硅化等蚀变。有小梅岭铁矿点
Mgt53	溧阳市大梅岭	磁铁矿	14.82	Ⅱ	异常呈近东西向分布，长 4.8km，宽 3.2km，由 3 个二级含量点组成	泥盆系五通组下段，青龙组灰岩，有石英二长斑岩的侵入，围岩蚀变有矽卡岩化。有松岭铁矿点

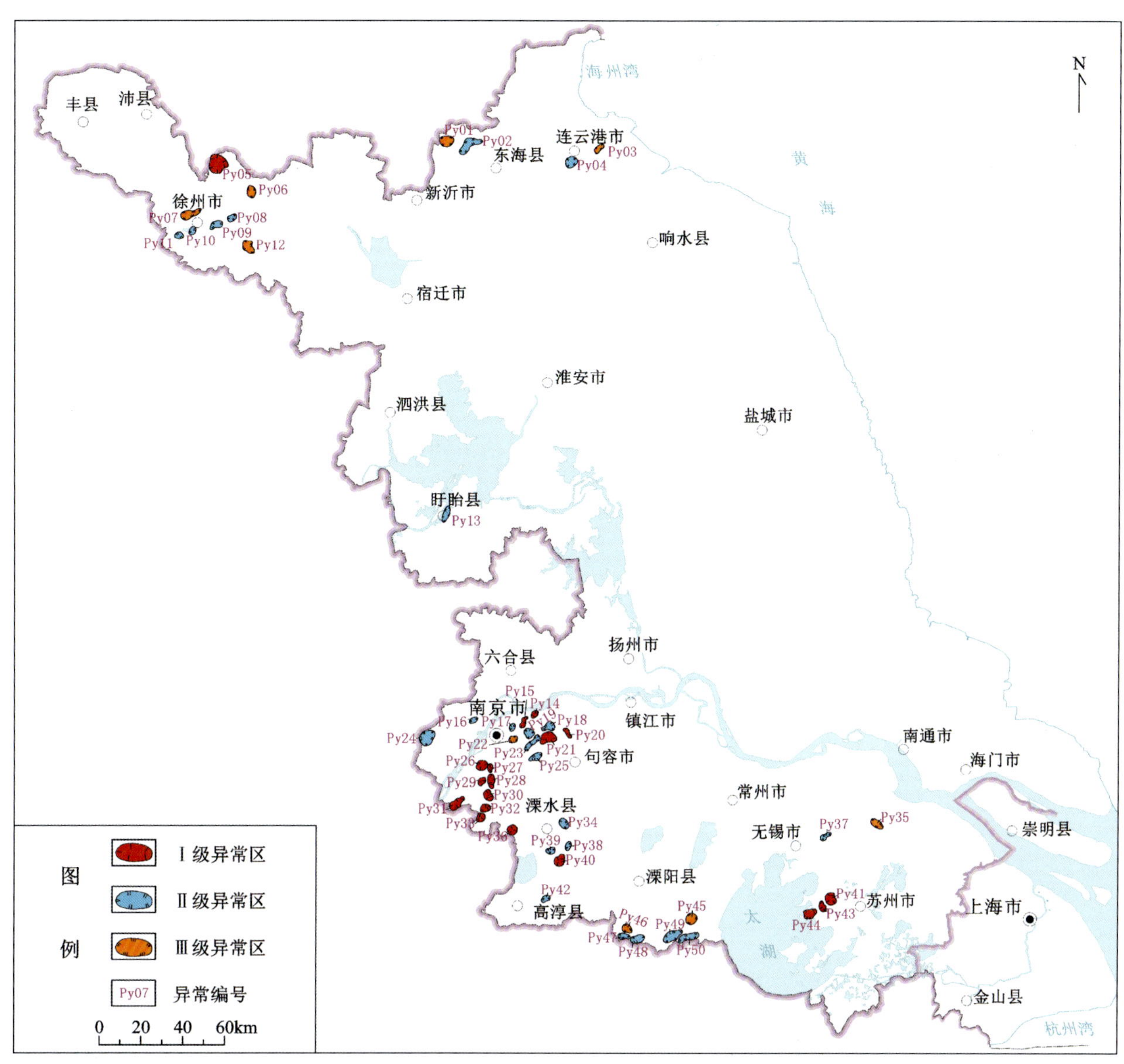

图 4-15　江苏省黄铁矿自然重砂异常图

3. 甘家巷黄铁矿异常

异常编号为 Py15，异常级别为Ⅰ级，异常呈椭圆形沿北东向延伸，长约 6.2km，宽约 2.1km，面积约 11.9km²。该异常由 1 个四级异常点和 4 个五级异常点组成，最高含量为 30 000 颗。区内主要出露碳酸盐岩和碎屑岩地层。区内见铅锌银矿点，推测异常与已知矿产成矿作用有关。

4. 岔路口黄铁矿异常

异常编号为 Py17，异常级别为Ⅰ级，异常呈椭圆形沿北东向延伸，长约 4.1km，宽约 2.8km，面积约 8.39km²。该异常由 1 个四级异常点和 5 个五级异常点组成，最高含量为 30 000 颗。区内主要出露侏罗系。侵入岩有石英闪长玢岩。区内见岔路口硫铁矿点，推测异常与硫铁矿有关。

5. 固江口黄铁矿异常

异常编号为 Py20，异常级别为Ⅰ级，异常呈椭圆形沿北西向延伸，长约 5.2km，宽约 2.8km，面积约 9.66km²。该异常由多个四级至五级异常点组成。区内主要出露志留系—石炭系。侵入岩有石英闪长玢岩。区内见钉耙岗金矿化点，推测异常与已知矿产成矿作用有关。

6. 汤山黄铁矿异常

异常编号为 Py21，异常级别为Ⅰ级，异常呈椭圆形沿北东向延伸，长约 7.5km，宽约 4.8km，面积约 32.76km^2。该异常由多个四级至五级异常点组成。区内主要出露志留系—石炭系。侵入岩有石英闪长玢岩。区内见汤山金矿点，推测异常与已知矿产成矿作用有关。

7. 梅山黄铁矿异常

异常编号为 Py26，异常级别为Ⅰ级，异常呈近东西向面状分布，长 11.8km，宽 6.7km，面积 34.17km^2。该异常由 30 余个异常点组成，其中五级 1 个、三级 5 个，最高含量为 8600 颗，平均含量为 155 颗。异常区出露大王山组辉石安山岩及辉石闪长玢岩。围岩蚀变有透辉石化、阳起石化、碳酸盐化、高岭土化、硅化等。区内已知铁矿床多处，推测异常与梅山铁矿有关。

8. 牛首山黄铁矿异常

异常编号为 Py27，异常级别为Ⅰ级，异常呈近南北向椭圆状分布，长 4.2km，宽 2.4km，面积 7.67km^2，由 4 个四级异常点组成，最高含量为 100 颗。异常区出露大王山组辉石安山岩及辉石闪长玢岩。围岩蚀变有透辉石化、阳起石化、碳酸盐化、高岭土化、硅化等。区内见牛首山铁矿点，推测异常与牛首山铁矿有关。

9. 祖堂山黄铁矿异常

异常编号为 Py28，异常级别为Ⅰ级，异常呈近南北向条带状分布，长约 7.1km，宽约 3.4km，面积约 18.25km^2。该异常由多个五级以上含量点组成。区内主要出露侏罗纪—白垩纪火山岩。有吉山大型铁矿床，异常与已知铁矿床关系密切。

10. 金牛洞黄铁矿异常

异常编号为 Py29，异常级别为Ⅰ级，异常呈北东向条带状分布，长约 7.1km，宽约 3.4km，面积约 18.25km^2。该异常由多个五级以上含量点组成。区内主要出露侏罗纪—白垩纪火山岩。有谷里铜矿床，推测异常与已知矿产成矿作用有关。

11. 陶吴黄铁矿异常

异常编号为 Py30，异常级别为Ⅰ级，异常呈北西向条带状分布，长约 5.7km，宽约 3.6km，面积约 17.84km^2。该异常由 5 个四级异常点和 2 个三级异常点组成。区内主要出露侏罗纪—白垩纪火山岩。异常区分布多个铁、铜矿床(点)，推测异常与已知矿产成矿作用有关。

12. 铜井黄铁矿异常

异常编号为 Py31，异常级别为Ⅰ级，异常呈北东向条带状分布，长约 8.5km，宽约 4.1km，面积约 27.33km^2。该异常由 3 个四级异常点和 1 个五级异常点组成，最高含量 436 颗。区内主要出露侏罗纪—白垩纪火山岩。异常区分布多个铜、金矿床(点)，推测异常与已知矿产成矿作用有关。

13. 云台山黄铁矿异常

异常编号为 Py32，异常级别为Ⅰ级，异常呈近圆形分布，面积约 14.86km^2，由 15 个异常点组成，含量最高为 8169 颗，平均为 63 颗。异常区出露大王山组火山岩及三叠系，脉岩有二长花岗岩，北东向断裂发育。区内已知有云台山硫铁矿床，南山坎金矿点和莺子山铁铜矿点，异常由云台山硫铁矿引起。

14. 鸡笼山黄铁矿异常

异常编号为Py33，异常级别为Ⅰ级，异常呈近圆形分布，面积约14.47km²，由1个四级异常点和2个五级异常点组成。异常区出露大王山组火山岩及三叠系，脉岩有二长花岗岩，北西向断裂发育，区内见多个铁、铜矿床(点)，推测异常与已知矿产成矿作用有关。

15. 横山黄铁矿异常

异常编号为Py36，异常级别为Ⅰ级，异常呈近圆形分布，面积约18.79km²，由多个四级异常点和1个五级异常点组成。异常区出露大王山组火山岩，脉岩有石英闪长玢岩、闪长玢岩。区内见铁、金矿床(点)，推测异常与已知矿产成矿作用有关。

16. 观山黄铁矿异常

异常编号为Py40，异常级别为Ⅰ级，异常呈近圆形分布，面积约21.92km²，由多个四级异常点和1个五级异常点组成。异常区出露侏罗纪—白垩纪火山岩。区内见陆相火山岩型铜、金矿床(点)，推测异常与已知矿产成矿作用有关。

17. 南阳山黄铁矿异常

异常编号为Py41，异常级别为Ⅰ级，异常呈南北向椭圆形分布，长6km，宽4.9km，面积约25km²。该异常由1个五级和4个三级异常点组成，黄铁矿最高含量为1287颗，平均含量为183颗。区内出露泥盆系至二叠系，燕山晚期中酸性岩侵入，断裂构造发育，区内已知铁铜矿床(点)12处，异常由已知矿床(点)引起。

18. 吴宅黄铁矿异常

异常编号为Py43，异常级别为Ⅰ级，异常呈北西向椭圆形分布，长5.7km，宽3.1km，面积约12.99km²，由5个四级和2个三级异常点组成。区内出露泥盆系至二叠系，燕山晚期中酸性岩侵入，断裂构造发育，区内见吴宅铅锌银矿点，推测异常与已知矿产成矿作用有关。

19. 光福黄铁矿异常

异常编号为Py44，异常级别为Ⅰ级，异常呈近圆形分布，面积约23.39km²，由6个四级和1个五级异常点组成，最高含量五级以上。区内出露泥盆系至二叠系，燕山晚期中酸性岩侵入，断裂构造发育，区内见潭山铅锌硫铁矿矿点，推测异常与硫铁矿有关。

20. 小梅岭黄铁矿异常

异常编号为Py47，异常级别为Ⅱ级，异常沿矽卡岩接触带呈近东西向分布，长约5.5km，宽约2.7km，面积13.59km²，由3个五级异常点组成，黄铁矿最高含量为30 000颗，平均含量为5340颗。异常区出露志留系至泥盆系，局部有石炭系，北西向断裂发育，脉岩有花岗斑岩，岩石具矽卡岩化。已知有梅岭铁矿、杨家村多金属矿床(点)，异常与成矿作用有关。

21. 省庄黄铁矿异常

异常编号为Py50，异常级别为Ⅱ级，异常呈北东向带状分布，长约10.3km，宽约2.6km，面积28.74km²，由5个五级异常点和2个四级异常点组成，黄铁矿最高含量为30 000颗。异常区出露志留系至石炭系。脉岩有花岗斑岩、闪长玢岩。已知有对门山铅锌矿化点，推测异常与热液活动有关。

22. 种羊场黄铁矿异常

异常编号为Py12，异常级别为Ⅲ级，异常呈北西向面状分布，长13.5km，宽5.8km，面积约78.6km^2，主要由2个四级和13个二级异常点组成，黄铁矿最高含量为3200颗，平均含量为2462颗。区内出露淮河群九顶山组，有辉绿岩脉，有北西向、北东向断层。已知有马山铅矿化点。推测异常与辉绿岩侵入活动有关。

23. 铜官山黄铁矿异常

异常编号为Py45，异常级别为Ⅲ级，异常呈近圆形分布，面积23.55km^2，由多个四级至五级异常点组成。异常区出露志留系至石炭系，脉岩有花岗斑岩、二长岩，推测异常与脉岩侵入活动有关。

其他异常特征见表4-3。

（三）辰砂

全区共圈定辰砂异常60处，其中Ⅰ级异常11处，Ⅱ级异常17处，Ⅲ级异常32处(图4-16)，现将主要异常简述如下。

1. 利国辰砂异常

异常编号为Hg01，异常级别为Ⅰ级，异常呈北北东向面状分布，长9.5km，宽5.2km，面积约47.49km^2，主要由多个一级至三级辰砂含量点组成，辰砂最高含量为50颗。出露寒武系至奥陶系。侵入岩有石英闪长玢岩、花岗岩、花岗闪长斑岩及辉绿岩。北东向、北西向断裂发育。已知有铁铜金矿，异常与已知矿产成矿作用有关。

2. 栖霞山辰砂异常

异常编号为Hg18，异常级别为Ⅰ级，异常呈椭圆形沿北东向延伸，长约7.3km，宽约2.9km，面积约18.46km^2，由多个一级含量点组成。区内主要出露碳酸盐岩和碎屑岩地层。区内见铅锌银矿点，推测异常与已知矿产成矿作用有关。

3. 平山头辰砂异常

异常编号为Hg19，异常级别为Ⅰ级，异常呈椭圆形沿北西向延伸，长约3.1km，宽约1.9km，面积约4.94km^2，由多个一级异常点组成。区内主要出露碳酸盐岩和碎屑岩地层。区内见铅锌银矿点，推测异常与已知矿产成矿作用有关。

4. 固江口辰砂异常

异常编号为Hg24，异常级别为Ⅰ级，异常呈椭圆形沿北西向延伸，长约4.4km，宽约1.9km，面积约7.84km^2，由3个五级异常点组成，最高含量为1280颗。区内主要出露志留系—石炭系。侵入岩有石英闪长玢岩。区内见钉耙岗金矿化点。推测异常与侵入岩侵入作用有关。

5. 汤山辰砂异常

异常编号为Hg25，异常级别为Ⅰ级，异常呈不规则状沿北西—北东向延伸，长约4.9km，宽约3.1km，面积约10.08km^2。该异常由多个一级含量点和2个四级、3个五级异常点组成。区内主要出露志留系—石炭系。侵入岩有石英闪长玢岩。区内见汤山金矿点，推测异常与已知矿产成矿作用有关。

表 4-3 黄铁矿异常特征表

异常编号	异常位置	矿物名称	异常面积(km^2)	异常级别	异常特征	地质矿产概况及异常推断解释
Py01	东海县山左口	黄铁矿	28.07	Ⅲ	异常呈东西向椭圆形，长约 6km，宽约 4.5km，一级、二级异常点各 3 个，三级 1 个，四级、五级异常点各 2 个	出露基岩为东海岩群二长混合片麻岩、花岗闪长岩，有北东向、北北西向断裂通过，推断该异常与构造破碎带及低温热液活动有关
Py02	东海县北西的陈朱沟	黄铁矿	41.98	Ⅱ	异常呈椭圆形北东向分布，长约 13km，宽约 4km，由 15 个一级含量点和 8 个二级、3 个五级异常点组成	出露基岩为东海岩群黑云母斜长片麻岩，脉岩有花岗闪长岩、闪长玢岩等。北东向断裂较发育，推测异常与断裂中的热液活动有关
Py03	连云港市南城镇	黄铁矿	12.04	Ⅲ	异常呈条状北东向分布，长 3.6km，宽 2.8km，由 1 个三级和 2 个五级异常点组成	出露云台岩群，北西(北西西)向断裂较发育，推测异常与沿断裂裂隙中低温热液活动有关
Py04	连云港市锦屏山	黄铁矿	23.92	Ⅱ	异常呈椭圆形北东向分布，长 3.5km，宽 2.8km，由 1 个一级含量点和 2 个五级异常点组成	出露锦屏岩群和云台岩群，有混合花岗岩。已知有铅锌矿点，异常与已知铅锌矿点的成矿作用有关
Py06	铜山县大泉	黄铁矿	18.40	Ⅲ	异常沿北东向断裂呈椭圆形分布，长 6km，宽 4km，由 1 个四级和 7 个二级异常点组成	主要出露寒武系至奥陶系，北东向断裂发育，局部见煌斑岩脉，推测异常与断裂裂隙中低温热液活动有关
Py07	铜山县九里山	黄铁矿	30.38	Ⅲ	异常呈北北东向椭圆形分布，长 13.6km，宽约 3.6km，主要由 1 个五级、12 个三级及其他异常点组成	出露寒武系至奥陶系，有北东向断裂通过。异常可能与裂隙低温热液活动有关
Py08	铜山县下淀杨山	黄铁矿	29.13	Ⅱ	异常呈北东向长条状分布，长 10.6km，宽 3.8km，由 3 个三级及若干一级、二级异常点组成	出露中晚寒武世砂岩、页岩、灰岩、白云岩和早奥陶世白云岩，有北东向断层通过。经地质化探剖面检查，推测异常与断裂中热液矿化有关
Py09	铜山县东贺村	黄铁矿	17.56	Ⅱ	异常呈北东向椭圆状分布，长 6.5km，宽 3.1km，由 10 个三级及 2 个四级异常点组成	出露寒武系至奥陶系，脉岩有闪长玢岩，北东向、北西向断裂发育。推测异常与煌斑岩及热液矿化有关
Py10	铜山县驴尾巴山	黄铁矿	59.37	Ⅱ	异常呈北东向条状分布，长 12.8km，宽 4.8km，由 2 个四级、3 个三级及其他异常点组成	出露寒武系至奥陶系，脉岩有闪长玢岩，北东向、北西向断裂发育。推测异常与煌斑岩及热液矿化有关

续表 4-3

异常编号	异常位置	矿物名称	异常面积（km^2）	异常级别	异常特征	地质矿产概况及异常推断解释
Py11	徐州西南汉王	黄铁矿	11.27	Ⅱ	异常呈近圆形分布，由多个四级至五级异常点组成	出露寒武系至奥陶系，脉岩有闪长玢岩，北东向断裂发育。推测异常与脉岩侵入活动有关
Py13	盱眙县天台山	黄铁矿	19.18	Ⅱ	异常沿盱眙断褶带呈北北东向椭圆形分布，长约6.3km，宽约2.7km。由1个三级、6个二级异常点等组成	位于盱眙断褶带，出露黄墟组、灯影组。发育北北东向、北西向断裂。脉岩有闪长玢岩，岩脉与围岩接触带见石棉矿化、方铅矿化、黄铁矿化等。已知有铜钼、铁矿点。异常与已知矿化有关
Py16	南京市浦口的李家凹	黄铁矿	9.02	Ⅱ	异常呈北东向条带状，长3.9km，宽2.1km，由1个五级、2个二级异常点组成	震旦系灯影组，白垩系赤山组，北东向与北西向断裂发育，推测异常可能与沿断裂裂隙活动的中低温热液活动有关
Py18	南京市射乌山西南坡	黄铁矿	19.10	Ⅱ	异常呈北西向椭圆形分布，长6km，宽2.6km，主要由6个五级、12个三级异常点组成	主要出露侏罗系象山群，有石英闪长斑岩。区内已知有射乌山铜矿点。异常与已知矿化作用有关
Py19	南京市麒麟门	黄铁矿	17.16	Ⅱ	异常呈近圆形分布，主要由3个五级、1个四级和2个三级异常点组成	主要出露三叠系，局部有象山群，有麒麟门岩体（石英闪长斑岩）。推测异常与岩体侵入活动有关
Py22	南京市孝陵卫	黄铁矿	11.24	Ⅲ	异常呈近椭圆形，长4.9km，宽3.5km，主要由2个五级异常点组成	主要出露侏罗系至白垩系，断裂发育，推测异常与裂隙中热液矿化有关
Py23	江宁区青龙山	黄铁矿	20.56	Ⅱ	异常呈面状北东向分布，长12.4km，宽2.4km，由3个五级、4个三级异常点组成	出露石炭系至三叠系，北西向、北东向断裂发育，脉岩有石英闪长斑岩、花岗斑岩。推测异常与断裂裂隙热液活动有关
Py24	南京市李家唝	黄铁矿	42.25	Ⅱ	异常呈近椭圆形分布，主要由1个五级和3个二级异常点组成	出露震旦纪至寒武纪灰岩，北西向断裂发育，已知有铁矿点。异常与矿化热液有关
Py25	南京市天宝山	黄铁矿	17.46	Ⅱ	异常呈北东向椭圆形分布，长约7km，宽约3.7km，由5个四级、2个三级异常点组成	出露志留系—石炭系。见花岗斑岩脉，推测异常与脉岩侵入活动有关

续表 4-3

异常编号	异常位置	矿物名称	异常面积（km^2）	异常级别	异常特征	地质矿产概况及异常推断解释
Py34	溧水县方家边	黄铁矿	17.25	Ⅱ	异常呈椭圆形北西向分布，长 5.2km，宽 3.4km，由 4 个二级异常点组成	大王山组下段粗面质火山岩及火山碎屑岩分布区。已知有铜铁矿点。推测异常与矿化热液有关
Py35	无锡虞山	黄铁矿	18.95	Ⅲ	异常呈北西向椭圆形分布，长 7km，宽 3.3km，主要由 5 个二级异常点组成	位于虞山背斜北东翼，出露地层有五通组，在地层岩石的节理和层间裂隙中，常见淋滤的褐铁矿，推测异常与热液活动有关
Py37	无锡市吼山	黄铁矿	12.21	Ⅱ	异常呈北东向椭圆形分布，长 6km，宽 2.8km，由 2 个一级和 1 个一级含量点组成	主要出露五通组砂岩。已知有铁矿点、多金属矿点 3 处，推测异常与已知矿化有关
Py38	溧水县马占山	黄铁矿	9.24	Ⅱ	异常呈北西向分布，长 5.4km，宽 2.4km，由 3 个二级异常点组成	主要出露大王山组火山岩，北东向断裂，推测异常与沿断裂裂隙活动的热液有关
Py39	溧水县王五山	黄铁矿	38.58	Ⅱ	异常呈椭圆形北西向分布，长 6.8km，宽 4.2km，由 12 个二级异常点组成	出露大王山组火山岩，北西向断裂发育，推测异常与沿断裂裂隙热液活动有关
Py42	溧水县禅林山	黄铁矿	10.32	Ⅲ	异常呈北东向面状分布，长 4.3km，宽 2.5km，由 9 个二级异常点组成	出露志留系至三叠系，有北东向断裂，脉岩有闪长玢岩，推测异常与断裂构造及侵入岩活动有关
Py46	溧阳市平桥	黄铁矿	15.79	Ⅲ	异常呈北西向椭圆形分布，长 4.5km，宽 2.7km，由 2 个五级、4 个三级异常点组成	主要出露大王山组火山岩，局部有花岗斑岩侵入，推测异常与花岗斑岩侵入有关
Py48	溧阳市大梅岭	黄铁矿	20.76	Ⅱ	异常呈近东西向椭圆形分布，长 6.9km，宽 4.2km，主要由 7 个五级异常点组成	出露志留系至泥盆系，局部有石炭系，东西向断裂发育，脉岩有花岗斑岩、花岗闪长岩。已知有铁矿点，异常与成矿作用有关
Py49	宜兴市横岭	黄铁矿	34.76	Ⅱ	异常呈北东向椭圆形分布，长 10km，宽 4km，由 12 个五级异常点组成	出露志留系至泥盆系，北西向、北东向断裂发育，脉岩有花岗斑岩，推测异常与中低温热液有关

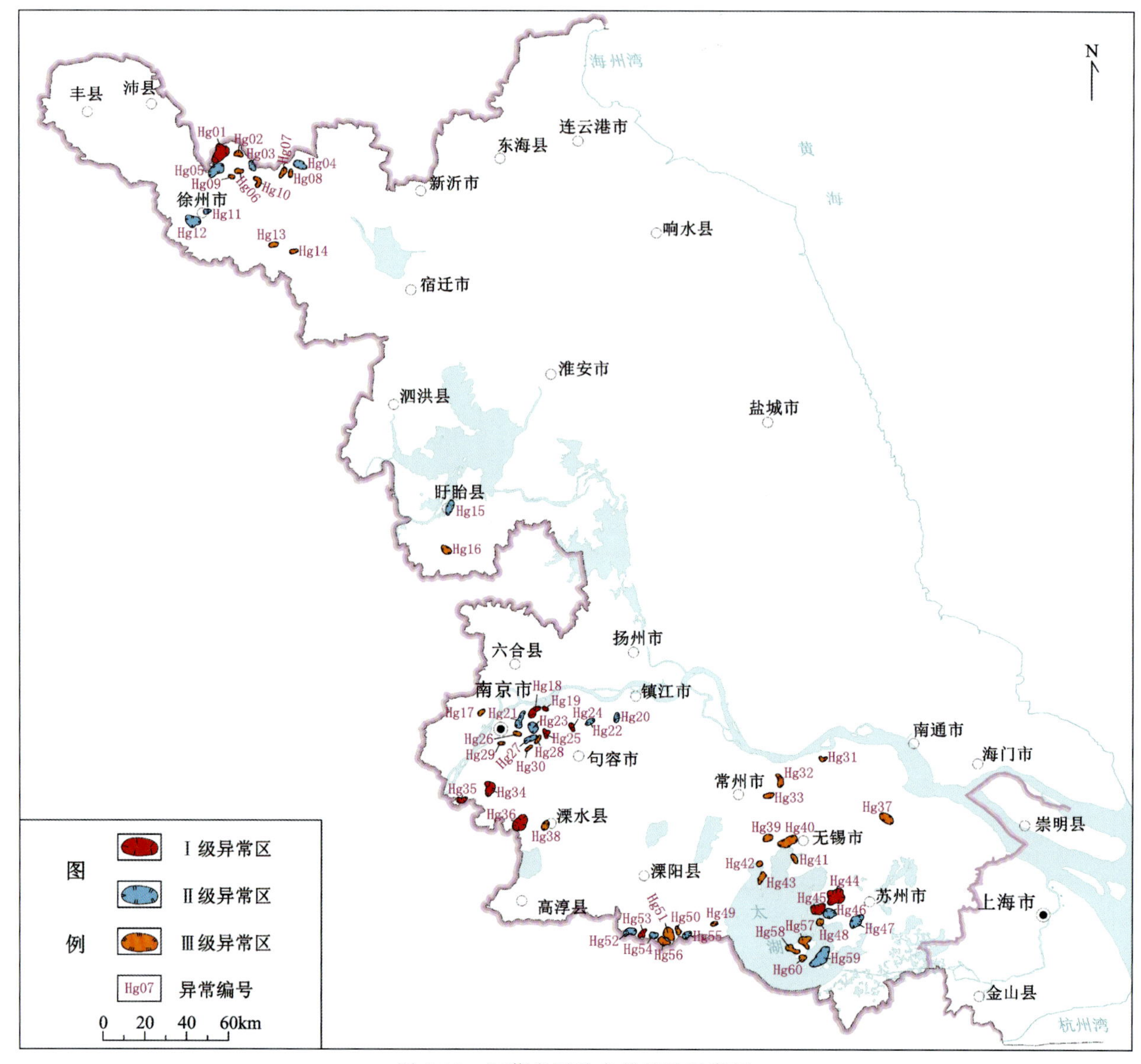

图 4-16　江苏省辰砂自然重砂异常图

6. 陶吴辰砂异常

异常编号为 Hg34，异常级别为Ⅰ级，异常呈北东向椭圆形分布，长约 6.7km，宽约 4.3km，面积约 25.44km²。该异常由多个一级含量点和 1 个五级异常点组成，最高含量为 100 颗。区内主要出露侏罗纪—白垩纪火山岩。异常区分布多个铁、铜矿床(点)，推测异常与已知矿产成矿作用有关。

7. 铜井辰砂异常

异常编号为 Hg35，异常级别为Ⅰ级，异常呈近东西向椭圆状分布，长约 4.7km，宽约 2.3km，面积约 11.63km²，由多个一级含量点组成。区内主要出露侏罗纪—白垩纪火山岩。异常区分布多个铜、金矿床(点)。推测异常与火山热液活动有关。

8. 横山辰砂异常

异常编号为 Hg36，异常级别为Ⅰ级，异常呈北东向椭圆形分布，长约 8.7km，宽约 5.9km，面积约 40.05km²，由多个一级含量点组成。异常区出露大王山组火山岩。脉岩有石英闪长玢岩、闪长玢岩。

区内见铁、金矿床(点)。推测异常与火山热液活动有关。

9. 阳山辰砂异常

异常编号为Hg44,异常级别为Ⅰ级,异常呈近圆形分布,面积约49.71km^2。由多个一级至二级含量点组成。区内出露泥盆系至二叠系。有钾长花岗岩、花岗斑岩侵入。见南瓜山小型磁铁矿床,船尾巴、范家桥、凌公桥磁铁矿点,陈家沟小型磁铁矿床和曾山褐铁矿点。异常与岩浆侵入活动有关。

10. 光福辰砂异常

异常编号为Hg45,异常级别为Ⅰ级,异常呈近圆形分布,面积约28.27km^2,由3个三级、1个四级、1个五级异常点组成,最高含量为108颗。区内出露泥盆系至二叠系。燕山晚期中酸性岩侵入。断裂构造发育。区内见潭山铅锌硫铁矿矿点和迁里铅锌矿点,推测异常与已知矿产成矿作用有关。

11. 横涧辰砂异常

异常编号为Hg53,异常级别为Ⅰ级,异常呈北东向椭圆形分布,长约5.4km,宽约2.9km,面积10.62km^2,由多个一级含量点组成。异常区出露志留系、石炭系和二叠系,脉岩有花岗斑岩。已知有铜官山铁矿、松岭铁矿化点。推测异常与岩浆侵入活动有关。

12. 双顶山辰砂异常

异常编号为Hg03,异常级别为Ⅱ级,异常呈椭圆形沿北西向断裂分布,长5.3km,宽3.7km,面积约12km^2,主要由1个三级和6个一级异常点组成。区内出露寒武系至奥陶系,断裂发育,在北西向和近东西向断裂中可见褐铁矿及赤铁矿等矿化,推测异常与沿断裂裂隙的中低温热液活动有关。

13. 凉帽山辰砂异常

异常编号为Hg22,异常级别为Ⅱ级,异常呈椭圆形沿北东向断裂分布,长3.2km,宽2.7km,面积约9.8km^2,辰砂高值点都位于断裂交会处。区内地层自震旦系至泥盆系发育齐全,北东向、北西向断裂发育,侵入岩有石英闪长玢岩。化探异常检查发现金的原生矿及汞锑矿化,推测辰砂与矿化热液有关。

其他异常特征见表4-4。

(四)重晶石

全区共圈定重晶石异常51处,其中Ⅰ级异常11处,Ⅱ级异常26处,Ⅲ级异常14处(图4-17),现将主要异常简述如下。

1. 利国重晶石异常

异常编号为Ba06,异常级别为Ⅰ级,异常呈近南北向面状分布,长约13.2km,宽约4.8km,面积约30km^2,主要由3个四级和2个二级异常点组成,最高含量为5000颗,平均含量为1051颗。出露寒武系至奥陶系。侵入岩有石英闪长玢岩、花岗岩、花岗闪长斑岩及辉绿岩。北东向、北西向断裂发育。已知有铁铜金矿,异常与已知矿产成矿作用有关。

2. 栖霞山重晶石异常

异常编号为Ba20,异常级别为Ⅰ级,异常呈椭圆形沿北东向延伸,长约8.5km,宽约2.8km,面积约23.63km^2。该异常由多个三级以上异常点组成。异常区处于龙-仓复背斜西段的南翼,出露坟头组至龙王山组。北东向、北西向断裂发育。已知有铅锌银矿,异常与已知矿产成矿作用有关。

表 4-4 辰砂异常特征表

异常编号	异常位置	矿物名称	异常面积（km^2）	异常级别	异常特征	地质矿产概况及异常推断解释
Hg02	铜山县大成山	辰砂	10.44	Ⅲ	异常呈北北东向椭圆形分布，长 4.2km，宽3.4km，由 1 个三级异常点和 3 个二级含量点组成	主要出露寒武系至奥陶系，北东向、北西向断裂发育，推测异常与沿断裂裂隙热液活动有关
Hg04	铜山县白石垅	辰砂	19.91	Ⅱ	异常呈北西向椭圆形分布，长 6.7km，宽 3.6km，由 1 个一级和 1 个二级含量点组成	出露寒武系，脉岩见闪长玢岩，推测异常与脉岩侵入活动有关
Hg05	铜山县柳泉	辰砂	33.37	Ⅱ	异常呈椭圆形沿断裂分布，长 8.9km，宽 3.4km，由 5 个二级和多个一级含量点组成	出露中、上寒武统。北东向和南北向断裂比较发育。已知有铁矿化点。异常可能与断裂中的热液矿化有关
Hg06	铜山县二朗山	辰砂	8.80	Ⅲ	异常呈椭圆形近东西向分布，长 4.4km，宽 2.5km，由多个一级含量点组成	出露中、上寒武统。北东向和南北向断裂比较发育。已知有铁矿化点。异常可能与断裂中的热液矿化有关
Hg07	铜山县马头山	辰砂	11.50	Ⅲ	异常呈椭圆形北东向分布，长 5.4km，宽 2.4km，由多个一级含量点组成	出露寒武系，见辉绿岩、辉绿玢岩，推测异常与脉岩侵入活动有关
Hg08	邳州县扒头山	辰砂	32.26	Ⅲ	异常呈长方形东西向分布，长 5.6km，宽 4.2km，由 3 个二级和多个一级含量点组成	出露淮河群九顶山组，断裂发育，岩脉有辉绿岩，推测异常与断裂裂隙中的中低温热液活动有关
Hg09	青山泉	辰砂	5.22	Ⅲ	异常呈椭圆形北西向分布，长 3.4km，宽 2km，由 3 个一级含量点组成	出露寒武系至奥陶系，北东向断裂特别发育。辰砂可能与低温热液矿化有关
Hg10	大泉	辰砂	12.89	Ⅲ	异常呈椭圆形北西向分布，长 6.2km，宽 2.3km，由 1 个三级异常点和 5 个一级含量点组成	出露下、中寒武统。有北西向、近南北向断裂通过。脉岩有辉绿岩。异常可能与断裂热液矿化有关
Hg11	下淀	辰砂	7.21	Ⅱ	异常呈条带状沿断裂分布，长 3.9km，宽约 2.3km，由 1 个四级异常点和 20 余个一级含量点组成	出露寒武系，有北东向断裂通过。辰砂可能与裂隙低温热液活动有关
Hg12	云龙山	辰砂	30.96	Ⅱ	异常呈椭圆形沿断裂分布，长 6.6km，宽 5.2km，由 1 个四级异常点和多个一级含量点组成	出露中、晚寒武世砂岩、页岩、灰岩、白云岩和早奥陶世白云岩，有北东向断层通过，推测异常与断裂中热液矿化有关
Hg13	邳州县大黑山	辰砂	9.76	Ⅲ	异常呈近东西向椭圆形分布，长 4.9km，宽 2.4km，由 6 个一级含量点组成	出露新元古界，有辉绿岩脉，推测异常与辉绿玢岩脉有关

续表 4-4

异常编号	异常位置	矿物名称	异常面积（km^2）	异常级别	异常特征	地质矿产概况及异常推断解释
Hg14	寨山	辰砂	7.52	Ⅲ	异常呈近肾形北东向分布，长 4.3km，宽 2.1km，由 4 个一级含量点组成	出露新元古界，有辉绿岩脉，推测异常与辉绿玢岩脉有关
Hg15	盱眙县天台山	辰砂	19.64	Ⅱ	异常沿盱眙断褶带呈北北东向椭圆形分布，长约 8.5km，宽约 2.8km，由 2 个四级和 6 个二级含量点组成	位于盱眙断褶带，出露黄墟组、灯影组。北北东向、北西向断裂发育。脉岩有闪长玢岩，岩脉与围岩接触带见石棉矿化、方铅矿化、黄铁矿化等。已知有铜钼、铁矿点。异常与热液矿化有关
Hg16	盱眙县佛窝	辰砂	15.36	Ⅲ	异常呈近圆形位于断裂交会处，由 1 个四级和 2 个一级含量点组成	出露震旦系及新近系，发育有闪长岩，有北北东向纵断层和北西向横断层，推测辰砂与沿断裂裂隙的中低温热液活动有关
Hg17	浦口泰山	辰砂	7.47	Ⅲ	呈椭圆形沿北东向断裂分布，长 3.2km，宽 2.4km，由 1 个一级、1 个二级含量点组成	出露震旦系灯影组和白垩系赤山组。北东向与北西向断裂发育，推测异常可能与沿断裂裂隙的中低温热液活动有关
Hg20	十里长山	辰砂	10.27	Ⅱ	异常呈南北向椭圆形分布，长 5km，宽 2.4km，由 2 个一级含量点组成	主要出露石炭系和二叠系，有石英二长岩。区内已知有射乌山铜矿点。异常与已知矿成矿作用有关
Hg21	南京市紫金山	辰砂	20.69	Ⅱ	异常呈椭圆形北西向分布，长 8.9km，宽 2.1km，由 1 个二级和 4 个一级含量点组成	主要出露二叠系至三叠系。北东向断裂发育。已知有铁铜矿床（点），认为异常与已知矿成矿作用有关
Hg23	麒麟门	辰砂	19.20	Ⅱ	异常呈近圆形分布，由 5 个一级含量点组成	主要出露三叠系。侵入岩有石英闪长玢岩和闪长玢岩，推测异常与岩浆侵入活动有关
Hg26	孝陵卫	辰砂	7.47	Ⅲ	异常呈北东向椭圆形，长 4km，宽 2.1km，由 2 个一级和 1 个二级含量点组成	出露白垩系。推测异常与火山喷发活动有关
Hg27	徐家山	辰砂	14.39	Ⅱ	异常呈北东向椭圆形分布，长 6.9km，宽约 2.4km，由多个一级含量点组成	出露侏罗系，断裂较发育。脉岩有石英闪长玢岩等。异常区见铜矿化点，异常与脉岩及热液矿化有关
Hg28	青龙山	辰砂	7.00	Ⅲ	异常呈北东向椭圆形，长 4.8km，宽 1.7km，由多个一级含量点组成	出露石炭系—二叠系。异常原因不明
Hg29	顶山	辰砂	5.02	Ⅲ	异常呈椭圆形近东西向分布，长约 3.5km，宽 1.6km，由 3 个一级含量点组成	出露侏罗系，推测异常与火山喷发作用有关
Hg30	江宁上坊	辰砂	5.72	Ⅲ	异常呈椭圆形北东向分布，长 4.3km，宽 1.6km，由 2 个一级含量点组成	出露三叠系，北东向断裂发育，推测异常与沿断裂裂隙的热液活动有关

续表 4-4

异常编号	异常位置	矿物名称	异常面积（km^2）	异常级别	异常特征	地质矿产概况及异常推断解释
Hg31	江阴长山	辰砂	6.83	Ⅲ	异常呈不规则状，由1个一级、1个二级含量点和1个三级异常点组成	出露志留系—石炭系。异常原因不明
Hg32	江阴万茂山	辰砂	15.34	Ⅲ	异常呈椭圆形，长6.9km，宽2.5km，由多个异常点组成	出露志留系—石炭系。异常原因不明
Hg33	江阴芙蓉镇	辰砂	10.88	Ⅲ	异常呈椭圆形北东向分布，长5.3km，宽2.6km，由多个异常点组成，最高含量为575颗	出露泥盆系—石炭系。异常原因不明
Hg37	无锡市虞山	辰砂	24.59	Ⅲ	异常呈北西向椭圆形分布，长4.6km，宽3.2km，由6个异常点组成	位于虞山背斜北东翼，出露地层有五通组，在地层岩石的节理和层间裂隙中，常见淋滤的褐铁矿，推测异常与热液活动有关
Hg38	溧水石湫镇	辰砂	12.72	Ⅲ	异常呈椭圆形北东向分布，长5km，宽3.2km，由4个一级含量点组成	出露侏罗系，脉岩见二长斑岩，推测异常与岩浆侵入活动有关
Hg39	无锡市阳山	辰砂	13.21	Ⅲ	异常呈北东向椭圆形分布，长4.9km，宽2.8km，主要由1个四级异常点和1个二级含量点组成	主要出露志留系至泥盆系，脉岩有石英闪长玢岩，推测异常与石英闪长玢岩侵入有关
Hg40	无锡市三茅峰	辰砂	35.53	Ⅲ	异常呈椭圆形沿北东向断裂分布，长5.2km，宽3.7km，由20余个异常点组成	主要出露志留系，有钠长玢岩、均质混合岩，有北西向、北东向和近东西向断层，推测异常与沿断裂裂隙的中低温热液活动有关
Hg41	无锡市华庄	辰砂	9.72	Ⅲ	异常沿基岩走势北西向分布，长4.9km，宽2.5km，由6个异常点组成	主要出露志留系，脉岩有石英闪长玢岩，推测异常与石英闪长玢岩侵入活动有关
Hg42	无锡市马山	辰砂	13.77	Ⅲ	异常呈椭圆形北东向分布，长4.7km，宽2.9km，由2个三级异常点及多个二级含量点组成	出露泥盆系至石炭系，有花岗斑岩、苦橄玢岩，近南北向和近东西向两组断裂发育。有军章山赤铁矿点，推测异常与矿化热液有关
Hg43	无锡冠嶂山	辰砂	13.77	Ⅲ	异常呈北东向椭圆形分布，长5.9km，宽2.4km，由多个异常点组成	出露泥盆系至石炭系，有花岗斑岩等侵入，推测异常与岩浆侵入活动有关
Hg46	苏州市穹窿山	辰砂	21.91	Ⅱ	异常呈近圆形分布，由1个四级和10个二级含量点组成	出露泥盆系至二叠系，有燕山晚期中酸性岩侵入，断裂主要呈北东向。附近有矿产地多处，推测异常与沿断裂裂隙中的矿化热液有关

续表 4-4

异常编号	异常位置	矿物名称	异常面积（km^2）	异常级别	异常特征	地质矿产概况及异常推断解释
Hg47	苏州七子山	辰砂	28.34	Ⅱ	异常呈近圆形分布，主要由多个异常点组成，辰砂最高含量为 46 颗	出露泥盆系—石炭系，北北东向断层发育，见铁矿点，推测异常与断层破碎带及网状细脉有关
Hg48	苏州胥口镇	辰砂	9.84	Ⅲ	异常呈近圆形分布，主要由多个异常点组成，辰砂最高含量为 220 颗	出露泥盆系—石炭系，北东向、近东西向断裂发育，推测异常与构造作用有关
Hg49	宜兴水山顶	辰砂	6.03	Ⅲ	异常呈椭圆形北东东向分布，由 3 个一级异常点组成	出露泥盆系—石炭系，脉岩见花岗斑岩，推测异常与脉岩侵入有关
Hg50	长岗林	辰砂	8.21	Ⅲ	异常呈椭圆形北西向分布，由多个一级异常点组成	主要出露泥盆系五通组砂岩，见花岗斑岩脉，北西向断裂发育，推测异常与沿断裂裂隙的中低温热液活动有关
Hg51	杨店	辰砂	25.21	Ⅲ	异常呈椭圆形北西向分布，由多个一级至二级异常点组成	出露泥盆系五通组砂岩，见花岗斑岩脉，北西向断裂发育，推测异常与沿断裂裂隙的中低温热液活动有关
Hg52	小梅岭	辰砂	17.92	Ⅱ	异常呈不规则状分布，由多个一级异常点组成	出露泥盆系五通组砂岩，见花岗斑岩脉，北西向、北东向断裂发育，见小梅岭铜矿化点，推测异常与已知矿产成矿作用有关
Hg54	李家园	辰砂	10.55	Ⅱ	异常呈近圆形分布，由 2 个三级和 6 个一级含量点组成	出露泥盆系五通组砂岩，北东向断裂发育，见 1 处铜矿化点，推测异常与已知矿产成矿作用有关
Hg55	省庄	辰砂	11.29	Ⅱ	异常呈椭圆形北东向分布，由 3 个一级含量点组成	出露泥盆系五通组砂岩，见闪长玢岩脉，北东向、北西向断裂发育，见 1 处铅锌矿化点，推测异常与脉岩侵入活动有关
Hg56	励山	辰砂	16.06	Ⅲ	异常呈不规则状，由多个一级含量点组成	出露泥盆系五通组砂岩，见石英闪长玢岩脉，北东向、北东东向断裂发育，推测与脉岩侵入活动有关
Hg57	苏州缥缈峰	辰砂	75.14	Ⅲ	异常呈北西向条带状分布，长 7km，宽 3.6km，主要由 4 个四级和 6 个三级异常点组成	出露石炭系至二叠系，花岗斑岩脉侵入，北东向和北西向两组断裂发育。异常的形成与断裂带、接触带热液矿化活动有关
Hg58	西山	辰砂	16.25	Ⅲ	异常呈不规则状，由 1 个四级、2 个三级和多个一级含量点组成	出露志留系，见花岗斑岩脉，推测异常与脉岩侵入活动有关
Hg59	苏州东山	辰砂	51.58	Ⅱ	异常呈北东向条带状分布，长 12km，宽 5.5km，由多个异常点组成	主要为泥盆系，脉岩有石英闪长玢岩，北西向、北西西向断层发育，并有北东向逆推断裂。该异常为裂隙带的热液矿化活动所引起
Hg60	苏州南湾	辰砂	9.24	Ⅲ	异常呈近圆形，由 1 个五级、1 个四级和多个一级含量点组成	出露泥盆系—石炭系。异常原因不明

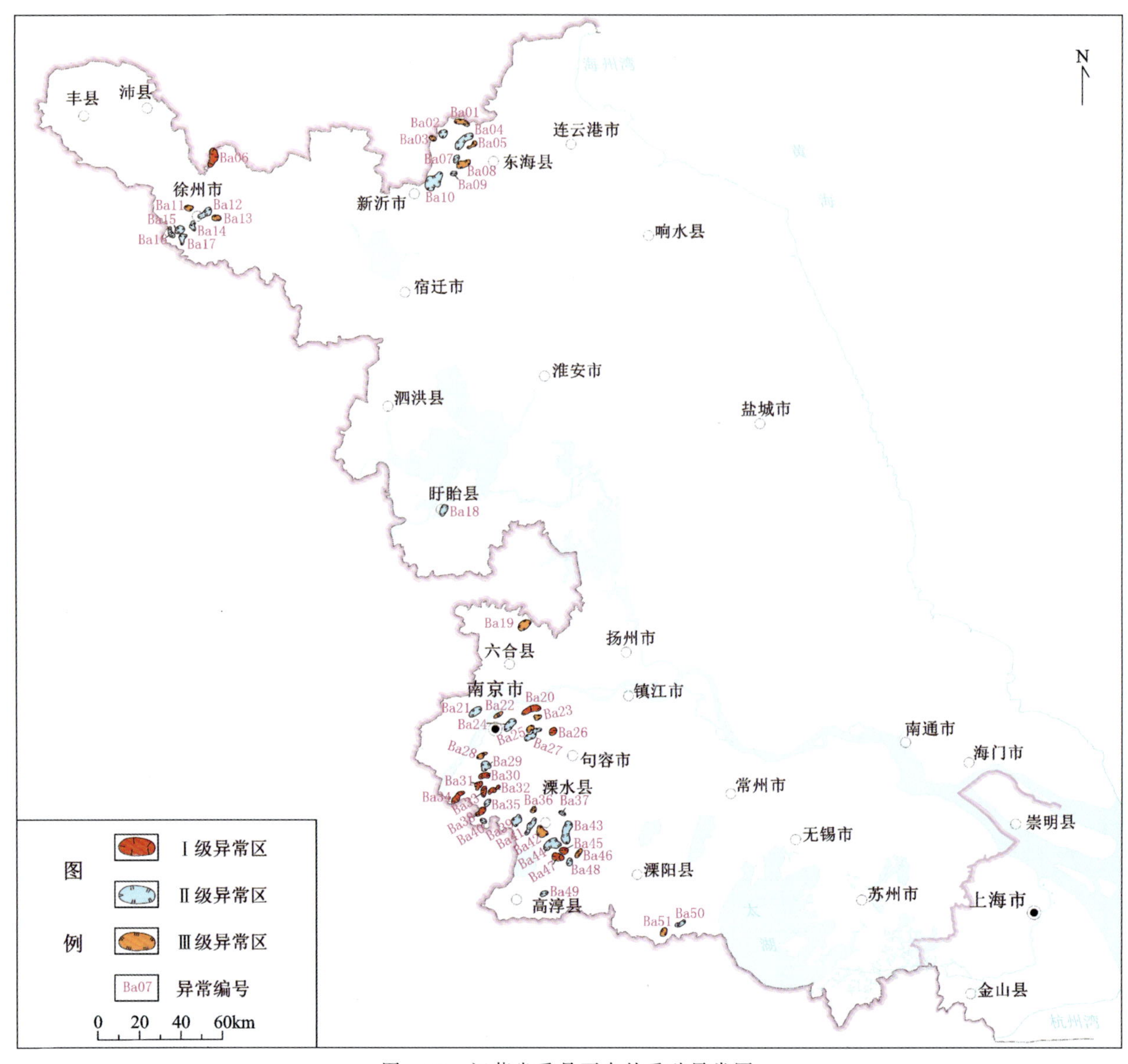

图 4-17　江苏省重晶石自然重砂异常图

3. 伏牛山重晶石异常

异常编号为 Ba26，异常级别为Ⅰ级，异常呈近圆形，面积约 10.17km²，由多个五级以上异常点组成，最高含量为 27 714 颗。区内主要出露白垩纪火山岩，见石英闪长玢岩脉。区内有伏牛山铜矿点，推测异常与已知矿产成矿作用有关。

4. 金牛洞重晶石异常

异常编号为 Ba30，异常级别为Ⅰ级，异常呈椭圆形近东西向分布，长约 5.3km，宽约 2.3km，面积约 12.26km²，由多个四级以上含量点组成。区内主要出露侏罗纪—白垩纪火山岩。有谷里铜矿床，推测异常与已知矿产成矿作用有关。

5. 龙埠塘重晶石异常

异常编号为 Ba31，异常级别为Ⅰ级，异常呈椭圆形近东西向分布，长约 5.3km，宽约 2.3km，面积约 10.30km²，由多个二级以上含量点组成。区内主要出露侏罗纪火山岩，见辉石闪长玢岩、石英二长斑岩

表 4-5　重晶石异常特征表

异常编号	异常位置	矿物名称	异常面积（km^2）	异常级别	异常特征	地质矿产概况及异常推断解释
Ba01	东海县陈行	重晶石	16.21	Ⅲ	异常呈北西向椭圆形分布，由 3 个三级异常点组成	出露基岩为东海岩群二长混合片麻岩、二长花岗岩，有北东向断裂通过，推断该异常与构造破碎带及低温热液活动有关
Ba02	东海县山左口	重晶石	12.82	Ⅱ	异常呈近圆形，由多个三级以上异常点组成，最高含量为 183 颗	出露基岩为东海岩群二长混合片麻岩、花岗闪长岩，有北东向、北北西向断裂通过，推断该异常与构造破碎带及低温热液活动有关
Ba03	东海县上左庄	重晶石	6.64	Ⅲ	异常呈近圆形，由多个三级以上异常点组成	出露基岩为东海岩群二长混合片麻岩、花岗闪长岩，有北东向断裂通过，推断该异常与构造有关
Ba05	东海县温泉	重晶石	8.22	Ⅲ	异常呈不规则葫芦形，长 5.5km，宽 2.1km，由 1 个四级和 2 个三级异常点组成	出露东海岩群二长混合片麻岩，局部见榴辉岩，附近见二长花岗岩，推测异常与岩体侵入活动有关
Ba07	东海县竹墩	重晶石	7.96	Ⅱ	异常沿断裂呈椭圆形分布，长 4.6km，宽 2.5km，由 3 个四级和多个二级异常点组成	出露东海岩群二长混合片麻岩，局部见榴辉岩，见北东向断裂，已知有竹墩多金属矿点，推测异常与成矿热液有关
Ba08	东海县徐庄	重晶石	19.31	Ⅲ	异常呈椭圆形沿断裂分布，长 5.8km，宽 3.2km，主要由 3 个四级和 1 个二级异常点组成	出露东海岩群二长混合片麻岩，局部见榴辉岩，见北东向断裂，推测异常与沿断裂裂隙活动热液有关
Ba09	东海县徐西	重晶石	5.68	Ⅱ	异常呈近圆形，主要由 3 个三级和 1 个五级异常点组成，最高含量为 28 875 颗	出露东海岩群二长混合片麻岩，局部见榴辉岩，见北东向断裂，已知有竹墩多金属矿点，推测异常与成矿热液有关
Ba10	东海县桃林	重晶石	48.06	Ⅱ	异常呈椭圆形沿断裂分布，长 8.9km，宽 5.4km，主要由 8 个四级和 9 个三级异常点组成	出露东海岩群，侵入岩有花岗斑岩（桃林岩体）、斑状二长花岗岩，北北东向断裂发育，推测异常与岩体侵入活动有关
Ba11	铜山县九里山	重晶石	9.46	Ⅲ	异常呈近圆形，主要由 2 个三级异常点组成	出露中晚寒武世砂岩、页岩、灰岩、白云岩和早奥陶世白云岩，有北东向断层通过，推测异常与构造有关
Ba12	铜山县下淀	重晶石	19.48	Ⅱ	异常呈北东向长条状分布，长 10.6km，宽3.8km，由 4 个二级和多个三级异常点组成	出露中晚寒武世砂岩、页岩、灰岩、白云岩和早奥陶世白云岩，有北东向断层通过，推测异常与断裂中热液矿化有关
Ba13	铜山县东贺村	重晶石	9.94	Ⅲ	异常呈近圆形，由多个一级至二级含量点组成	出露中晚寒武世砂岩、页岩、灰岩、白云岩和早奥陶世白云岩，见多个铁矿点，异常原因不明
Ba14	铜山县云龙山	重晶石	9.64	Ⅱ	异常沿断裂呈长条状分布，长 6.4km，宽 3.2km，由 1 个四级和 6 个二级异常点组成	出露寒武系至奥陶系，见北北东向断裂，推测异常与沿断裂裂隙的热液活动有关

续表 4-5

异常编号	异常位置	矿物名称	异常面积（km^2）	异常级别	异常特征	地质矿产概况及异常推断解释
Ba15	铜山县汉王	重晶石	14.18	Ⅱ	异常呈椭圆形分布，由1个四级、2个三级和多个二级异常点组成	出露基岩以中晚寒武世灰岩为主，中酸性脉岩和中基性煌斑岩比较发育，岩石具矽卡岩化、褐铁矿化等。异常与热液作用有关
Ba17	铜山县罗岗	重晶石	12.27	Ⅱ	异常呈近南北向倒梨形分布，长5.4km，宽3.1km，由2个三级和8个二级异常点组成	出露寒武系至奥陶系，有闪长玢岩，发育北东向断裂，发生矽卡岩化、大理岩化，推测异常与矽卡岩化有关
Ba18	盱眙县天台山	重晶石	15.27	Ⅱ	异常沿盱眙断褶带呈北北东向椭圆形分布，长约5.2km，宽约2.3km，主要由4个四级异常点组成	异常位于盱眙断褶带，出露黄墟组、灯影组，发育北北东向、北西向断裂。脉岩有闪长玢岩，岩脉与围岩接触带见石棉矿化、方铅矿化、黄铁矿化等。已知有铜钼、铁矿点，异常与多金属矿化有关
Ba19	南京市冶山	重晶石	23.12	Ⅲ	异常呈椭圆形北东向分布，长4.2km，宽2.4km，由1个四级和3个二级异常点组成	出露震旦系至寒武系及侏罗系，少量石英闪长岩，有北北西向断层，已知有铁矿床(点)3处，异常由已知矿床(点)所引起
Ba21	浦口李家凹	重晶石	19.02	Ⅱ	异常呈北东向条带状分布，长3.9km，宽2.1km，由各1个一级、二级、三级异常点组成	出露震旦系灯影组和白垩系赤山组，北东向与北西向断裂发育，推测异常可能与沿断裂裂隙的中低温热液活动有关
Ba22	南京市幕府山	重晶石	7.60	Ⅲ	异常呈椭圆形沿北东向断裂分布，长4.8km，宽3.1km，由3个四级和1个三级异常点组成	主要出露寒武系幕府山组灰岩，北东向、北西向断裂发育，推测异常与沿断裂裂隙的热液活动有关
Ba23	南京市灵山	重晶石	7.48	Ⅲ	异常呈椭圆形北东向分布，长2.4km，宽1.8km，由2个四级和2个一级异常点组成	主要出露三叠系，有北东向断裂，推测异常与沿断裂裂隙的热液活动有关
Ba24	南京市紫金山	重晶石	20.82	Ⅱ	异常呈椭圆形北东向分布，长4.5km，宽2.7km，由3个四级和1个一级异常点组成	出露象山群和三叠系，局部见闪长斑岩，已知有铜矿化点，推测异常与成矿热液有关
Ba25	南京市塘山	重晶石	8.46	Ⅲ	异常呈椭圆形北东向分布，长3.6km，宽2.3km，由1个四级和1个一级异常点组成	出露三叠系，脉岩有石英闪长玢岩，推测异常与岩体侵入活动有关
Ba27	南京市青龙山	重晶石	21.24	Ⅱ	异常呈条状沿北西向断裂分布，长12.5km，宽3.1km，由1个四级和3个三级异常点组成	出露石炭系至三叠系，北西向、北东向断裂发育，脉岩有石英闪长斑岩、花岗斑岩，推测异常与断裂裂隙中的热液活动有关
Ba29	祖堂山	重晶石	16.79	Ⅱ	异常呈不规则状，主要由多个三级异常点组成	出露大王山组辉石安山岩及辉石闪长玢岩，推测异常与火山活动有关
Ba35	江宁区狮子山	重晶石	28.76	Ⅱ	异常沿断裂分布，长15.6km，宽2.8km，由3个四级和5个二级异常点组成	出露侏罗纪火山岩，局部见三叠系，脉岩有二长斑岩，北东向断裂发育，已知有铁、金、硫铁矿多处，推测异常与已知矿产成矿作用有关

续表 4-5

异常编号	异常位置	矿物名称	异常面积（km^2）	异常级别	异常特征	地质矿产概况及异常推断解释
Ba36	溧水县乌山	重晶石	6.32	Ⅲ	异常呈肾形分布，长 3.6km，宽 2.4km，由 2 个四级和 1 个三级异常点组成，高值点分布于断裂交会部位	出露侏罗纪火山岩，有辉石闪长玢岩，北东向、北西向两组断裂发育，推测异常与断裂裂隙中矿化热液有关
Ba37	溧水县庙山	重晶石	5.25	Ⅱ	异常呈椭圆形北西向分布，长 3.8km，宽 2.4km，由 2 个三级和 3 个二级异常点组成	主要出露侏罗纪火山岩，推测异常与火山活动有关
Ba39	铜山	重晶石	17.94	Ⅱ	异常呈不规则状分布，主要由 2 个三级和 2 个五级异常点组成	出露侏罗纪火山岩，有辉石闪长玢岩，推测异常与岩浆侵入活动有关
Ba40	溧水县倪岗头	重晶石	17.94	Ⅱ	异常呈椭圆形分布，长约 6km，宽约 5.2km，由 4 个四级和多个二级异常点组成	异常处于辉石闪长玢岩与陡山组砂岩的接触带，异常与岩体侵入活动有关
Ba41	溧水县小茅山	重晶石	18.50	Ⅱ	异常呈条状北东向分布，长 12.5km，宽 2.8km，由 4 个二级和多个一级异常点组成	出露侏罗纪火山岩，有辉石闪长玢岩，断裂发育，已知有铁金矿点 2 处，推测异常与岩浆侵入活动有关
Ba42	溧水县金牛山	重晶石	20.09	Ⅲ	异常呈椭圆形沿断裂分布，长 3.9km，宽 2.7km，由 2 个四级、1 个三级和多个二级异常点组成	出露侏罗纪火山岩，有辉石闪长玢岩，推测异常与岩体侵入活动有关
Ba44	溧水县邱虎山	重晶石	31.53	Ⅱ	异常呈面状分布，长 6.3km，宽 5.7km，由 3 个四级和 5 个二级异常点组成	主要出露姚家边组粗安斑岩，断裂构造发育，有铜铅矿床、金矿点。推测异常与已知矿产成矿作用有关
Ba46	曹山	重晶石	8.93	Ⅲ	异常呈北东向椭圆形分布，主要有多个一级和 1 个四级异常点组成	出露寒武系—志留系，异常原因不明
Ba48	芳山	重晶石	8.55	Ⅱ	异常呈近圆形，主要由多个一级含量点和 1 个三级异常点组成	出露志留系、石炭系—二叠系，北东向断裂发育，见多个铅锌矿化点，推测异常与构造有关
Ba49	禅林山	重晶石	7.65	Ⅱ	异常呈北东向椭圆形分布，主要由 3 个一级和 1 个三级含量点组成	出露志留系—石炭系、白垩系，见辉石闪长玢岩脉，推测异常与岩脉侵入有关
Ba50	宜兴市北省庄	重晶石	9.90	Ⅱ	异常呈北东向椭圆形分布，长约 3.5km，宽 2.8km，由 2 个四级异常点组成	出露志留系至石炭系，脉岩有花岗斑岩和石英闪长斑岩，断裂构造发育，推测异常与岩体侵入及断裂热液活动有关
Ba51	宜兴市杨店	重晶石	10.29	Ⅲ	异常呈椭圆形沿北北东向断裂分布，长 4.2km，宽 2.7km，由 1 个四级和 4 个一级异常点组成	出露志留系至石炭系，脉岩有花岗斑岩，北北东向、北西向断裂发育，推测异常与花岗斑岩及断裂热液活动有关

1. 羽阳萤石异常

异常编号为F05，异常级别为Ⅱ级，异常呈北东向椭圆形，长约6km，宽约4.5km，面积约20km²，由10个萤石异常点组成，最高含量为100颗，平均含量为15颗。出露基岩为东海岩群二长混合片麻岩、花岗闪长岩，有北东向、北北西向断裂通过，南侧有罗庄萤石矿点，推断该异常与构造破碎带及低温热液活动有关。

2. 灵岩山萤石异常

异常编号为F07，异常级别为Ⅰ级，异常呈近圆形，面积约27.7km²，由3个萤石异常点组成，最高含量为100颗，平均含量为73颗。样点分布于苏州花岗岩与围岩的接触带附近。出露志留系至二叠系，有苏州花岗岩分布，发育北东向压扭性断层，区内已知有俞石泉萤石矿床。

其他异常特征见表4-6。

表4-6　萤石异常特征表

异常编号	异常位置	矿物名称	异常面积（km²）	异常级别	异常特征	地质矿产概况及异常推断解释
F01	徐州市西侧九里山	萤石	24.28	Ⅲ	异常呈北东向不规则状，长约10km，宽约4km，由3个萤石异常点组成	出露寒武系至奥陶系，有北东向断裂通过，萤石可能与裂隙低温热液活动有关
F02	徐州市下淀杨山	萤石	11.56	Ⅲ	异常呈北东向伸展的不规则长条状，由2个萤石异常点组成	出露中晚寒武世砂岩、页岩、灰岩、白云岩和早奥陶世白云岩，有北东向断层通过，经地质化探剖面检查，推测异常与断裂活动中的低温热液活动有关
F03	邳州西桥头	萤石	4.81	Ⅲ	异常呈北东向椭圆形，长3.5km，宽约1.5km，由2个萤石异常点组成	出露基岩为淮河群九顶山组，有辉绿岩脉，发育北东向断裂，推测异常与断层低温热液活动有关
F04	铜山县南寨山	萤石	2.64	Ⅲ	异常呈近东西向椭圆形，长约3.6km，宽2.8km，由3个萤石异常点组成	出露地层有倪园组、九顶山组，有辉绿岩脉及北西向断裂，异常可能与断层、矿化裂隙有关
F06	宜兴市杨店	萤石	5.58	Ⅲ	异常呈北东向近椭圆形，长约2km，宽约1.2km，由2个萤石异常点组成	出露志留系坟头组至石炭系高骊山组，有北东向、北西向和近南北向3组断裂，异常可能与断裂活动中的低温热液活动有关

（六）银矿物

全区银矿物主要为自然银，共圈定异常4处，其中Ⅰ级异常1处，Ⅱ级异常1处，Ⅲ级异常2处，现将各异常简述如下。

1. 罗岗银矿物异常

异常编号为Ag01，异常级别为Ⅱ级，异常呈不规则状，面积约21.9km²，由1个自然银异常点组成，含量为10颗。异常区出露寒武系至奥陶系，有闪长玢岩及北东向断裂，发生矽卡岩化、大理岩化，推测异常与矽卡岩化有关。

2. 高埝银矿物异常

异常编号为 Ag02，异常级别为Ⅲ级，异常呈近南北向椭圆形，长约 6.5km，宽约 3.8km，面积约 20.9km^2，由 1 个自然银异常点组成，含量为 2 颗。出露基岩为东海岩群二长混合片麻岩、二长片麻岩和燕山晚期的二长花岗岩，煌斑岩脉穿插比较频繁，南北向断裂较发育，推测异常与构造破碎带及低温热液活动有关。

3. 房山水库银矿物异常

异常编号为 Ag03，异常级别为Ⅲ级，异常呈不规则形，面积约 32.65km^2，由 1 个自然银异常点组成。异常区出露基岩为东海岩群二长混合片麻岩，局部见榴辉岩，脉岩有玢岩，异常成因尚不清楚。

4. 汤山银矿物异常

异常编号为 Ag04，异常级别为Ⅰ级，异常呈不规则的面状，北东向延伸，长约 8.5km，宽约 4.1km，面积约 30km^2，由 1 个自然银异常点组成，含量为 1 颗。处于汤-仑复背斜的中段，出露寒武系至奥陶系，北东向、北西向和近南北向断裂发育，已知有金矿、汞、锑矿化，推测异常与已知矿有关。

（七）镜铁矿

全区共圈定镜铁矿异常 6 处，其中Ⅰ级异常 2 处，Ⅱ级异常 1 处，Ⅲ级异常 3 处，现将各异常简述如下。

1. 利国镜铁矿异常

异常编号为 Spt01，异常级别为Ⅰ级，异常呈北西向近椭圆状分布，长约 4km，宽约 2.5km，面积约 7km^2，由 3 个镜铁矿异常点组成，含量为 10～11 606 颗，平均含量为 3939 颗。出露寒武系至奥陶系，侵入岩有石英闪长岩和石英闪长玢岩等。已知利国铁矿，镜铁矿也为利国铁矿的矿石矿物，因此认为镜铁矿为矿致异常。

2. 青湖镜铁矿异常

异常编号为 Spt02，异常级别为Ⅲ级，异常呈北东向椭圆状分布，长约 2.5km，宽约 1.5km，面积约 3km^2，由 5 个镜铁矿异常点组成，含量均为 10 颗。出露太古宙片麻岩及榴辉岩，推测镜铁矿异常与变质作用有关。

3. 阿湖镜铁矿异常

异常编号为 Spt03，异常级别为Ⅲ级，异常呈北东向不规则长条状分布，长约 8km，宽约 3km，面积约 22km^2，由 2 个异常点组成，含量均为 10 颗。出露太古宙片麻岩及榴辉岩，推测镜铁矿异常与变质作用有关。

4. 城头镜铁矿异常

异常编号为 Spt04，异常级别为Ⅲ级，异常呈北西向椭圆状分布，长约 3.5km，宽约 2km，面积约 5.1km^2，由 2 个镜铁矿异常点组成，含量均为 10 颗。异常区出露太古宙片麻岩及榴辉岩，推测镜铁矿异常与变质作用有关。

5. 野山凹镜铁矿异常

异常编号为 Spt05，异常级别为Ⅱ级，异常呈北西向近椭圆状分布，长约 5km，宽约 2.5km，面积约

10.7km²，镜铁矿含量为 100 颗。异常区出露龙王山组火山岩，有辉石闪长玢岩侵入，已知野山凹铁矿化点，推测镜铁矿异常与火山喷发作用有关。

6. 金驹山镜铁矿异常

异常编号为 Spt06，异常级别为Ⅰ级，异常呈东西向近椭圆状分布，长约 7.5km，宽约 5km，面积约 27.8km²，由 8 个镜铁矿异常点组成，含量为 200～10 000 颗，平均含量为 8187 颗。异常区出露姚家边组粗安斑岩，已知有金驹山金矿、观山铜铅矿等，镜铁矿为金驹山金矿的矿石矿物，因此认为镜铁矿与已知金矿成矿作用有关，镜铁矿对预测火山岩型金矿具有明显的指示意义。

（八）自然金

全区共圈定自然金异常 27 处，其中Ⅰ级异常 10 处，Ⅱ级异常 11 处，Ⅲ级异常 6 处（图 4-19），现将主要异常简述如下。

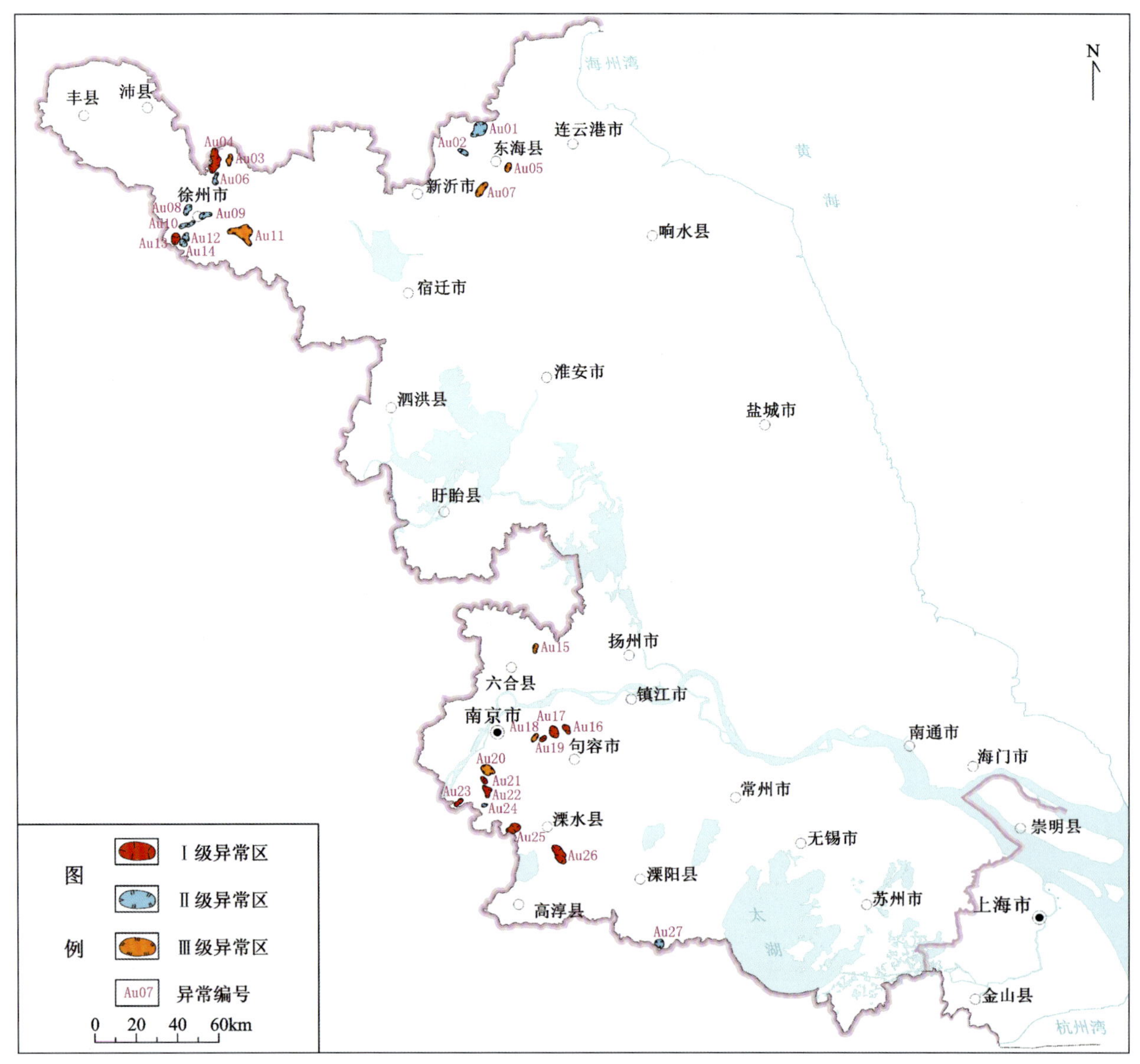

图 4-19　江苏省自然金自然重砂异常图

1. 利国自然金异常

异常编号为Au04，异常级别为Ⅰ级，异常呈近南北向面状分布，长约13.6km，宽约4.8km，面积约11km²，由35个一级和6个四级异常点组成，自然金含量为1～50颗，平均含量为11颗。出露寒武系至奥陶系，侵入岩有石英闪长玢岩、花岗岩、花岗闪长斑岩及辉绿岩，北东向、北西向断裂发育，围岩蚀变主要有矽卡岩化、绢云母化、绿泥石化、碳酸盐化等。已知有铁矿，伴生铜、钴、金、银达到综合利用工业指标。因此该异常与已知矿产成矿作用有关。

2. 班井自然金异常

异常编号为Au13，异常级别为Ⅰ级，异常呈近南北向椭圆状分布，长约5.9km，宽约4.1km，面积约17.77km²，由多个五级异常点组成。出露寒武系至奥陶系，侵入岩有石英闪长玢岩、花岗岩、花岗闪长斑岩及辉绿岩，北东向断裂发育，围岩蚀变主要有矽卡岩化、绢云母化、绿泥石化、碳酸盐化等。已知有班井铜金矿化点，推测异常与已知矿产成矿作用有关。

3. 固江口自然金异常

异常编号为Au16，异常级别为Ⅰ级，异常呈椭圆形北西向延伸，长约5.3km，宽约2.7km，面积约11.75km²，由多个五级异常点组成，最高含量为1024颗。出露志留系至三叠系，断裂发育，有东西向逆掩断层及横向正断层，有安基山岩体——石英闪长斑岩分布，岩石具大理岩化、硅化等，区内见铅锌矿点、多金属矿点、金矿点。后经加密采样，自然金仍存在，该异常规模大，成矿地质条件良好，有良好的寻找金矿的前景，应进一步开展工作。

4. 伏牛山自然金异常

异常编号为Au17，异常级别为Ⅰ级，异常呈近圆形，面积约19.91km²，由2个三级异常点组成。区内主要出露白垩纪火山岩，见石英闪长玢岩脉，区内有伏牛山铜矿点，推测异常与已知矿产成矿作用有关。

5. 汤山自然金异常

异常编号为Au19，异常级别为Ⅰ级，异常呈椭圆形北东向延伸，长约3.7km，宽约2.1km，面积约6.84km²，由3个二级异常点组成。区内主要出露志留系—石炭系，侵入岩有石英闪长玢岩，区内见汤山金矿点，推测异常与汤山金矿有关。

6. 金牛洞自然金异常

异常编号为Au21，异常级别为Ⅰ级，异常呈椭圆形北西向分布，长约4.3km，宽约2.1km，面积约7.77km²，由多个五级以上含量点组成，最高含量为223颗。区内主要出露侏罗纪—白垩纪火山岩，有谷里铜金矿床，推测异常与谷里铜金矿有关。

7. 陶吴自然金异常

异常编号为Au22，异常级别为Ⅰ级，异常呈不规则状分布，长约6.3km，宽约3.7km，面积约15.52km²，由多个一级含量点组成。区内主要出露侏罗纪—白垩纪火山岩，见石英闪长玢岩脉。异常区分布多个铁、铜矿床(点)，推测异常与已知矿产成矿作用有关。

8. 铜井自然金异常

异常编号为Au23，异常级别为Ⅰ级，异常呈北东向椭圆形分布，长约5.2km，宽约2.1km，面积约

9.26km²,由 3 个一级含量点和 1 个四级、1 个五级异常点组成,最高含量为 39 颗。异常区出露晚侏罗世、早白垩世火山岩和燕山早期次火山岩,有两条北东向断层,北西—北北西向构造裂隙发育,硅化强烈,已知有铜金矿床(点),推测异常与铜井铜金矿有关。

9. 横山自然金异常

异常编号为 Au25,异常级别为Ⅰ级,异常呈椭圆形北东向分布,长约 6.8km,宽约 4.3km,面积约 23.73km²,由多个一级含量点和 1 个五级异常点组成,最高含量为 1001 颗。异常区出露大王山组火山岩,脉岩有石英闪长玢岩、闪长玢岩,区内见铁、金矿床(点),推测异常与西横山、燕子口金矿有关。

10. 金驹山自然金异常

异常编号为 Au26,异常级别为Ⅰ级,异常呈北西向椭圆形分布,长约 10.1km,宽约 4.9km,面积约 37.63km²,由 4 个一级含量点组成。异常区出露侏罗纪—白垩纪火山岩,区内见陆相火山岩型铜、金矿床(点),推测异常与已知矿产成矿作用有关。

11. 高埝自然金异常

异常编号为 Au01,异常级别为Ⅱ级,异常呈北东向椭圆形分布,长 9km,宽 5.5km,面积约 42km²,由多个三级以上异常点组成,含量为 1～190 颗。异常区出露基岩为东海岩群黑云母斜长片麻岩,脉岩有花岗闪长岩二长花岗岩和煌斑岩等,北东向、近南北向断裂较发育,该地区热液活动显著,且有低温热液型的重晶石、萤石矿点,推测异常与断裂中的热液矿化有关。

其他异常特征见表 4-7。

(九)钨矿物

江苏省钨矿物主要为白钨矿,未见黑钨矿。全区共圈定钨矿物异常 3 处,其中Ⅱ级异常 1 处,Ⅲ级异常 2 处,现将各异常简述如下。

1. 黑埠钨矿物异常

异常编号为 W01,异常级别为Ⅲ级,异常呈近东西向分布,长 11.5km,宽 7.5km,面积约 36.8km²,由 2 个白钨矿异常点组成,含量分别为 2 颗和 200 颗。异常位于郯庐断裂带东侧,主要出露下白垩统大盛组,侵入岩有桃林岩体的二长花岗岩,脉岩有煌斑岩,徐塘地区有磁铁矿点。前人曾认为属“接触交代矽卡岩型”,本研究推测钨矿物与岩体侵入活动有关,可见本区具有一定的成矿条件,应进一步开展工作。

2. 贺庄水库西钨矿物异常

异常编号为 W02,异常级别为Ⅲ级,异常呈近椭圆形分布,长 9.1km,宽 6.5km,面积约 73.3km²,由 2 个白钨矿异常点组成,含量均为 10 颗。区内出露东海岩群,局部见有榴辉岩,北东向断裂通过异常区,白钨矿可能来源于沿断裂活动的高温热液。

3. 罗岗钨矿物异常

异常编号为 W03,异常级别为Ⅱ级,异常呈椭圆形近南北向分布,长 8.8km,宽 5.6km,面积约 54.7km²,由 3 个白钨矿异常点组成,含量为 5～284 颗,平均为 98 颗。区内主要出露寒武系,北东向断裂非常发育,区内有闪长斑岩(班井岩体北部),脉岩非常发育,矽卡岩化、大理岩化发育,推测异常与接触交代作用有关。

表 4-7 自然金异常特征表

异常编号	异常位置	矿物名称	异常面积（km^2）	异常级别	异常特征	地质矿产概况及异常推断解释
Au02	东海县双店	自然金	10.19	Ⅱ	异常呈北西向长条状分布，长约 5.5km，宽约 1.6km，由 5 个一级自然金异常点组成	主要为覆盖区，局部见榴辉岩和煌斑岩脉，发育北西向、北东向断裂，推测异常与沿断裂裂隙热液活动有关
Au03	铜山县大成山	自然金	11.97	Ⅲ	异常呈北北东向椭圆形分布，长 5.8km，宽 2.6km，由 5 个一级自然金异常点组成	主要出露寒武系至奥陶系，北东向、北西向断裂发育，推测异常与沿断裂裂隙热液活动有关
Au05	东海县袁柘塘	自然金	10.64	Ⅲ	异常呈北东向椭圆形分布，长 6.8km，宽 3.9km，由 2 个一级和 1 个四级异常点组成	主要出露东海岩群，局部见榴辉岩，自然金可能来源于冲击砂矿
Au06	铜山县柳泉	自然金	11.02	Ⅱ	异常呈近南北向椭圆形分布，长 6.9km，宽 2.4km，由 6 个一级和 3 个四级异常组成	出露中、上寒武统，北东向和南北向断裂比较发育，异常可能与断裂的热液矿化有关
Au07	东海县阿湖	自然金	22.56	Ⅲ	异常呈北东向长条状分布，长 12km，宽 4.2km，由 2 个一级点，1 个二级、三级和 1 个四级异常点组成	异常区大部分为覆盖区，局部出露北东向分布的榴辉岩。异常成因不清楚
Au08	铜山县九里山	自然金	13.62	Ⅱ	异常呈北北东向椭圆形分布，长 3.6km，宽约 2.4km，由 4 个一级异常点组成	出露寒武系至奥陶系，有北东向断裂通过，异常可能与裂隙低温热液活动有关
Au09	铜山县下淀杨山	自然金	13.95	Ⅱ	异常呈北东向椭圆形分布，长约 6km，宽约 2.8km，由 3 个一级异常点组成	出露中晚寒武世砂岩、页岩、灰岩、白云岩和早奥陶世白云岩，有北东向断层通过，经地质化探剖面检查，推测异常与断裂中热液矿化有关
Au10	云龙山	自然金	14.61	Ⅱ	异常呈北东向长条状分布，长约 7.8km，宽约 1.9km，主要由 3 个一级含量点组成	出露基岩以中晚寒武世灰岩为主，中酸性脉岩和中基性煌斑岩比较发育，岩石具矽卡岩化、褐铁矿化等。异常原因不明

续表 4-7

异常编号	异常位置	矿物名称	异常面积（km^2）	异常级别	异常特征	地质矿产概况及异常推断解释
Au11	铜山县种羊场	自然金	60.37	Ⅱ	呈北西向长面状，长约12km，宽约5.8km，由5个一级、1个二级和2个四级异常点组成	出露淮河群九顶山组，有辉绿岩脉，有北西向断层。已知有马山铅矿点，异常与已知矿产有关
Au12	铜山县汉王	自然金	9.10	Ⅱ	异常呈不规则状，由16个金矿物一级异常点组成	出露基岩以中晚寒武世灰岩为主，中酸性脉岩和中基性煌斑岩比较发育，岩石具矽卡岩化、褐铁矿化等。异常与热液作用有关
Au14	铜山县罗岗	自然金	10.40	Ⅱ	异常呈北西向椭圆形分布，长3.5km，宽2.4km，由23个异常点组成	出露寒武系至奥陶系，有闪长玢岩，发育北东向断裂，具矽卡岩化、大理岩化，推测异常和闪长玢岩与围岩的接触交代作用有关
Au15	南京市马头山	自然金	9.01	Ⅲ	异常呈南北向椭圆形分布，长2.5km，宽约1.5km，由2个一级和1个二级异常点组成	出露古近纪和新近纪玄武岩，脉岩有辉绿岩，北东向断裂发育，推测异常与辉绿岩及热液矿化有关
Au18	南京市青龙山	自然金	8.59	Ⅲ	异常呈北东向沿断裂分布，长约5km，宽2.8km，由2个三级和2个四级异常点组成	出露志留系至三叠系，北东向、北西向断裂发育，脉岩有花岗斑岩，异常与矿化热液有关
Au20	南京市梅山	自然金	24.21	Ⅲ	异常呈北东向椭圆形分布，长6.5km，宽3.5km，由1个二级和12个一级异常点组成	出露大王山组辉石安山岩及辉石闪长玢岩，围岩蚀变有透辉石化、阳起石化、碳酸盐化、高岭土化、硅化等。已知有铁金矿，异常与成矿作用有关
Au24	江宁区查塘	自然金	3.87	Ⅱ	异常呈北西向椭圆形分布，长约3.2km，宽约1.8km，由2个一级异常点组成	出露大王山组火山岩，北西向、北东向断裂发育，脉岩有二长花岗岩，已知有铁矿点，推测异常与矿化热液有关
Au27	宜兴市韩元岕	自然金	28.84	Ⅱ	异常呈北西向分布，长6km，宽2.8km，由6个一级异常点组成	主要出露志留系至泥盆系，北东向、北西向断裂发育，脉岩有石英闪长玢岩，异常西侧有吉多岕金矿点，异常与金矿化有关

（十）锌矿物

江苏省锌矿物主要为闪锌矿。全区共圈定锌矿物异常 9 处，其中Ⅰ级异常 1 处，Ⅱ级异常 6 处，Ⅲ级异常 2 处(图 4-20)，现将主要异常简述如下。

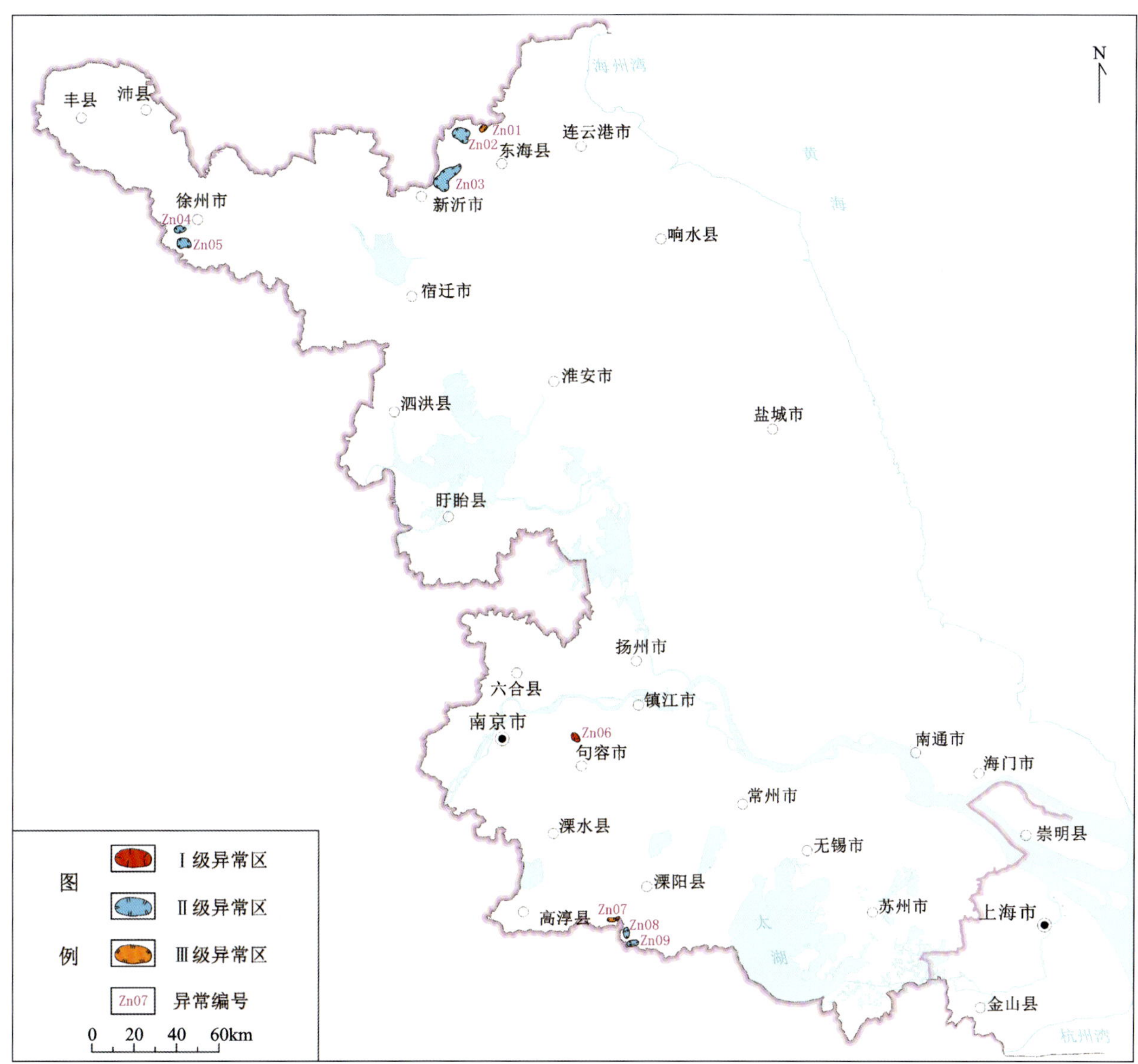

图 4-20 江苏省锌矿物自然重砂异常图

固江口锌矿物异常

异常编号为 Zn06，异常级别为Ⅰ级，异常呈椭圆形沿水系分布，长约 5.5km，宽约 2.1km，面积约 13km^2，由 2 个异常点组成，含量最高为五级以上。区内出露志留系至三叠系，断裂发育，有东西向逆掩断层及横向正断层，有安基山岩体——石英闪长斑岩分布，岩石具大理岩化、硅化等。区内已知有固江口铅锌矿点、九华山多金属矿点和钉耙岗金矿点，这些矿点的矿体经氧化后形成的铁帽中铜、铅、锌、金的含量均较高，异常检查显示锌矿物异常仍存在，建议该区除了进一步寻找具工业价值的金矿外，还可结合化探异常寻找多金属矿产。

其他异常特征见表 4-8。

表 4-8　锌矿物异常特征表

异常编号	异常位置	矿物名称	异常面积（km^2）	异常级别	异常特征	地质矿产概况及异常推断解释
Zn01	东海县陈朱沟	闪锌矿	9.03	Ⅲ	异常呈北东向椭圆形分布，长约 4.1km，宽约 2.7km，由 3 个锌矿物异常点组成	出露基岩为东海岩群二长混合片麻岩、花岗闪长岩，有北东向、北北西向断裂通过，推断该异常与构造破碎带及低温热液活动有关
Zn02	东海县山左口	闪锌矿	44.05	Ⅱ	异常呈近椭圆形南北向分布，长 8km，宽 7km，由 10 个锌矿物异常点组成	出露东海岩群片麻岩，侵入岩有榴辉岩、蛇纹岩，北东向、南北向断裂发育，推测异常与侵入岩及热液矿化有关
Zn03	东海县桃林	闪锌矿	81.52	Ⅱ	异常呈北东向面状分布，长约 15km，宽约 6km，由 9 个锌矿物异常点组成	出露东海岩群，侵入岩有花岗斑岩、斑状二长花岗岩，已知有磁铁矿、多金属矿点，推测异常与铁多金属矿成矿作用有关
Zn04	铜山县卧牛山	闪锌矿	14.69	Ⅱ	异常呈北东向椭圆形分布，长约 6km，宽约 3.8km，由 5 个锌矿物异常点组成	出露中上寒武统和下中奥陶统，北东向断裂发育，推测异常与断裂中铅矿化有关
Zn05	铜山县罗岗	闪锌矿	50.58	Ⅱ	异常呈北西向面状分布，长约 8.5km，宽约 6.8km，由 17 个锌矿物异常点组成	主要出露寒武系至奥陶系，闪长玢岩侵入体及其脉岩比较发育，接触带矽卡岩化和中低温热液蚀变等广泛分布。地表见铜铅锌多金属矿化，异常与已知矿化有关
Zn07	溧阳市社渚	闪锌矿	9.92	Ⅲ	异常呈北西向条状分布，长 5km，宽 1.3km，由 3 个锌矿物异常点组成	出露龙王山组下段粗安岩，脉岩有花岗斑岩，推测异常与花岗斑岩及矿化热液有关
Zn08	溧阳市伍伢山林场	闪锌矿	11.99	Ⅱ	异常呈北北东向条状分布，长 5km，宽 2.6km，由 3 个锌矿物异常点组成	出露志留系至二叠系，局部有侏罗纪火山岩，北东向、北西向断裂发育，脉岩有花岗斑岩，推测异常与花岗斑岩及矿化热液有关
Zn09	溧阳市小梅岭	闪锌矿	13.64	Ⅱ	异常沿矽卡岩接触带呈近东西向分布，长 5.5km，宽 2.7km，由 3 个异常点组成	出露志留系至泥盆系，局部有石炭系，北西向断裂发育，脉岩有花岗斑岩，岩石具矽卡岩化，已知有铁、多金属矿床（点）

二、组合矿物

（一）铅矿物

江苏省铅矿物种类非常丰富，主要由方铅矿、白铅矿、铅锡合金、金属铅、自然铅、砷铅矿、磷氯铅矿、针硫铋铅矿、磷硫铝铅矿、钼铅矿、软铅粒等组成。全区共圈定铅矿物异常 24 处，其中Ⅰ级异常 2 处，Ⅱ级异常 13 处，Ⅲ级异常 9 处（图 4-21），现将主要异常简述如下。

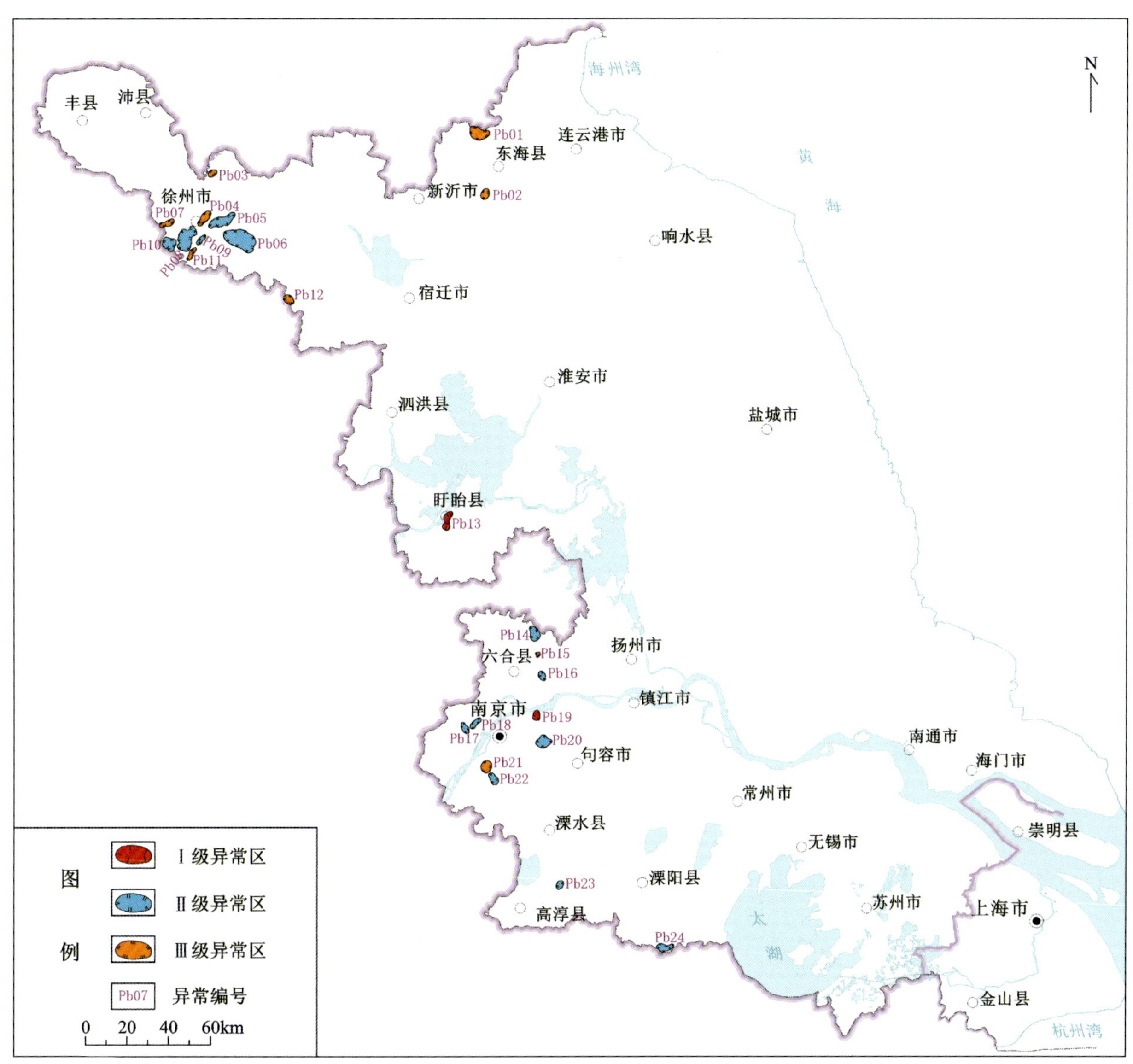

图 4-21　江苏省铅矿物自然重砂异常图

1. 太山-下淀杨山铅矿物异常

异常编号为 Pb04,异常级别为Ⅲ级,异常呈北东向伸展的不规则长条状,长约 8.8km,宽 3.7km,面积约 24km²。铅矿物由方铅矿和铅锡合金组成,异常由 13 个铅矿物异常点组成,包括 7 个一级和 6 个四级异常点,铅矿物含量最高为 100 颗,平均含量为 32 颗。区内出露中晚寒武世砂岩、页岩、灰岩、白云岩和早奥陶世白云岩,有北东向断层通过,经地质化探剖面检查,推测异常与断裂活动中的低温热液活动有关。

2. 天台山铅矿物异常

异常编号为 Pb13,异常级别为Ⅰ级,异常沿盱眙断褶带呈北北东向椭圆形分布,长约 9.3km,宽约 2.7km,面积约 25.1km²。铅矿物由方铅矿和自然铅组成,异常由 2 个一级铅矿物异常点组成,含量均为 4 颗。异常位于盱眙断褶带上,区内出露黄墟组、灯影组,北北东向、北西向断裂发育,脉岩有闪长玢岩,岩脉与围岩接触带见石棉矿化、方铅矿化、黄铁矿化等。已知有铜钼、铁矿点。异常区经 3 次野外取样检查,异常重现性好,因此认为该异常与已知矿产成矿热液作用有关。

3. 老山林场铅矿物异常

异常编号为Pb18，异常级别为Ⅱ级，异常呈椭圆形沿北西向断裂分布，长约5.8km，宽约3.5km，面积约17.8km^2。铅矿物主要为白铅矿，异常包含4个一级和3个二级异常点，最高含量为22颗，平均含量为6颗。异常区主要出露震旦系灯影组，零星分布白垩系赤山组，断层发育，岩石具硅化、赤铁矿化、褐铁矿化(铁矿化带长约20m)，异常与引起岩石蚀变矿化的热液活动有关。

4. 栖霞山铅矿物异常

异常编号为Pb19，异常级别为Ⅰ级，异常呈北东向分布，长约5km，宽约3.5km，面积为12.8km^2。铅矿物主要为砷铅矿和白铅矿，它包含1个一级和4个四级异常点，含量为5～317颗，平均为118颗。该异常处于龙-仓复背斜西段的南翼，出露坟头组至龙王山组，北东向、北西向断裂发育，岩石具硅化、碳酸盐化、黄铁矿化等蚀变现象。已知有栖霞山大型铅锌银矿及大凹山多金属矿点，异常与已知矿产成矿作用有关。

5. 大山铅矿物异常

异常编号为Pb23，异常级别为Ⅱ级，异常呈北东向椭圆形分布，长约4.7km，宽约3.1km，面积约10.9km^2。铅矿物主要由方铅矿和自然铅组成，它由1个一级和1个四级铅矿物异常点组成，铅矿物最高含量为100颗，平均含量为53颗。区内出露姚家边组上段粗安质角砾熔岩和大王山组上段砂岩，见两条近南北向断层和一条北西向断层，区内1976年江苏省地质二队进行矿点普查评价，证实有铅锌矿赋存于粗安斑岩及姚家边组粗安质碎屑岩的断层破碎带上。岩石具高岭土化、绢云母化、硅化、碳酸盐化等。推测异常与已知铜多金属矿化有关。

其他异常特征见表4-9。

(二)铜矿物

江苏省铜矿物种类比较丰富，主要由孔雀石、斑铜矿、黄铜矿、自然铜、赤铜矿等组成。全区共圈定铜矿物异常30处，其中Ⅰ级异常11处，Ⅱ级异常11处，Ⅲ级异常8处(图4-22)，现将主要异常简述如下。

1. 利国铜矿物异常

异常编号为Cu01，异常级别为Ⅰ级，异常呈北东向长椭圆形，长约9km，宽约5km，面积37.52km^2，主要由7个异常点组成，其中一级5个，三级、四级各1个。区内出露寒武系至奥陶系，侵入岩有石英闪长玢岩、花岗岩、花岗闪长斑岩及辉绿岩，北东向、北西向断裂发育，已知有铁铜金矿，铜异常与已知矿产成矿作用有关。

2. 李家凹铜矿物异常

异常编号为Cu16，异常级别为Ⅱ级，异常呈北东向条带状，长约13km，宽约3.6km，面积约40km^2。铜矿物主要由孔雀石、自然铜组成，由5个铜矿物一级异常点组成，矿物含量为1～5颗，平均为2颗。区内出露震旦系灯影组和白垩系赤山组，区内断裂较发育，有硅化、赤褐铁矿化，充填物多为赤铁矿，并有20m长的铁矿化带，经检查，取破碎带岩石进行光谱分析，含Cu为$(10\sim50)\times10^{-6}$，Pb为100×10^{-6}，Zn为250×10^{-6}，Mn为4000×10^{-6}，推测异常可能与沿断裂裂隙活动的中低温热液活动有关。

表 4-9 铅矿物异常特征表

异常编号	异常位置	矿物名称	异常面积（km^2）	最高含量（颗）	平均含量（颗）	异常级别	异常特征	地质矿产概况及异常推断解释
Pb01	东海县李埝—羽阳	方铅矿-自然铅	43.68	100	4.33	Ⅲ	异常呈北西向不规则肾形分布，长约 9.6km，宽约 5.5km，由 10 个铅矿物异常点组成，其中一级 7 个，三级 3 个	出露基岩为东海岩群黑云母斜长片麻岩，脉岩有花岗闪长岩、二长花岗岩和煌斑岩等。北东向、近南北向断裂较发育，推测异常与断裂中的铅矿化有关
Pb02	东海县安峰山水库以西	方铅矿-自然铅-针硫铋铅矿	16.29	10	6.00	Ⅲ	异常呈南北向椭圆形分布，长约 6.9km，宽约 4.5km，包含一级、二级异常点各 1 个	异常区大部分为覆盖区，局部出露北东向分布的榴辉岩。异常成因不清楚
Pb03	铜山县柳泉	方铅矿	11.15	5	5.00	Ⅲ	异常呈北东向椭圆形分布，长约 4.7km，宽约 3.1km，包含 2 个一级异常点	出露中、上寒武统。北东向和南北向断裂比较发育，铅矿物可能与断裂的热液矿化有关
Pb05	铜山县王山	铅锡合金	48.81	100	40.53	Ⅱ	异常呈北东向似椭圆状，长约 14km，宽约 4km，由 17 个铅矿物异常点组成	出露寒武系至奥陶系，脉岩有闪长斑岩，北东向断裂发育。已知有铁矿点，推测异常与闪长斑岩及热液矿化有关
Pb06	铜山县种羊场	方铅矿-铅锡合金	111.96	400	54.68	Ⅱ	异常呈北西向近椭圆状延伸，长约 15km，宽约 9km，由 41 个铅矿物异常点组成	出露淮河群九顶山组，有辉绿岩脉，有北西向断层。已知有马山铅矿点，异常与已知矿产有关
Pb07	铜山县卧牛山—义安山	铅锡合金-自然铅	17.15	171	48.73	Ⅲ	异常呈北东向不规则长条延伸，长约 7km，宽约 2.5km，由 11 个铅矿物异常点组成	出露中上寒武统和下中奥陶统，北东向断裂发育，推测异常与断裂中铅矿化有关
Pb08	铜山县南部的罗岗	方铅矿-软铅粒-铅锡合金	68.23	50	21.80	Ⅱ	异常呈北东向不规则长条状延伸，长约 13km，宽约 6km，由 54 个铅矿物异常点组成	出露寒武系至奥陶系，有闪长玢岩，北东向断裂发育，矽卡岩、大理岩化，推测异常与矽卡岩化有关
Pb09	铜山县大庙山	铅锡合金-自然铅	10.78	50	29.23	Ⅱ	异常呈北东向近长条状延伸，长约 5.5km，宽约 2.5km，由 13 个铅矿物异常点组成	出露岩性为寒武纪砂岩、页岩、灰岩及白云岩，北东向断层发育，推测异常可能与沿断裂构造的高温热液活动有关
Pb10	铜山县下班井	方铅矿-铅锡合金	32.12	100	20.42	Ⅱ	异常呈北西向不规则椭圆状延伸，长约 6.5km，宽约 5km，由 13 个铅矿物异常点组成	出露寒武系至石炭系，有闪长玢岩，北东向、北西向断裂发育，有班井金、铁矿点，异常与闪长玢岩及热液矿化有关
Pb11	铜山县三堡	方铅矿-铅锡合金	12.59	50	16.25	Ⅲ	异常呈北东向不规则长条状延伸，长 7km，宽 2km，由 8 个铅矿物异常点组成	出露寒武系至奥陶系，脉岩有闪长斑岩，北东向、北西向断裂发育，推测异常与矿化裂隙有关

续表 4-9

异常编号	异常位置	矿物名称	异常面积(km^2)	最高含量(颗)	平均含量(颗)	异常级别	异常特征	地质矿产概况及异常推断解释
Pb12	睢宁县王集	方铅矿-铅锡合金	17.66	1600	323.80	Ⅲ	异常呈北西向不规则长条状延伸，长约7km，宽约2km，由5个铅矿物异常点组成，其中4个一级异常点，1个四级异常点	主要出露新近系下草湾组，偶见层间断裂，推测异常与断裂裂隙中矿化有关
Pb14	南京市冶山	方铅矿-白铅矿	26.73	7	5.67	Ⅱ	异常呈北西向梨形分布，长5.8km，宽4.5km，包含铅矿物1个一级和2个二级异常点	出露震旦系至寒武系及侏罗系，少量石英闪长岩，有北北西向断层，已知有铁矿床(点)3处，异常由已知矿床(点)所引起
Pb15	南京市马占山	方铅矿	4.14	2	1.50	Ⅲ	异常呈南北向椭圆形分布，长2.5km，宽约1.5km，包含2个铅矿物一级异常点	出露古近纪和新近纪玄武岩，脉岩有辉绿岩，北东向断裂发育，推测异常与辉绿岩及热液矿化有关
Pb16	仪征市青山	方铅矿-白铅矿	11.93	50	27.50	Ⅱ	异常呈北西向椭圆形分布，长约4.8km，宽约2.7km，一级、四级异常点各1个	出露古近纪和新近纪玄武岩，推测异常可能与玄武岩期后热液有关
Pb17	南京市浦口的李家凹	白铅矿	13.80	50	3.71	Ⅱ	异常呈北东向条带状，长约6.7km，宽约2.6km，包含2个一级和2个四级异常点	出露震旦系灯影组和白垩系赤山组，北东向与北西向断裂发育，推测异常可能与沿断裂裂隙活动的中低温热液活动有关
Pb20	南京市汤山	自然铅	31.49	5	2.60	Ⅱ	异常呈北东向椭圆形分布，长约7.7km，宽6.2km，包含5个一级异常点	出露寒武系至志留系，局部见花岗斑岩，岩石硅化较普遍，异常区内环形断裂及北北东—北东向横断裂发育，已知有金矿、汞、锑矿化，推测异常与已知矿有关
Pb21	南京市梅山	方铅矿	23.13	5	5.00	Ⅲ	异常呈近南北向椭圆形，长约6km，宽约5.1km，由10个铅矿物一级异常点组成	出露大王山组辉石安山岩及辉石闪长玢岩，北部见次生石英岩，东部为戴山火山口。围岩蚀变有透辉石化、阳起石化、碳酸盐化、高岭土化、硅化等。推测异常与岩体侵入火山活动有关
Pb22	江宁区东大山	方铅矿	17.81	5	5.00	Ⅱ	异常呈北西向椭圆形，长约6.6km，宽约3.3km，由5个铅矿物一级异常点组成	出露龙王山组、大王山组火山岩，辉石闪长玢岩穿插于大王山组中。异常北侧有铜矿化点。推测异常由铜矿化点、断裂及岩体侵入等热液矿化综合因素所致
Pb24	宜兴市韩元岕	白铅矿-磷氯铅矿	20.88	6	4.11	Ⅱ	异常呈近东西向月形分布，长约7.9km，宽约3.2km，由7个一级和2个二级异常点组成	出露泥盆系至石炭系，断裂较发育，脉岩有花岗斑岩、石英闪长玢岩等，异常区西侧有吉多岕金矿点，推测异常与脉岩及热液矿化有关

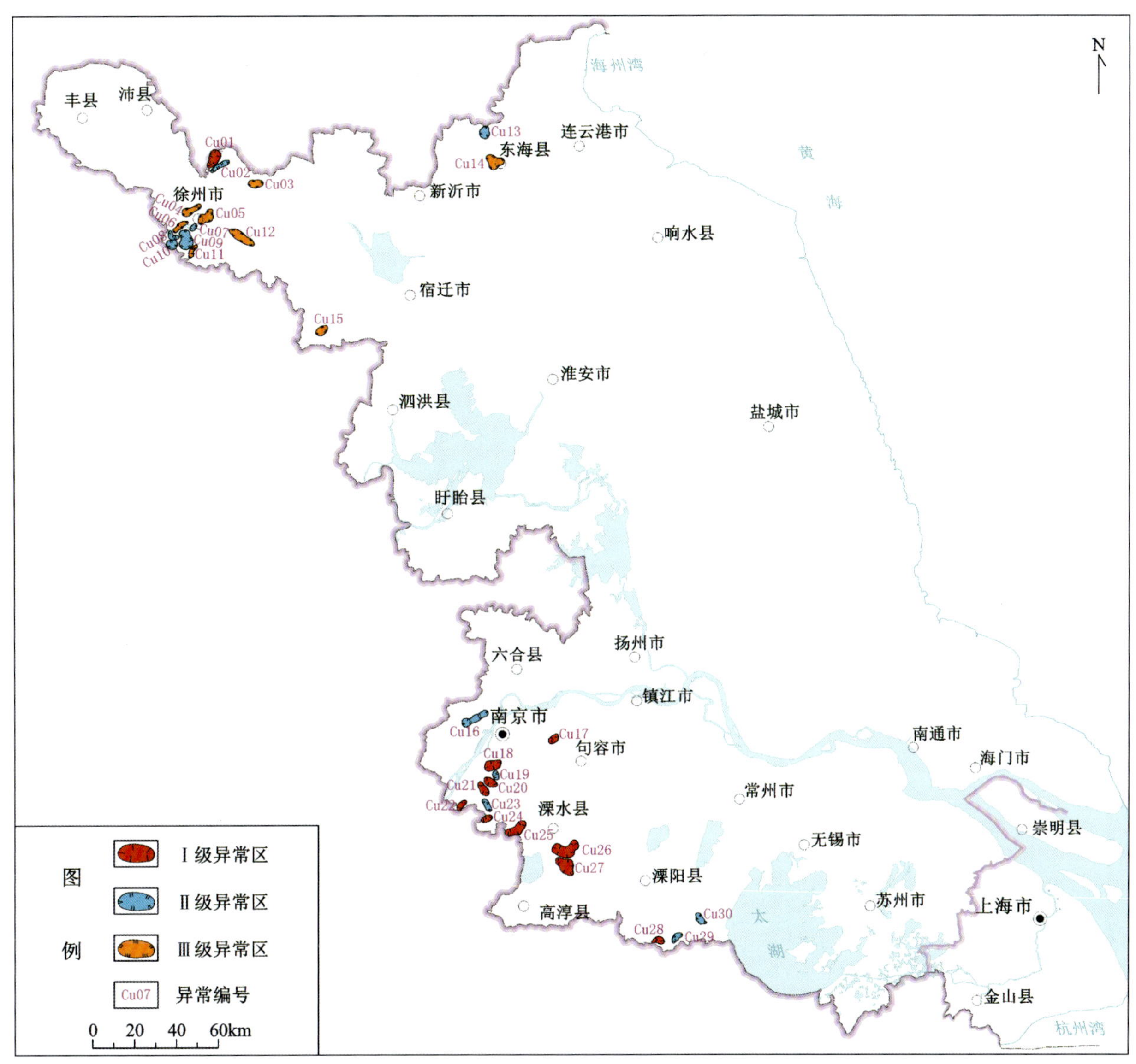

图 4-22　江苏省铜矿物自然重砂异常图

3. 东大山铜矿物异常

异常编号为Cu19，异常级别为Ⅱ级，异常近南北向椭圆形分布，长约4.4km，宽约2.8km，面积约10.3km^2，铜矿物主要由孔雀石、自然铜组成，异常由铜矿物7个一级异常点和1个二级异常点组成，铜矿物最高含量为45颗，平均含量为6颗。出露侏罗纪火山岩，北西向断裂通过，有辉石闪长玢岩，地表矽卡岩比较发育，该区铁矿普查发现过铜矿化体，异常与已知铜矿化有关。

其他异常特征见表4-10。

（三）锡矿物

江苏省锡矿物种类比较丰富，主要由锡石、自然锡和铅锡合金组成。全区共圈定锡矿物异常10处，其中Ⅰ级异常1处，Ⅱ级异常3处，Ⅲ级异常6处，现将主要异常简述如下。

表 4-10　铜矿物异常特征表

异常编号	异常位置	矿物名称	异常面积（km^2）	最高含量（颗）	平均含量（颗）	异常级别	异常特征	地质矿产概况及异常推断解释
Cu02	铜山县寄堡	孔雀石-自然铜	19.66	351 900	87 990.3	Ⅱ	异常呈北东向长条形，长约 9.5km，宽约 2km，由 4 个异常点组成	出露中上寒武统，北东向断裂非常发育，推测异常与断裂中铜矿化有关。异常规模较大，应进一步开展工作
Cu03	铜山县大洞山	黄铜矿	22.84	16	11.33	Ⅲ	异常呈近东西向的扁椭圆形，长约 7km，宽约 3.2km，由 3 个异常点组成，其中铜矿物一级异常点 1 个，二级异常点 2 个	出露下中寒武统。有北西向、近南北向断裂通过，脉岩有辉绿岩，铜异常可能与断裂中铜矿化有关
Cu04	徐州市西侧九里山	自然铜	27.52	5	5.00	Ⅲ	异常呈北东向不规则状，长约 10km，宽约 4km，由 2 个异常点组成	出露寒武系至奥陶系，有北东向断裂通过，推测异常可能与裂隙中铜矿化有关
Cu05	铜山县下淀杨山	孔雀石-黄铜矿-自然铜	33.62	50	9.29	Ⅲ	异常呈北东向不规则状，长约 9km，宽约 5km，由 21 个异常点组成	出露中晚寒武世砂岩、页岩、灰岩、白云岩和早奥陶世的白云岩，有北东向断层通过，经地质化探剖面检查，推测异常与断裂中铜矿化有关
Cu06	铜山县卧牛山	孔雀石-黄铜矿	17.49	230	58.33	Ⅲ	异常呈北东向不规则状沿断裂延伸，长约 8.5km，宽约 2.5km，由 6 个异常点组成，其中一级异常点 4 个，四级异常点 2 个	出露中上寒武统和下中奥陶统，北东向断裂发育，推测异常与断裂中铜矿化有关
Cu07	铜山县太山	孔雀石-黄铜矿	8.38	10	6.00	Ⅱ	异常呈北东向近椭圆状沿断裂延伸，长约 4.2km，宽约 2.5km，由 5 个一级异常点组成	出露中上寒武统和下中奥陶统，北东向断裂发育，推测异常与断裂中铜矿化有关
Cu08	铜山县汉王公社蛤针窝	孔雀石-黄铜矿	13.46	32	11.00	Ⅱ	异常总体呈弯月形沿北西向延伸，长约 5.5km，宽约 2.5km，由 12 个异常点组成，其中一级异常点 11 个，三级异常点 1 个	出露寒武系，脉岩有闪长玢岩，北东向断裂非常发育
Cu09	铜山县南侧的文窝	孔雀石-黄铜矿-自然铜-赤铜矿	47.58	20	82.26	Ⅱ	异常呈北东向椭圆形，长约 5km，宽约 2.3km，由 5 个铜矿物一级异常点组成	出露寒武系至奥陶系，脉岩有闪长斑岩和煌斑岩，北东向断裂发育，推测异常与矿化裂隙有关
Cu10	铜山县南部的罗岗	孔雀石-自然铜	19.44	100	18.57	Ⅱ	异常呈南北向肾形，长约 9km，宽约 5km，由多个一级异常点组成	出露寒武系至奥陶系，有闪长玢岩和北东向断裂，具矽卡岩化、大理岩化，推测异常与矽卡岩化有关

续表 4-10

异常编号	异常位置	矿物名称	异常面积（km^2）	最高含量（颗）	平均含量（颗）	异常级别	异常特征	地质矿产概况及异常推断解释
Cu11	铜山县的三堡公社	黄铜矿-自然铜	13.41	5	5.00	Ⅲ	异常呈北东向长条状，长约 5km，宽约 2km，由 3 个铜矿物一级异常点组成	出露寒武系至奥陶系，脉岩有闪长斑岩，北东向、北西向断裂发育，推测异常与矿化裂隙有关
Cu12	铜山县种羊场	孔雀石-黄铜矿-自然铜	45.24	50	13.33	Ⅲ	异常呈北西向椭圆形，长约 14km，宽约 3.9km，由 5 个铜矿物异常点组成，其中一级、三级各 2 个，二级 1 个	出露震旦系倪园组，另有辉绿岩脉和断层发育，推测异常为辉绿岩及受低温热液矿化的断裂带，遭受机械破坏搬运而形成的重砂异常
Cu13	东海县北西的陈朱沟	孔雀石-自然铜	21.66	200	101.00	Ⅱ	异常呈北北东向肾形分布，长约 6km，宽约 4.5km，由 2 个异常点组成，其中铜矿物一级、四级异常点各 1 个	出露基岩为东海岩群黑云母斜长片麻岩，脉岩有花岗闪长岩、闪长玢岩等，北东向断裂较发育，推测异常与断裂中的铜矿化有关
Cu14	东海县西侧的金塘	孔雀石-自然铜	38.76	200	84.40	Ⅲ	异常呈近三角形分布，由 5 个异常点组成，其中一级 1 个，二级、四级各 2 个	异常区分布于土岗之上，零星出露榴辉岩。铜异常性质不明，尚待进一步研究
Cu15	睢宁县王集	自然铜	19.40	2	2.00	Ⅲ	异常呈北东向椭圆形，长约 6.4km，宽约 4.2km，由 2 个铜矿物一级异常点组成	出露淮河群九顶山组，层间断裂发育，推测异常与矿化裂隙有关
Cu17	南京市东郊汤山	孔雀石-黄铜矿-自然铜	15.43	2	2.00	Ⅰ	异常呈北东向椭圆形，长约 5.5km，宽约 3.8km，由 1 个铜矿物一级异常点组成	出露寒武系至志留系，岩石硅化较普遍，异常区内环形断裂及北北东—北东向横断裂发育，区内已知有金矿和汞、锑矿化点，推测异常与已知矿产有关
Cu18	南京市西善桥	孔雀石	31.41	100	28.50	Ⅰ	异常呈北东向不规则的长方形，长约 9km，宽约 4.3km，由 6 个铜矿物异常点组成，其中一级 2 个，二级 1 个，三级 3 个	出露晚侏罗世火山岩，北西向断层发育，部分地区被第四系覆盖。已知梅山大型磁铁矿床和泰山中型铁磷矿床，异常主要由已知矿床所引起
Cu20	江宁区谷里	孔雀石-自然铜	20.71	50	27.93	Ⅰ	异常呈北西向椭圆形分布，长约 6.5km，宽约 3.8km，由 4 个一级、2 个三级、2 个五级异常点组成	异常区出露辉石闪长玢岩，岩体内见含铜重晶石脉，区内见铜矿脉和开采迹象，该异常为已知谷里铜矿床的反映
Cu21	江宁区阴山	孔雀石	21.47	3	2.33	Ⅰ	异常呈北西向椭圆形分布，长约 7.6km，宽约 3.9km，由 3 个铜矿物一级异常点组成	出露晚侏罗世火山岩和燕山早期次生火山岩。已知有阴山小型磁铁矿床，簪子山铜矿点，异常与已知矿床(点)有关

续表 4-10

异常编号	异常位置	矿物名称	异常面积(km^2)	最高含量(颗)	平均含量(颗)	异常级别	异常特征	地质矿产概况及异常推断解释
Cu22	江宁区白头山—老梁塘	孔雀石-斑铜矿	13.30	972	232.40	Ⅰ	异常呈北东向长椭圆形分布，长约5.5km，宽约2.6km，由5个异常点组成，其中一级1个，三级3个，四级1个	出露晚侏罗世、早白垩世火山岩，燕山早期次火山岩，有两条北东向断层，北西—北北西向构造裂隙发育，硅化强烈。已知有铜矿床(点)，异常由已知矿床(点)所引起
Cu23	江宁区朱门	孔雀石-黄铜矿	15.61	100	35.72	Ⅱ	异常呈北西向长条状分布，长约6.8km，宽约2.8km，一级、三级异常点各2个	出露晚侏罗世火山岩，脉岩有二长花岗岩，北西、北东向断裂构造发育，已知有铜金矿点，推测异常与已知矿产有关
Cu24	江宁区天平山	孔雀石	13.20	5	5.00	Ⅰ	异常呈北东向椭圆形分布，长约2.8km，宽约1.9km，由2个铜矿物一级异常点组成	出露三叠系至侏罗系，主要为晚侏罗世火山岩，有燕山早期次火山岩和侵入岩，北西向、北东向断裂构造发育，岩石具硅化。已知有铁、铜金、硫铁矿床(点)，异常由已知矿床(点)所引起
Cu25	溧水县西横山	孔雀石	41.24	5	2.33	Ⅰ	异常呈不规则长条状，长约11km，宽约4.9km，由3个铜矿物一级异常点组成	异常处于辉石闪长玢岩与陡山组砂岩的接触带，已知有铁、金、铜矿床(点)3处，异常与已知矿产成矿作用有关
Cu26	溧水县观山	孔雀石	66.24	100	23.71	Ⅰ	异常呈弯月形，近南北向分布，长约13.5km，宽约3.8km，由6个一级和2个四级异常点组成	出露侏罗系龙王山组、大王山组、此外有次粗面岩。区内有邱虎山多金属矿点和观山小型铜铅矿床，异常与已知矿床(点)的成矿作用有关
Cu27	溧水县金驹山	孔雀石	50.21	100	31.96	Ⅰ	异常呈不规则椭圆形，长约3.8km，宽约2.4km，由6个异常点组成，其中一级异常点4个，二级1个，四级1个	出露大王山组下段粗安岩和姚家边组上段粗安岩、正长斑岩，有3条北西向断层通过，有已知金驹山金矿，异常与已知矿产有关
Cu28	宜兴市吉多岕	孔雀石	14.49	3	3.00	Ⅰ	异常呈不规则状，长约5.9km，宽约3.6km，由1个异常点组成	出露志留系坟头组至石炭系高骊山组，有北东向、北西向和近南北向3组断裂，已知有吉多岕金矿点，异常可能与断裂活动中的低温热液活动有关
Cu29	宜兴市横岭	孔雀石	14.31	4	2.00	Ⅱ	异常呈北东向椭圆形，长约3.6km，宽约2.8km，由3个铜矿物一级异常点组成	出露志留系至石炭系，断裂构造发育，有花岗斑岩脉，推测异常与含矿热液活动有关
Cu30	宜兴市铜官山以南	孔雀石	16.96	4	2.67	Ⅱ	异常呈北西向长椭圆形分布，长7km，宽约3.5km，由3个铜矿物一级异常点组成	出露志留系至石炭系，断裂构造发育，有花岗斑岩脉，推测异常与含矿热液活动有关

1. 利国锡矿物异常

异常编号为 Sn01，异常级别为Ⅰ级，异常呈北东向长椭圆形，长约 6.9km，宽约 5km，面积 25.21km²，由 2 个四级异常点组成，最高含量 100 颗。出露寒武系至奥陶系，侵入岩有石英闪长玢岩、花岗岩、花岗闪长斑岩及辉绿岩，北东向、北西向断裂发育，已知有铁铜金矿，异常与已知矿产成矿作用有关。

2. 松岭锡矿物异常

异常编号为 Sn09，异常级别为Ⅱ级，异常呈北东向椭圆形分布，长 2.4km，宽 2.1km，面积约 5.7km²，锡矿物主要由自然锡组成，异常由 2 个锡矿物一级异常点组成，含量均为 2 颗。主要出露志留系至泥盆系，局部有三叠系，燕山晚期石英二长斑岩侵入。岩石大理岩化、矽卡岩化强烈，区内已知有桃花岭铁矿、松岭铁矿、小梅岭铁矿等，推测异常与多金属矿矽卡岩化有关。

其他异常特征见表 4-11。

（四）钼矿物

江苏省钼矿物主要由极大多数的辉钼矿和极个别的钼铅矿组成。全区共圈定钼矿物异常 7 处，其中Ⅰ级异常 2 处，Ⅱ级异常 3 处，Ⅲ级异常 2 处，现将主要异常简述如下。

铜山钼矿物异常

异常编号为 M06，异常级别为Ⅰ级，异常呈椭圆形沿弧形接触带分布，长约 6km，宽 3.8km，面积约 16.9km²。钼矿物主要由辉钼矿组成，该异常由 1 个钼矿物四级异常点组成，含量为 200 颗。处于龙-仓复背斜东段南翼，地表出露有三叠系青龙组灰岩及二叠系栖霞组灰岩，局部亦可见志留系坟头组、泥盆系五通组出露。断裂发育，侵入体有石英二长岩，围岩蚀变强烈，主要有矽卡岩化、大理岩化、角岩化，异常区附近有铜山中型铜钼矿矿床 1 处，该异常为热液矿化及已知铜钼矿床所引起。

其他异常特征见表 4-12。

（五）铋矿物

江苏省铋矿物由绝大多数的泡铋矿和个别的针硫铋铅矿组成。全区共圈定铋矿物异常 6 处，其中Ⅰ级异常 1 处，Ⅱ级异常 4 处，Ⅲ级异常 1 处，现将主要异常简述如下。

马占山铋矿物异常

异常编号为 Bi05，异常级别为Ⅰ级，异常呈近圆形，面积约 5.3km²。铋矿物主要由泡铋矿、针硫铋铅矿组成，包含 10 个铋矿物一级异常点和 2 个四级异常点，铋矿物含量一般为 5～50 颗，最高含量为 100 颗，平均含量为 15 颗。区内出露龙王山组下段火山碎屑岩、熔岩。蚀变作用有硅化、高岭土化、绢云母化和碳酸盐化。区内有马占山铜矿点，含铋矿物可能是成矿热液作用所致，经氧化后迁移至沉积物中。

其他异常特征见表 4-13。

表 4-11　锡矿物异常特征表

异常编号	异常位置	矿物名称	异常面积（km^2）	最高含量（颗）	平均含量（颗）	异常级别	异常特征	地质矿产概况及异常推断解释
Sn01	铜山县利国	锡石-自然锡	25.21	100	75	Ⅰ	异常呈北东向长椭圆形，长约 6.9km，宽约 5km，由 2 个四级异常点组成	出露寒武系至奥陶系，侵入岩有石英闪长玢岩、花岗岩、花岗闪长斑岩及辉绿岩，北东向、北西向断裂发育，已知有铁铜金矿，异常与已知矿产成矿作用有关
Sn02	铜山县大洞山	锡石	5.49	10	10	Ⅲ	异常呈近东西向的扁椭圆形，长约 3.1km，宽约 2.1km，由 2 个锡矿物二级异常点组成	出露下中寒武统，有北西向、近南北向断裂通过，脉岩有辉绿岩，锡异常可能与断裂热液矿化有关
Sn03	铜山县义安山	锡石-铅锡合金	26.79	171	48.8	Ⅲ	异常呈北东向椭圆形分布，长约 8.5km，宽约 4.4km，由多个异常点组成	出露中上寒武统和下中奥陶统，北东向断裂发育，推测异常与沿断裂构造的高温热液活动有关
Sn04	铜山县太山—大庙山	锡石-铅锡合金	74.66	100	55.8	Ⅱ	异常呈北东向长条状分布，长约 20km，宽约 3.5km，由 24 个异常点组成	出露寒武纪至奥陶纪灰岩，北东向、北西向断裂发育，锡石的来源可能与沿断裂构造的高温热液活动有关
Sn05	铜山县驴尾巴山	铅锡合金	7.98	50	23	Ⅲ	异常呈北东向条状分布，长约 4.9km，宽约 1.9km，由 3 个锡矿物一级异常点和 2 个四级异常点组成	出露寒武系至奥陶系，脉岩有闪长玢岩，北东向、北西向断裂发育。推测异常与煌斑岩及热液矿化有关
Sn06	铜山县罗岗	铅锡合金	48.16	100	32.3	Ⅲ	异常呈北东向长条状分布，长约 13.5km，宽约 5km，由 34 个异常点组成	出露寒武系至奥陶系，有闪长玢岩，发育北东向断裂，具矽卡岩化、大理岩化，推测锡异常和闪长玢岩与围岩的接触交代作用有关
Sn07	铜山县三堡—洞山口	铅锡合金	42.12	50	26.3	Ⅲ	异常呈北东向长条状分布，长约 15km，宽约 2.5km，由 19 个异常点组成	出露岩石为寒武纪至奥陶纪灰岩，脉岩有闪长斑岩，北北东向、北西向断裂发育，推测异常与沿断裂构造的高温热液活动有关
Sn08	铜山县种羊场	锡石	109.01	100	77.7	Ⅲ	异常呈北西向椭圆形分布，长约 15km，宽约 9km，由多个异常点组成	出露淮河群九顶山组，有辉绿岩脉，有北西向、北东向断层。已知有马山铅矿点。推测异常与辉绿岩侵入活动有关
Sn10	宜兴市大栗园	锡石	3.87	1	1	Ⅱ	异常沿北东向断裂呈椭圆形分布，长 2.3km，宽 1.2km，由 1 个锡矿物一级异常点组成	主要出露志留系至泥盆系，北东向、北西向断裂发育，沿断裂有花岗斑岩脉侵入，推测异常与花岗斑岩脉及热液矿化有关

表 4-12　钼矿物异常特征表

异常编号	异常位置	矿物名称	异常面积（km^2）	最高含量（颗）	异常级别	异常特征	地质矿产概况及异常推断解释
Mo01	铜山县卧牛山—义安山	辉钼矿	56.48	50	Ⅲ	异常呈北东向不规则状沿断裂延伸，长约 9km，宽约 3.2km，由 2 个异常点组成，一级、三级各 1 个	出露中上寒武统和下中奥陶统，北东向断裂发育，推测异常与断裂中铜矿化有关
Mo02	铜山县南部的罗岗	辉钼矿	58.67	100	Ⅱ	异常呈北西向椭圆形，长约 11.6km，宽约 6.5km，由 5 个钼矿物异常点组成，其中一级 4 个，四级 1 个	出露寒武系至奥陶系，有闪长玢岩和北东向断裂，具矽卡岩化、大理岩化，推测异常与矽卡岩化有关
Mo03	东海县桃林	辉钼矿	47.23	2	Ⅲ	异常呈长椭圆形沿桃林岩体分布，由 1 个钼矿物异常点组成	出露东海岩群，侵入岩有花岗斑岩（桃林岩体）、斑状二长花岗岩，推测异常与铁多金属矿产成矿作用有关
Mo04	江宁区朱门	辉钼矿	7.13	1	Ⅰ	异常呈近圆形分布，包含 1 个钼矿物一级异常点	出露晚侏罗世火山岩，脉岩有二长花岗岩，北西向、北东向断裂构造发育，已知有铜矿点，推测异常与已知矿产有关
Mo05	南京市射乌山西南坡	辉钼矿	7.44	16	Ⅱ	异常呈北西向椭圆形分布，长约 4km，宽约 3.6km，由 2 个钼矿物二级异常点组成	主要出露侏罗系象山群，有石英闪长斑岩，区内已知有射乌山铜矿点，异常与石英闪长斑岩及矿化作用有关
Mo07	宜兴市凤凰山	辉钼矿	48.82	1	Ⅱ	异常呈近东西向的椭圆形，长 8.8km，宽 5.5km，包含 1 个钼矿物一级异常点	出露志留系至泥盆系，北东向、北西向断裂发育，脉岩有石英闪长玢岩，推测异常与石英闪长斑岩及矿化有关

表 4-13　铋矿物异常特征表

异常编号	异常位置	矿物名称	异常面积（km^2）	最高含量（颗）	异常级别	异常特征	地质矿产概况及异常推断解释
Bi01	南京市小红山	泡铋矿	13.72	30 000	Ⅲ	异常呈北西向椭圆形分布，长约 5.3km，宽约 3.1km，包含一级、四级异常点各 1 个	出露震旦系至奥陶系，脉岩有闪长玢岩，北东向、北北东向断裂发育，推测异常与闪长玢岩及矿化有关
Bi02	南京市紫金山	泡铋矿	24.30	30 000	Ⅱ	异常呈北东向椭圆形分布，长约 7.5km，宽约 3.5km，由 5 个铋矿物异常点组成，其中一级 1 个，四级 4 个	出露象山群砂岩和闪长岩、辉长岩，已知有铁铜矿点 2 处，推测异常与侵入岩及矿化作用有关
Bi03	江宁区谷里	泡铋矿	7.11	5	Ⅱ	异常呈北西向椭圆形分布，长约 3.6km，宽约 2.6km，由 4 个一级铋矿物异常点组成	异常区出露辉石闪长玢岩，岩体内见含铜重晶石脉，区内见铜矿脉和开采迹象，该异常为已知谷里铜矿床的反映

续表 4-13

异常编号	异常位置	矿物名称	异常面积(km²)	最高含量(颗)	异常级别	异常特征	地质矿产概况及异常推断解释
Bi04	溧水县东庐山南坡	泡铋矿	5.94	1	Ⅱ	异常呈北东向展布的椭圆形,长约3.9km,宽约2.2km,包含2个铋矿物一级异常点	出露龙王山组火山岩,有北西向断裂,异常可能与沿断裂裂隙的热液活动有关
Bi06	溧水磨盘山	泡铋矿	4.71	1	Ⅱ	异常呈北东向椭圆形,长约3.3km,宽约1.8km,包含2个铋矿物一级异常点	主要出露姚家边组粗安斑岩,有邱虎山铜铅矿床,推测异常与已知矿产成矿作用有关

(六)砷矿物

江苏省砷矿物主要为雄黄,雌黄次之,毒砂和砷铅矿极为少见。全区共圈定砷矿物异常29处,其中Ⅰ级异常9处,Ⅱ级异常11处,Ⅲ级异常9处(图4-23),现将主要异常简述如下。

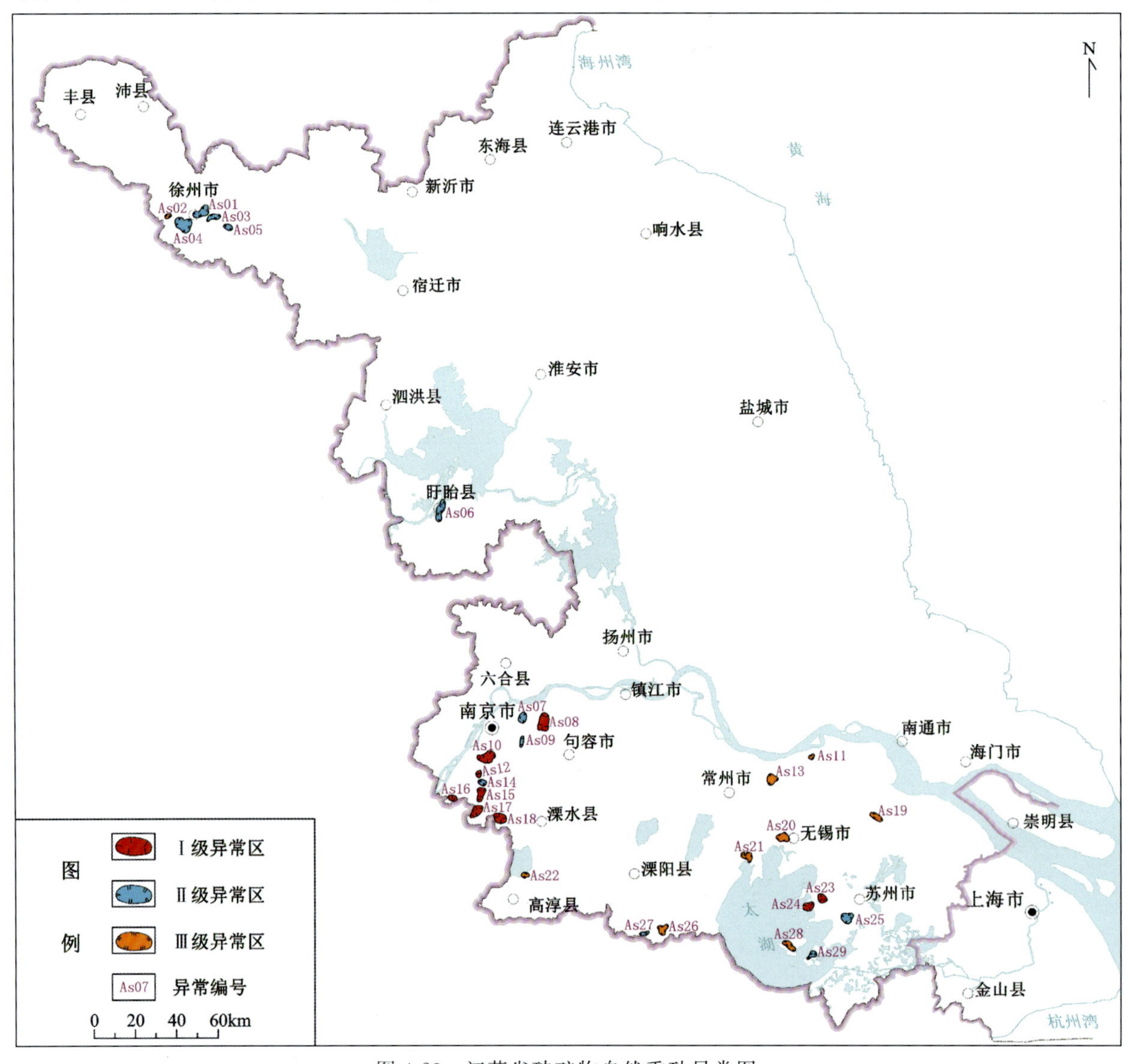

图 4-23　江苏省砷矿物自然重砂异常图

1. 射乌山砷矿物异常

异常编号为 As08，异常级别为Ⅰ级，异常呈近圆形分布，面积约 37.32km²。砷矿物主要由雄黄、雌黄组成，由 14 个砷矿物四级以上异常点组成，矿物最高含量为 1248 颗。异常处于桦-亭复向斜的西段，出露二叠系及三叠系。断裂构造发育，主要有东西向逆断层。区内已知有安基山岩体——石英闪长斑岩侵入，围岩蚀变主要有硅化、矽卡岩化，已知有射乌山铜矿化点。经加密采样，雄黄异常重现性较好，推测异常与石英闪长斑岩侵入活动有关。

2. 梅山砷矿物异常

异常编号为 As10，异常级别为Ⅰ级，异常呈北东向不规则长条状分布，长约 9.4km，宽 4.9km，面积约 34.38km²，由多个异常点组成，最高含量为 3101 颗。出露大王山组辉石安山岩及辉石闪长玢岩，北部见次生石英岩，东部为戴山火山口。围岩蚀变有透辉石化、阳起石化、碳酸盐化、高岭土化、硅化等。推测异常与岩体侵入和火山活动有关。

3. 金牛洞砷矿物异常

异常编号为 As12，异常级别为Ⅰ级，异常呈近圆形分布，面积约 7.13km²，由多个一级含量点组成。区内主要出露侏罗纪—白垩纪火山岩，有谷里铜金矿床，推测异常与谷里铜金矿有关。

4. 陶吴砷矿物异常

异常编号为 As15，异常级别为Ⅰ级，异常呈近南北向椭圆形分布，长约 7km，宽约 2.8km，面积约 20.32km²，由 7 个砷矿物异常点组成，其中一级 5 个，四级 2 个。出露大王山组火山岩，侵入岩有辉石闪长玢岩。已知有铜、金、铁矿床(点)10 余处，推测异常为成矿热液作用的结果。

5. 铜井砷矿物异常

异常编号为 As16，异常级别为Ⅰ级，异常呈北西向椭圆形分布，长约 4.4km，宽约 2.9km，面积约 9.77km²，由 2 个一级含量点组成。异常区出露晚侏罗世、早白垩世火山岩，燕山早期次生火山岩，有两条北东向断层，北西—北北西向构造裂隙发育，硅化强烈，已知有铜金矿床(点)，推测异常与铜井铜金矿有关。

6. 大平山砷矿物异常

异常编号为 As17，异常级别为Ⅰ级，异常呈北东向椭圆形分布，长 7.4km，宽 3.8km，面积约 24km²。异常主要由多个一级含量点组成。异常区出露晚侏罗世、早白垩世火山岩，见辉石闪长玢岩和二长斑岩脉，见多个铁、铜矿点，推测异常与脉岩侵入作用有关。

7. 横山砷矿物异常

异常编号为 As18，异常级别为Ⅰ级，异常呈近圆形，面积约 24.08km²。异常主要由 5 个一级含量点组成。异常区出露大王山组火山岩，脉岩有石英闪长玢岩、闪长玢岩，区内见铁、金矿床(点)，推测异常与脉岩侵入有关。

8. 阳山砷矿物异常

异常编号为 As23，异常级别为Ⅰ级，异常呈北西向近椭圆形分布，长 3.6km，宽 2.3km，面积 14.34km²，主要由 2 个一级、2 个二级含量点组成。主要出露志留系至二叠系，北东向断裂发育，脉岩有花岗斑岩、石英流纹斑岩，有铅锌银多金属矿 3 处，异常与成矿作用有关。

9. 光福-潭山砷矿物异常

异常编号为 As22，异常级别为Ⅰ级，异常沿北西向断裂椭圆形分布，长 5.8km，宽约 2.6km，面积约 17.2km^2。砷矿物包括雄黄和雌黄，它由 8 个一级、2 个二级异常点组成，含量一般为 1～8 颗，平均含量为 3 颗。出露地层有茅山组、五通组，其次有栖霞组及上侏罗统。岩体有花岗斑岩、花岗闪长岩、闪长岩、闪长玢岩、石英斑岩等。潭东-光福-通安断裂带通过异常区。蚀变及矿化有高岭土化、碳酸盐化、矽卡岩化、硅化、黄铁矿化、菱铁矿化等。异常区内已知有多金属矿、黄铁矿、铁矿点，异常由已知矿成矿作用引起。

10. 天台山砷矿物异常

异常编号为 As06，异常级别为Ⅱ级，异常沿盱眙断褶带呈北北东向椭圆形分布，长约 10.5km，宽约 3.5km，面积约 30km^2。砷矿物由雄黄和毒砂组成，它由 7 个一级、2 个二级、1 个三级和 1 个四级异常点组成，含量为 1～22 颗，平均含量为 6 颗。位于盱眙断褶带，出露黄墟组、灯影组，北北东向、北西向断裂发育，脉岩有闪长玢岩，岩脉与围岩接触带见石棉矿化、方铅矿化、黄铁矿化等。已知有铜钼、铁矿点，异常与热液矿化有关。通过二次加密取样检查，雄黄、毒砂重现性良好，并且在第二次地表地质观察及索取人工重砂时发现在灯影组白云质灰岩和薄层泥质灰岩内均含橘红色、橙红色雄黄矿物。鉴于上述分析，雄黄异常的出现可能为与闪长玢岩有关的中低温热液作用的结果。

11. 元山街砷矿物异常

异常编号为 As14，异常级别为Ⅱ级，异常呈北东向长条状分布，长约 7km，宽 4km，面积为 24.22km^2，由 23 个异常点组成，砷矿物含量为 1～8 颗，平均含量为 3 颗。出露大王山组安山岩，硅化、高岭土化较强，侵入岩有闪长玢岩，并见铜矿化（铜矿点 2 处），异常与中低温热液活动有关。

其他异常特征见表 4-14。

三、综合异常

根据本次预测矿种要求，结合江苏省自然重砂矿物组合特征，选择了辰砂、砷矿物、黄铁矿、铜矿物、铅矿物、锌矿物、铋矿物、钼矿物、锡矿物、钨矿物、银矿物、自然金、重晶石、菱铁矿、镜铁矿、萤石 16 种重砂矿物圈定综合异常。全省共圈定综合异常 44 处，其中Ⅰ级异常 15 处，Ⅱ级异常 19 处，Ⅲ级异常 10 处，见图 4-24 和表 4-15。现对Ⅰ级、Ⅱ级异常进行选择性描述如下。

1. 利国铜、锡、金、铅综合异常（ZS05）

异常位于徐州利国矿田的狐狸山至铜山岛一带，异常面积约 63km^2，呈近似纺锤状，南北向分布。重砂矿物组合比较复杂，主要矿物为孔雀石、黄铜矿、锡石、自然金、方铅矿，伴生矿物为镜铁矿、辰砂、黄铁矿、重晶石等。化探有 Au、Cu、Pb、Zn、Ag、As、Bi、Cd、Mo、Sb 异常。

异常区出露寒武系至石炭系及古近系，侵入岩有闪长玢岩、石英闪长斑岩、花岗闪长斑岩，发育北东向、北西向两组断裂。该区是江苏省重要的铁矿床（点）集中区，目前有利国铁矿、基山铁矿、铜山岛铁矿床和黄山岛、历家湾、硐山、西马山铁矿点。异常的成生与铁的成矿作用有关（褐铁矿样品含铜 23 602$\times 10^{-6}$、锌 165$\times 10^{-6}$、金 4.78$\times 10^{-6}$，赤铁矿样品含铜 366$\times 10^{-6}$、钼 5.2$\times 10^{-6}$、金 0.34$\times 10^{-6}$）。赤铁矿及褐铁矿中铜金含量甚高，因此该异常区具有寻找伴生型及铁帽型铜金矿的良好前景，定为Ⅰ级异常区。

表 4-14 砷矿物异常特征表

异常编号	异常位置	矿物名称	异常面积（km^2）	异常级别	异常特征	地质矿产概况及异常推断解释
As01	铜山县九里山	雄黄-雌黄	27.18	Ⅱ	异常呈北东向不规则长条状分布，长约8km，宽3km，由多个砷族异常点组成	出露寒武系至奥陶系，有北东向断裂通过，异常可能与裂隙低温热液活动有关
As02	铜山县汉王	雄黄-雌黄	5.52	Ⅲ	异常呈北东向椭圆形分布，长约3.4km，宽1.9km，由5个砷族异常点组成	出露基岩以中晚寒武世灰岩为主，中酸性脉岩和中基性煌斑岩比较发育，推测砷矿物异常与热液作用有关
As03	铜山县下淀	雄黄-雌黄	14.56	Ⅱ	异常呈北东向椭圆形分布，长约7km，宽2.2km，由2个砷族异常点组成	出露中晚寒武世砂岩、页岩、灰岩、白云岩和早奥陶世的白云岩，有北东向断层通过，经地质化探剖面检查，推测异常与断裂中热液矿化有关
As04	铜山县云龙山	雄黄	42.79	Ⅲ	异常呈不规则状分布，由多个一级含量点和3个二级异常点组成	出露寒武系至奥陶系，脉岩有闪长玢岩，北东向、北西向断裂发育。推测异常与煌斑岩及热液矿化有关
As05	铜山县种羊场	雄黄-雌黄	9.65	Ⅲ	异常呈北西向椭圆形分布，长约4.1km，宽2.3km，主要由1个一级、1个五级异常点组成	出露淮河群九顶山组，有煌斑岩脉，推测异常与脉岩侵入有关
As07	甘家巷	雄黄-雌黄	16.05	Ⅱ	异常呈北东向椭圆形分布，长约5.2km，宽3.1km，由2个一级和1个四级异常点组成	出露二叠系—三叠系，见石英闪长玢岩脉，推测异常与脉岩侵入活动有关
As09	南京市青龙山	雄黄	13.43	Ⅱ	异常呈长条状分布，长约5.4km，宽约1.6km，由3个一级和2个二级异常点组成	出露侏罗纪火山岩，石英闪长玢岩脉发育，推测异常与脉岩有关
As11	江阴长山	雄黄-雌黄	5.17	Ⅲ	异常呈北东向椭圆形分布，长约2.9km，宽约2.1km，主要由1个一级、1个二级和1个三级异常点组成	出露志留系—石炭系，北西向断层发育，推测异常与构造活动有关
As13	江阴舜过山	雄黄-雌黄	19.62	Ⅲ	异常呈不规则状，主要由2个一级和2个二级含量点组成	出露泥盆系、志留系和石炭系，发育北西向断裂，推测异常与构造活动有关

续表 4-14

异常编号	异常位置	矿物名称	异常面积（km^2）	异常级别	异常特征	地质矿产概况及异常推断解释
As19	虞山	雄黄-雌黄	16.02	Ⅲ	异常呈北西向椭圆形分布，长 7km，宽 3.3km，由 4 个一级和 2 个二级异常点组成	出露地层有五通组，在地层岩石的节理和层间裂隙中，常见淋滤的褐铁矿，推测异常与热液活动有关
As20	钱桥	雄黄-雌黄	20.42	Ⅲ	异常呈不规则状分布，主要由多个一级点、2 个四级和 1 个五级异常点组成	出露志留系，发育钠长玢岩脉，推测异常与脉岩关系密切
As21	马山	雄黄-雌黄	16.36	Ⅲ	异常呈不规则状，主要由多个一级和 1 个四级异常点组成	出露泥盆系—石炭系，花岗斑岩、闪长玢岩脉发育，推测异常与脉岩侵入活动有关
As22	金坑圩	雄黄-雌黄	7.80	Ⅲ	异常呈近圆形，主要由 2 个二级异常点组成	出露侏罗纪火山岩，辉石闪长玢岩、石英二长斑岩脉发育，推测异常与脉岩关系密切
As22	七子山	雄黄-雌黄	23	Ⅱ	异常呈近圆形分布，由 3 个砷矿物异常点组成	出露泥盆系五通组，并有石炭系以及花岗岩隐伏于运积层之下，地表见有北北东向断层破碎带，有磁铁矿、赤铁矿点各 1 处，异常的形成与泥盆系分布区内的断层破碎带及网状细脉有关
As26	天顶山	雄黄-雌黄	16.46	Ⅲ	异常呈不规则状，由 12 个异常点组成，其中一级 9 个，二级 3 个	出露志留系至泥盆系，北西向和北东向和近南北向 3 组断裂发育，脉岩有花岗斑岩，异常与花岗斑岩及热液作用有关
As27	宜兴市吉多芥	雄黄-雌黄	7.35	Ⅱ	异常呈北东向长条状分布，长约 5km，宽约 1.9km，由 5 个异常点组成，其中一级 2 个，二级 1 个，三级 2 个	出露志留系至泥盆系，北西向断裂发育，局部见花岗斑岩脉插入，已知有金矿点 1 处，异常与中低温热液活动有关
As28	苏州飘渺峰	雄黄-雌黄	17.55	Ⅲ	异常呈北西向条状分布，长约 7km，宽约 3.6km	出露石炭系至二叠系，花岗斑岩脉侵入，北东向和北西向 2 组断裂；异常的形成与断裂带、接触带热液矿化活动有关
As29	苏州东山	雄黄-雌黄	10.39	Ⅱ	异常呈倒放的葫芦形，长约5.6km，宽约 2.6km，由 5 个砷矿物异常点组成，其中一级 4 个，二级 1 个	出露泥盆系(运积覆盖层之下有石炭系至二叠系)，北西向、北西西向断层发育，并有北东向逆推断裂，该异常为裂隙带的热液矿化活动所引起

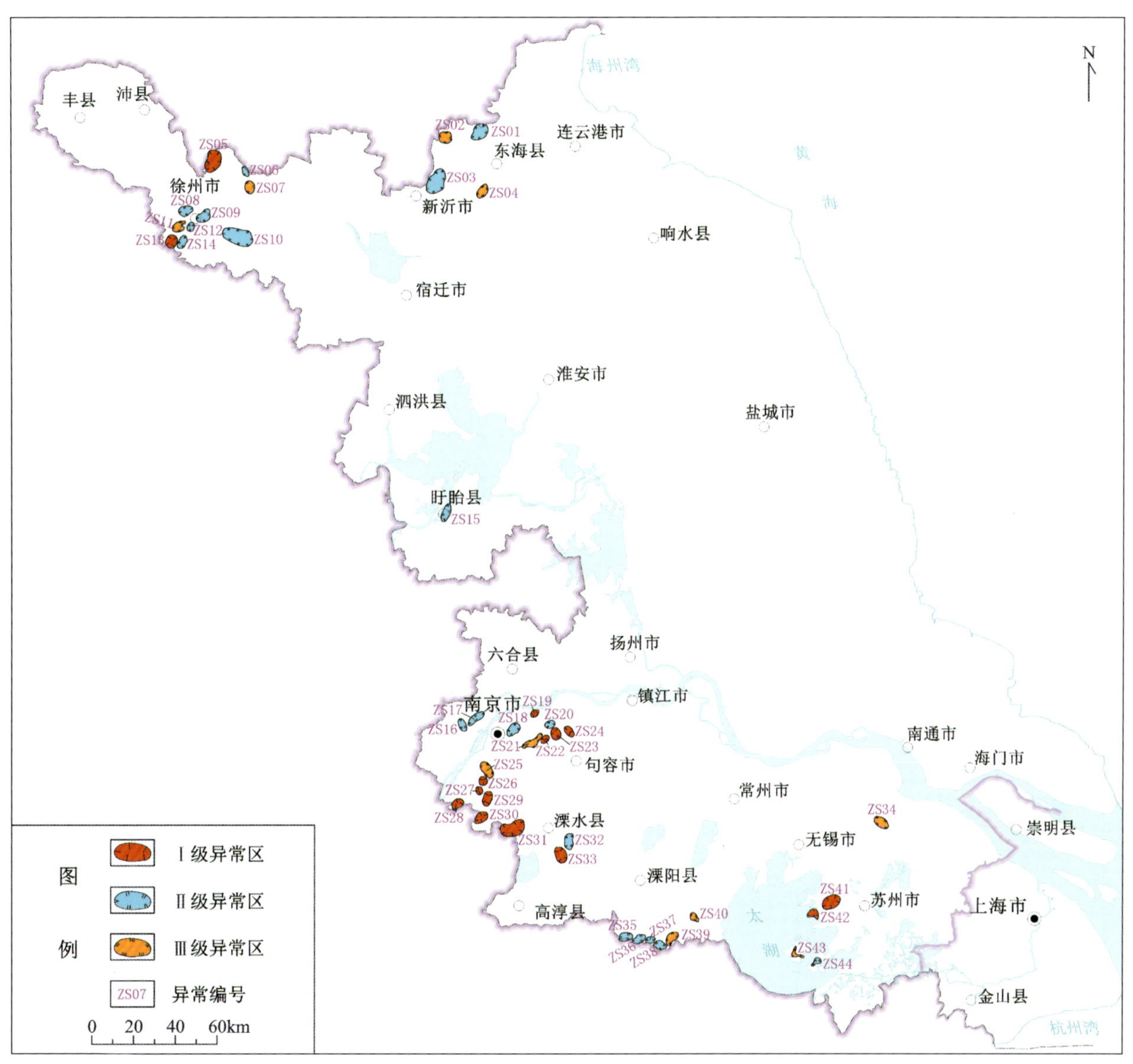

图 4-24 江苏省自然重砂综合异常图

表 4-15　省级自然重砂综合异常特征表

异常编号	异常位置	矿物组合	异常分级	异常面积（km^2）	推断矿种	地质矿产特征	各矿物异常级别	化探异常
ZS01	横沟	辰砂、孔雀石、闪锌矿、方铅矿、自然金、重晶石、黄铁矿、萤石	Ⅱ	45.87	铜矿、金矿、铅锌矿、萤石	异常区出露东海岩群，有北东向、北西向断裂，侵入岩有二长花岗岩、煌斑岩脉等。异常与中酸性岩侵入活动有关	辰砂Ⅲ级、铜族Ⅱ级、闪锌矿Ⅲ级、铅族Ⅲ级、自然金Ⅱ级、重晶石Ⅱ级、黄铁矿Ⅱ级、萤石Ⅱ级	Au,Cd
ZS02	殷庄	辰砂、闪锌矿、自然金、重晶石、黄铁矿	Ⅲ	27.42	金矿、铅锌矿	异常区出露超基性岩及榴辉岩，北东向、北西向断裂发育。异常主要与超基性岩体分布有关	辰砂Ⅲ级、闪锌矿Ⅱ级、自然金Ⅱ级、重晶石Ⅱ级、黄铁矿Ⅲ级	
ZS03	石埠	孔雀石、闪锌矿、自然金、重晶石	Ⅱ	75.63	铜矿、金矿	异常区出露桃林岩体，岩性主要为二长花岗岩、花岗闪长岩等。异常主要与桃林岩体分布有关	闪锌矿Ⅱ级、重晶石Ⅱ级、铜族Ⅲ级、自然金Ⅲ级	Cu,Pb,As,Bi,Hg,Cd,Mo,Sb
ZS04	安峰山水库	孔雀石、方铅矿、自然金	Ⅲ	24.65	金矿、铅锌矿、铜矿	异常区主要出露东海岩群，局部有超基性岩、榴辉岩，推测异常与榴辉岩、超基性岩分布有关	自然金Ⅲ级、铅族Ⅲ级、铜族Ⅲ级	Au,Cu,Pb,Zn,As,Bi,Hg,Cd,Mo,Sb
ZS06	双顶山、黑山	辰砂	Ⅱ	12.02	金矿	出露寒武系及奥陶系，断裂发育，在北西向及近东西向断裂中可见褐铁矿和赤铁矿等矿化现象，推测异常与沿断裂裂隙活动的中、低温热液活动有关	辰砂Ⅱ级	
ZS07	大泉	辰砂、孔雀石、锡石、自然金、黄铁矿	Ⅲ	22.86	铜矿、金矿、锡矿	出露寒武系至奥陶系，有北东向、近东西向断层，推测异常与断裂构造有关	锡石Ⅲ级、辰砂Ⅲ级、黄铁矿Ⅲ级、铜族Ⅲ级、自然金Ⅲ级	Au,Ag,Bi
ZS08	九里山	辰砂、孔雀石、闪锌矿、自然金、、黄铁矿、萤石	Ⅱ	25.50	金矿、铜矿、铅锌矿	出露寒武系、奥陶系，北东向断层发育，推测自然重砂矿物可能来源于矿化裂隙	自然金Ⅱ级、黄铁矿Ⅲ级、辰砂Ⅲ级、铜族Ⅲ级、闪锌矿Ⅲ级、萤石Ⅲ级	Au,Cu,Zn,Ag,As,Bi,Hg,Cd,Mo,Sb
ZS09	下淀	辰砂、孔雀石、锡石、雄黄、闪锌矿、方铅矿、自然金、重晶石、黄铁矿、萤石	Ⅱ	29.47	铜矿、金矿、铅锌矿、锡矿	出露寒武系和奥陶系，北东向断裂非常发育，自然重砂异常是断裂中矿物经机械破碎、搬运而形成	铜族Ⅱ级、自然金Ⅱ级、重晶石Ⅱ级、雄黄Ⅱ级、辰砂Ⅱ级、锡族Ⅱ级、黄铁矿Ⅱ级、铅族Ⅲ级、闪锌矿Ⅲ级、萤石Ⅲ级	Au,Cu,Pb,Zn,Ag,As,Bi,Hg,Mo,Sb
ZS10	种羊场	辰砂、孔雀石、锡石、雄黄、方铅矿、自然金、黄铁矿	Ⅱ	93.28	铅锌矿、金矿、锡矿	出露震旦系灰岩、白云岩，另有辉绿岩体，推测异常与辉绿岩及裂隙中充填的方铅矿、重晶石等有关	铜族Ⅲ级、自然金Ⅲ级、锡族Ⅲ级、铅族Ⅱ级、黄铁矿Ⅱ级、辰砂Ⅲ级、砷族Ⅲ级	Pb,Zn,Ag,As,Mo,Sb

续表 4-15

异常编号	异常位置	矿物组合	异常分级	异常面积（km^2）	推断矿种	地质矿产特征	各矿物异常级别	化探异常
ZS11	卧牛山	锡石、辉钼矿、方铅矿	Ⅲ	22.54	铅锌矿、钼矿、锡矿	出露岩性为寒武纪灰岩，有北东向的压性断层，推测异常与地层中的矿化裂隙及低温热液活动有关	锡石Ⅲ级、铅族Ⅲ级、辉钼矿Ⅲ级	Au,Cu,Zn,Ag,As,Bi,Hg,Cd,Mo,Sb
ZS12	云龙山	辰砂、孔雀石、雄黄、方铅矿、重晶石、黄铁矿	Ⅱ	12.40	铜矿、金矿、铅矿	出露岩性为寒武纪灰岩，有北东向的压性断层通过异常区，推测异常与地层中的矿化裂隙及低温热液活动有关	铜Ⅱ级、铅族Ⅱ级、重晶石Ⅱ级、黄铁矿Ⅱ级、辰砂Ⅱ级、砷族Ⅲ级	Au,Cu,Zn,Ag,As,Bi,Hg,Cd,Mo,Sb
ZS14	罗岗	辰砂、孔雀石、锡石、雄黄、闪锌矿、辉钼矿、方铅矿、自然金、重晶石、自然银	Ⅱ	20.14	铜矿、金矿、铅锌矿、钼矿	出露寒武系和下奥陶统，有闪长斑岩、煌斑岩、矽卡岩，断层较为发育，大理岩化及铁矿化明显	辰砂Ⅲ级、铜族Ⅱ级、锡石Ⅲ级、雄黄Ⅱ级、闪锌矿Ⅲ级、方铅矿Ⅱ级、自然金Ⅱ级、重晶石Ⅱ级、辉钼矿Ⅱ级、自然银Ⅱ级	Au,Cu,Zn,Ag,As,Bi,Hg,Cd,Mo,Sb
ZS16	汤泉	孔雀石、方铅矿	Ⅱ	17.69	铜矿、铅锌矿	出露地层主要有灯影组及赤山组，断层较发育，岩石具硅化、赤铁矿化。异常与引起岩石蚀变矿化的热液活动有关	铅族Ⅱ级、铜族Ⅱ级	Pb,Zn,As,Cd
ZS17	顶山	辰砂、孔雀石、方铅矿、重晶石、黄铁矿	Ⅱ	25.81	铅锌矿、金矿、铜矿	出露地层主要有灯影组及赤山组，断层较发育，岩石具硅化、重晶石化。异常与沿断裂裂隙热液活动有关	铅族Ⅱ级、重晶石Ⅱ级、辰砂Ⅲ级、黄铁矿Ⅱ级、铜族Ⅱ级	Cu,Pb,Zn,Ag,Cd,Mo
ZS18	紫金山	泡铋矿、重晶石、黄铁矿	Ⅱ	27.02	铜矿、硫铁矿	异常区出露三叠系黄马青组和侏罗系象山群，含铜层位为黄马青组上部的灰白色粉细砂岩和灰绿色薄层砂岩，岩石中见星点状孔雀石和褐铁矿	泡铋矿Ⅱ级、黄铁矿Ⅱ级、重晶石Ⅱ级	Au,Cu,Pb,Zn,Ag,Bi,Hg,Cd,Sb
ZS19	栖霞山	雄黄、方铅矿、重晶石、黄铁矿	Ⅰ	10.89	铅矿、银矿、硫铁矿	异常区出露地层为志留系至侏罗系，断裂十分发育，蚀变矿化有硅化、碳酸盐化、黄铁矿化等，有栖霞山铅锌银多金属矿床。异常由铅锌银多金属矿引起	铅族Ⅰ级、黄铁矿Ⅰ级、砷族Ⅰ级、重晶石Ⅰ级	Au,Cu,Pb,Zn,Ag,As,Bi,Hg,Mo,Sb
ZS20	射乌山	辰砂、雄黄、辉钼矿、闪锌矿、黄铁矿	Ⅱ	14.59	铜矿、钼矿、硫铁矿	异常区西南部出露下中侏罗统象山群砂岩，大面积出露石英闪长斑岩（安基山岩体），围岩蚀变有矽卡岩化、硅化、绢云母化、高岭土化、绿泥石化等。射乌山铜矿点位于异常区中部	辉钼矿Ⅱ级、黄铁矿Ⅱ级、砷族Ⅱ级、闪锌矿Ⅰ级、辰砂Ⅰ级	Au,Cu,Pb,Zn,Ag,Bi,Cd,Mo,Sb

续表 4-15

异常编号	异常位置	矿物组合	异常分级	异常面积(km^2)	推断矿种	地质矿产特征	各矿物异常级别	化探异常
ZS21	青龙山	辰砂、孔雀石、方铅矿、自然金、重晶石、黄铁矿	Ⅲ	28.04	金矿、铜矿、铅锌矿、硫铁矿	异常区自志留系至三叠系均有出露，断裂较为发育，主要有北东向和北西向两组。附近有次安山岩、玄武岩及闪长斑岩、石英二长斑岩。蚀变矿化有硅化、绢云母化、铁矿化等	自然金Ⅰ级、辰砂Ⅲ级、铅族Ⅱ级、黄铁矿Ⅰ级、重晶石Ⅰ级、铜族Ⅰ级	Au,Bi,Cd,Mo
ZS22	汤山	泡铋矿、孔雀石、雄黄、自然金、黄铁矿、自然银	Ⅰ	11.20	金矿、铜矿	出露寒武系至志留系，断裂构造较发育，碳酸盐岩石普遍遭受硅化(尤以断裂带附近硅化强烈)，局部可见黄铁矿、重晶石、萤石化等，有汤山头金矿，异常与金矿成矿作用有关	自然金Ⅰ级、泡铋矿Ⅲ级、黄铁矿Ⅰ级、铜族Ⅰ级、砷族Ⅰ级、自然银Ⅰ级	Au,Cu,As,Cd,Sb
ZS23	伏牛山	辰砂、雄黄、闪锌矿、自然金、重晶石、黄铁矿	Ⅰ	21.81	金矿、铅锌矿	异常区出露地层主要有志留系至二叠系，局部有侏罗系，侵入岩有石英闪长斑岩。构造复杂，主要有东西向纵向断层，蚀变明显。异常区北部有伏牛山矽卡岩型铜矿床，异常与伏牛山铜矿有关	自然金Ⅰ级、黄铁矿Ⅰ级、重晶石Ⅰ级、闪锌矿Ⅰ级、砷族Ⅰ级、辰砂Ⅰ级	Au,Cu,Pb,Zn,Ag,As,Bi,Cd,Mo,Sb
ZS25	祖堂山	辰砂、泡铋矿、孔雀石、雄黄、闪锌矿、方铅矿、自然金、重晶石、黄铁矿	Ⅲ	31.28	铜矿、金矿、铅锌矿	出露大王山组下段沉火山碎屑岩，南部为辉石闪长玢岩，接触带发生强烈高岭土化、硅化，并未见褐铁矿重晶石脉。异常区北东向、北西向断裂发育。在沉火山碎屑岩中采集人工重砂，见少量辰砂、自然金	辰砂Ⅰ级、泡铋矿Ⅲ级、铜族Ⅰ级、雄黄Ⅰ级、闪锌矿Ⅰ级、方铅矿Ⅲ级、自然金Ⅲ级、重晶石Ⅱ级、黄铁矿Ⅰ级	Pb,Zn,Ag,Bi,Hg,Cd,Mo
ZS26	谷里	辰砂、泡铋矿、孔雀石、雄黄、闪锌矿、方铅矿、自然金、重晶石、黄铁矿	Ⅰ	13.60	铅锌矿、金矿	出露晚侏罗世火山岩和燕山早期次火山岩，有强烈的硅化。异常区内见铜矿脉及开采遗迹、含铜石英脉滚块，异常范围与铜矿大体吻合，异常由谷里铜矿引起	辰砂Ⅰ级、泡铋矿Ⅲ级、铜族Ⅰ级、雄黄Ⅰ级、闪锌矿Ⅰ级、方铅矿Ⅲ级、自然金Ⅲ级、重晶石Ⅰ级、黄铁矿Ⅰ级	Cu,Pb,Zn,As,Cd,Mo,Sb
ZS27	陆朗	孔雀石、重晶石	Ⅰ	10.13	铜矿	出露大王山组安山质火山碎屑岩和角闪安山玢岩，异常区有数个铜矿床(点)，异常由铜矿成矿作用引起	铜族Ⅰ级、重晶石Ⅰ级	Au,Cu,Bi,Hg,Cd,Sb

续表 4-15

异常编号	异常位置	矿物组合	异常分级	异常面积（km^2）	推断矿种	地质矿产特征	各矿物异常级别	化探异常
ZS28	铜井	孔雀石、自然金、重晶石、黄铁矿	Ⅰ	21.67	铜矿、金矿	出露侏罗纪、早白垩世火山岩，有燕山早期次火山岩，有两条北东向断层，北西、北北西向构造裂隙发育，硅化强烈，区内有铜、金矿床（点）多处，异常与已知矿成矿作用有关	自然金Ⅰ级、铜族Ⅰ级、黄铁矿Ⅰ级、重晶石Ⅰ级	Au,Cu,Bi,Hg,Cd
ZS29	陶吴	辰砂、雄黄、自然金、重晶石、黄铁矿	Ⅰ	24.28	金矿	出露大王山组安山质火山碎屑岩，有角闪安山玢岩和石英闪长玢岩侵入，区内有铁、铜、金矿床（点）多处，异常与已知矿成矿作用有关	自然金Ⅱ级、辰砂Ⅰ级、雄黄Ⅰ级、黄铁矿Ⅰ级、重晶石Ⅰ级	Cu,Bi,Cd,Mo
ZS30	鸡笼山	孔雀石、雄黄、自然金、重晶石、黄铁矿	Ⅰ	26.02	铜矿、硫铁矿、金矿	出露龙王山组安山质火山碎屑岩和象山群砂岩，区内有铁铜矿床（点）数处，异常与已知矿成矿作用有关	铜族Ⅰ级、重晶石Ⅰ级、黄铁矿Ⅰ级、雄黄Ⅰ级、自然金Ⅱ级	Au,Cu,As,Bi,Cd,Mo,Sb
ZS32	马占山	泡铋矿、孔雀石、重晶石、黄铁矿	Ⅱ	26.56	铜矿	主要出露大王山组安山质火山碎屑岩，地层中发育呈北西向的小铜矿脉，并见硅化、绿泥石化、高岭土化等蚀变，有铜矿点分布，异常与已知矿成矿作用有关	铜族Ⅰ级、铋Ⅰ级、黄铁矿Ⅱ级、重晶石Ⅱ级	Au,Cu,Pb,Zn,Ag,As,Cd,Mo,Sb
ZS34	虞山	辰砂、雄黄、黄铁矿	Ⅲ	28.38	铜矿	出露地层有五通组，在地层岩石的节理和层间裂隙中，常见淋滤的褐铁矿，据航磁分析，虞山南西有隐伏岩体，推测异常与热液活动有关	辰砂Ⅲ级、雄黄Ⅲ级、黄铁矿Ⅲ级	Au,Hg,Cd
ZS35	小梅岭	孔雀石、闪锌矿、黄铁矿	Ⅱ	21.41	锌矿、铜矿	异常北部出露侏罗纪火山岩，南部为志留纪—三叠纪碎屑岩、碳酸盐岩及侵入岩，断裂发育，局部见矽卡岩化、硅化等蚀变，有铁、铜矿点分布	闪锌矿Ⅱ级、铜族Ⅲ级、黄铁矿Ⅱ级	Cu,Pb,Zn,Ag,As,Bi,Cd,Mo,Sb
ZS36	大梅岭	锡石、黄铁矿	Ⅱ	19.08	锡矿	出露志留系至二叠系，断裂构造较发育，有燕山晚期石英二长斑岩的侵入，围岩蚀变有矽卡岩化，有铁矿点分布	锡族Ⅱ级、黄铁矿Ⅱ级	Cu,Pb,Zn,Ag,As,Bi,Cd,Mo,Sb

续表 4-15

异常编号	异常位置	矿物组合	异常分级	异常面积（km^2）	推断矿种	地质矿产特征	各矿物异常级别	化探异常
ZS37	乾元斧	辰砂、雄黄、孔雀石、自然金	Ⅱ	10.99	金矿	出露志留系至二叠系，断裂构造非常发育，有金矿点分布，推测异常与沿断裂裂隙热液活动有关	辰砂Ⅱ级、铜族Ⅰ级、雄黄Ⅱ级、自然金Ⅱ级	Cu,Pb,Zn,Ag,As,Bi,Cd,Mo,Sb
ZS38	横岭	辰砂、雄黄、辉钼矿、方铅矿、自然金	Ⅱ	19.31	金矿、铅锌矿、钼矿	异常区大面积出露上志留统茅山组，燕山晚期花岗斑岩小岩体侵入，接触带岩石可见金矿化	铅Ⅱ级、金Ⅱ级、辰砂Ⅲ级、砷族Ⅱ级、辉钼矿Ⅱ级	Cu,Pb,Zn,Ag,As,Bi,Cd,Mo,Sb
ZS39	大栗园	辰砂、锡石、雄黄、方铅矿、自然金、重晶石、黄铁矿、孔雀石	Ⅲ	24.00	金矿、铅矿、锡矿	出露志留系至二叠系，断裂构造较发育，燕山晚期花岗斑岩小岩体侵入，推测异常与岩体侵入有关	辰砂Ⅲ级、锡石Ⅱ级、雄黄Ⅲ级、方铅矿Ⅱ级、自然金Ⅱ级、重晶石Ⅲ级、黄铁矿Ⅱ级、铜族Ⅱ级	Pb,Zn,Ag,As,Bi,Cd,Mo
ZS40	耙子山	孔雀石、黄铁矿	Ⅲ	12.47	铜矿、硫铁矿	出露志留系至二叠系，断裂构造较发育，燕山晚期花岗斑岩小岩体侵入，推测异常与岩体侵入有关	铜族Ⅱ级、黄铁矿Ⅲ级	
ZS41	南阳山	辰砂、雄黄、黄铁矿、萤石	Ⅰ	43.99	硫铁矿、铜矿、萤石	出露泥盆系至二叠系，有燕山晚期的花岗岩和石英二长岩、钾长花岗岩等岩体的侵入，断裂构造十分发育，断裂带有铁、铅锌矿床（点）分布，异常与已知矿成矿作用有关	雄黄Ⅰ级、辰砂Ⅰ级、黄铁矿Ⅰ级、萤石Ⅰ级	Au,Cu,Pb,Zn,Ag,Bi,Hg,Cd,Mo,Sb
ZS43	堂里	辰砂、雄黄、自然金	Ⅲ	11.69	铜矿、金矿	异常区出露茅山组及五通组，花岗斑岩岩脉呈北北东向、南北向延伸，断裂主要有北北东及北西向，局部地段可见褐铁矿化，推测异常与含矿热液活动有关	辰砂Ⅲ级、雄黄Ⅲ级、自然金Ⅲ级	Au,Cu,Zn,Ag,Bi,Hg,Cd,Mo,Sb
ZS44	东山	辰砂、雄黄、自然金	Ⅱ	10.39	铜矿	异常区出露茅山组及五通组，异常东部有一条北东向断层，有一条北西向断层通过异常区。推测异常与含矿热液活动有关，异常查证表明五通组砂岩中石英脉或破碎带金含量较高	雄黄Ⅱ级、辰砂Ⅱ级、自然金Ⅲ级	Au,Pb,Ag,Hg,Cd

2. 班井铅、锌、金综合异常(ZS13)

该综合异常位于铜山县班井—罗岗一带，面积约 27km^2，异常级别为Ⅰ级，异常呈北东向椭圆形分布，重砂组合矿物丰富，主要矿物为方铅矿、闪锌矿、锡石、自然金、雄黄、辰砂、重晶石等。化探有 Au、Ag、As、Cd、Mo 异常，化探、重砂异常套合较好。

异常区出露寒武系和下奥陶统，班井岩体和周围的中酸性脉岩、矽卡岩发育，同时有两条断层通过，已知有铁、铜、金矿点分布，推测异常与成矿作用有关，异常区有进一步找铅锌矿的前景。

3. 盱眙铅、锌、金综合异常(ZS15)

该综合异常位于盱眙县县城东侧的天台山及其以北一带，面积约 26km^2，呈北北东向椭圆形分布。主要矿物为方铅矿、闪锌矿、自然金，伴生矿物有辰砂、雄黄、雌黄、黄铁矿、重晶石等。化探有 Au、Pb、Cu、Ag、As、Hg、Cd、Sb 异常。

异常区属盱眙北北东向断褶隆起带的中段，为一单斜构造，出露地层有黄墟组、灯影组，主要岩性为灰岩、白云岩、白云质灰岩、千枚状页岩及钙质砂岩等。异常西侧有呈近南北向分布的闪长玢岩岩脉，断裂有北北东向和北西向两组，在闪长玢岩岩脉与灰岩接触带附近有石棉矿化、方铅矿化及黄铁矿化等。异常区及附近发现铁矿点和铜铁矿点各 1 处。异常区经 3 次野外取样检查，异常重现性好，在灯影组白云质灰岩和薄层泥质灰岩的人工重砂中含橘红色、橙红色雄黄，其含量分别为 20 颗/10kg、5 颗/10kg。因此推断异常与中—低温热液矿化有关，可进一步工作，定为Ⅱ级异常区。

4. 固江口金、锌综合异常(ZS24)

该综合异常位于句容县钉耙岗至固江口一带，面积约 15km^2，异常呈拉长椭圆形，北西向展布。异常区重砂矿物组合比较复杂，主要矿物为自然金、闪锌矿，伴生矿物有黄铁矿、辰砂等。化探有 Au、Cu、Pb、Zn、Ag、Bi、Cd、Mo、Sb 异常。

异常区处于汤-仑复背斜中段北翼。出露志留系至三叠系，侵入岩有石英闪长斑岩，断裂较发育，蚀变矿化明显，主要有大理岩化、硅化、矽卡岩化等。异常所在汇水盆地内有固江口铅锌矿点、九华山多金属矿点、钉耙岗金矿点。这些矿点的矿体经氧化后形成的铁帽中铜、铅、锌、金的含量均较高，野外异常检查向源追索中，在钉耙岗地区的铁帽及其硅化带上所采集的 5 个人工重砂均含金，其中 3 个人工重砂自然金的含量已达到工业品位要求。因此该异常区今后除了进一步寻找具工业价值的金矿外，还可结合化探异常寻找多金属矿，定为Ⅰ级异常区。

5. 横山铜、金综合异常(ZS31)

该综合异常位于江宁县铜山镇西南约 4km 的横山南东侧，面积约 67.4km^2，异常沿北北东向延伸，主要矿物为孔雀石、黄铜矿、自然金，伴生矿物为重晶石、黄铁矿等。化探有 Cu、Mo、Zn 异常。

异常区位于西横山-博望背斜的北西翼，出露地层有黄马青组、象山群、西横山组，断裂较发育，侵入岩有辉长闪长岩，围岩具较强的硅化、矽卡岩化、黄铁矿化、镜铁矿化等热液蚀变矿化现象，有铜金矿床(点)4 处。异常区内的黄铁矿粉砂质页岩、铁矿化及镜铁矿化砂岩和辉长闪长岩中均有金存在，其含量一般为$(0.01\sim0.1\times n)\times10^{-6}$，在西横山铜矿的矿石中含金$(0.1\sim2)\times10^{-6}$，可综合利用。异常与区内的金矿化有关，应进一步工作，定为Ⅰ级异常区。

6. 观山铋、金、重晶石综合异常(ZS33)

该综合异常位于溧水县新桥东约 4km 的观山北坡，面积约 34km^2，沿北东向延伸，主要矿物有泡铋矿、自然金、重晶石，伴生矿物有雄黄、雌黄、黄铁矿、镜铁矿等。化探有 Au、Cu、Pb、Zn、Ag、As、Cd、Mo、

Sb 异常。

异常区出露大王山组粗安斑岩，断裂较发育，主要有北东向、北西向、近东西向 3 组，沿断裂带岩石具硅化、赤铁矿化、重晶石化等蚀变矿化现象，异常区有铜、金、铅锌多金属矿床多处。异常与铜铅矿床成矿作用所形成的重晶石化有关，对寻找铜、多金属有一定的指示作用，定为Ⅰ级异常区。

7. 光福黄铁矿、辰砂、砷矿物综合异常(ZS42)

该综合异常位于吴县光福—潭东之间，面积约 18km²，沿北东向延伸，重砂矿物组合为黄铁矿、辰砂、雄黄、雌黄等。化探有 Au、Cu、Pb、Zn、Ag、As、Bi、Hg、Cd、Sb 异常。

异常区出露茅山组、五通组、栖霞组，侵入岩有花岗斑岩、花岗闪长岩、闪长岩、闪长玢岩、石英二长岩、石英斑岩等。蚀变有高岭土化、碳酸盐化、矽卡岩化、硅化、绿泥石化、黄铁矿化、菱铁矿化、铅锌矿化等。有多金属矿点 1 处，黄铁矿床 1 处，铁矿点 3 处。异常与已知矿床(点)有关，定为Ⅰ级异常区。

第四节　异常带划分及其特征

江苏省主要包含 7 个Ⅳ级成矿亚带，有自然重砂异常信息的主要有 5 个，分别为鲁西金、铁、铝土矿、煤、金刚石成矿亚带，苏鲁金、铁成矿亚带，庐江-滁州铜、金、铁、钼、铅、锌、银、硫成矿亚带，沿江铜、铁、金、多金属、硫成矿亚带和宣州-苏州铜、钼、金、银、铅、锌成矿亚带。本次自然重砂异常带划分以这 5 个Ⅳ级成矿亚带为基础，共划分 10 个重砂矿物异常带，然后叠加地质、矿产信息，对每个异常带的地质特征、重砂矿物组合进行描述，总结其地质意义及找矿指示意义，简述如下。

一、鲁西金、铁、铝土矿、煤、金刚石成矿亚带

本区属鲁中南低山丘陵南延部分，呈现准平原化地貌景观，地形相对高差不大，自然水系不够发育，山丘附近的冲沟浅而短，除雨季外平时多为干沟，积砂很少。山丘之间的洼地及平原，自然水系如房亭河、闸河等，均被人工开掘改造，河床被腐泥或黏土堆积，砂砾层地表很少出露。在这样的地貌条件下，重砂搬运距离受到很大的限制，所出现异常具有分散、零星，强弱变化较大等特点，反映了近源异常的规律性。重砂矿物的组合及分布明显地受分区地质体的控制，从主要重砂矿物的异常空间分布来看，此成矿亚带主要分布有利国-班井铜、铅、金、钼矿物异常带、种羊场-寨山金、锡、铜、铅矿物异常带(图 4-25)。

(一)利国-班井铜、铅、金、钼矿物异常带

该异常带位于华北陆块区南缘徐(州)-宿(县)弧形构造带的北段，北起利国，南至苏皖交界，呈北东向带状延伸，面积约 1185km²。区内主要圈定铜矿物异常 10 处(1 处Ⅰ级异常、4 处Ⅱ级异常、5 处Ⅲ级异常)，铅矿物异常 8 处(4 处Ⅱ级异常、4 处Ⅲ级异常)，金矿物异常 7 处(1 处Ⅰ级异常、5 处Ⅱ级异常、1 处Ⅲ级异常)，辰砂异常 9 处(1 处Ⅰ级异常、4 处Ⅱ级异常、4 处Ⅲ级异常)，重晶石异常 8 处(1 处Ⅰ级异常、5 处Ⅱ级异常、2 处Ⅲ级异常)，黄铁矿异常 7 处(1 处Ⅰ级异常、4 处Ⅱ级异常、2 处Ⅲ级异常)，砷矿物异常 4 处(3 处Ⅱ级异常、1 处Ⅲ级异常)，其次锌矿物异常 2 处，钼矿物异常 2 处，锡矿物异常 2 处，银矿物异常 1 处，钨矿物异常 1 处。异常带主要出露寒武纪至奥陶纪灰岩、泥质灰岩、白云岩等，利国地区侵入岩主要有闪长玢岩、石英闪长斑岩、花岗闪长斑岩，班井地区侵入岩主要有闪长玢岩、闪长斑岩、花岗斑岩、石英闪长斑岩等，北东向、北西向两组断裂非常发育，已知发现铁、铜、金矿床(点)30 余处。

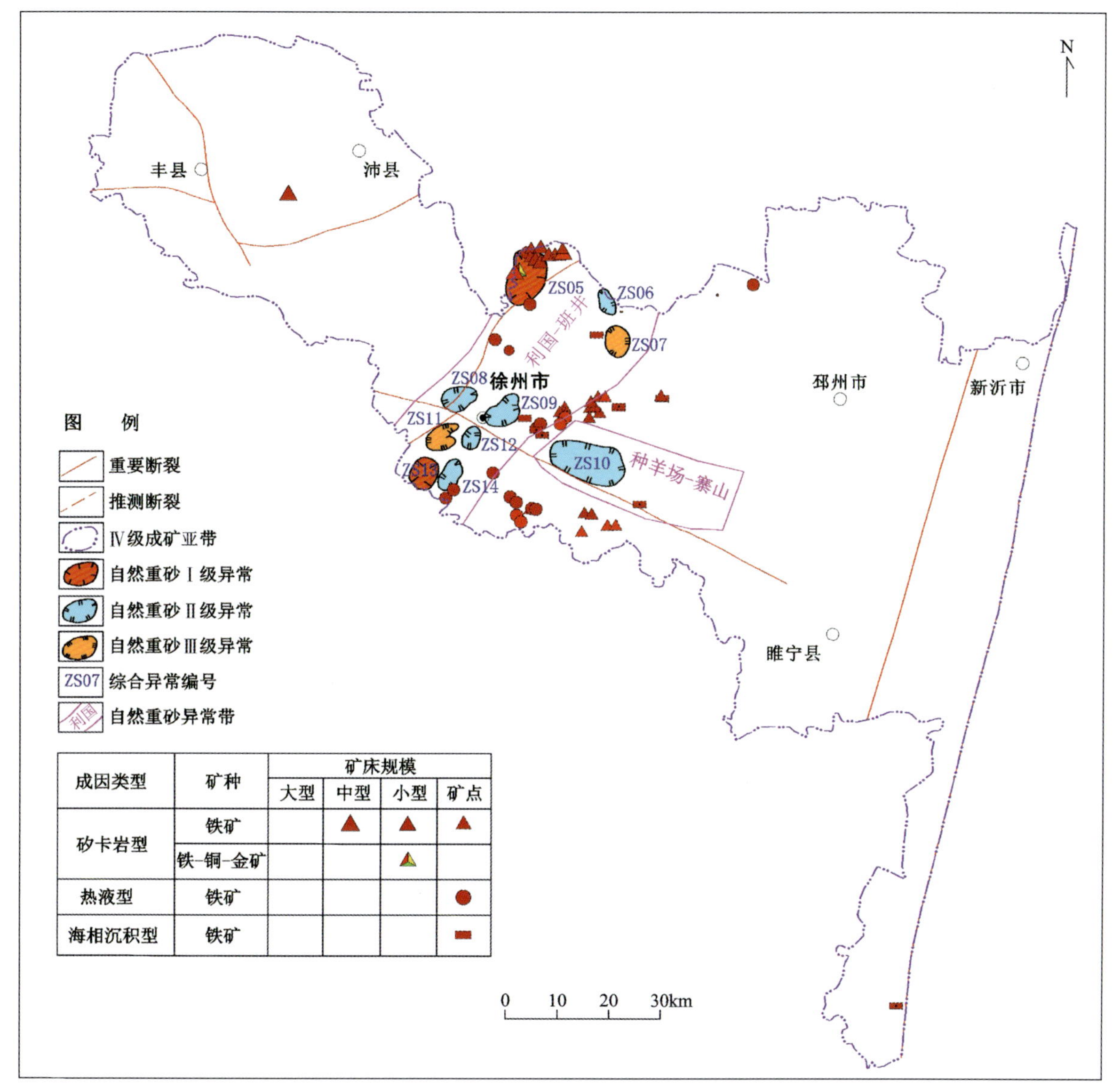

图 4-25 江苏省鲁西成矿亚带自然重砂异常带分布图

异常带内自然重砂矿物具有一定的簇集分布规律，分南、中、北 3 个重砂矿物簇集区，每个簇集区具有不同自然重砂矿物组合：南部班井地区，由于中酸性侵入体及其脉岩比较发育，接触带矽卡岩化和中、低温热液蚀变等广泛分布，与此有关的铁、铜、金、钨、钼、锌、锡等金属矿化也有出露，所以该区自然重砂矿物的组合以矽卡岩矿物——石榴石、绿帘石、透辉石、磁铁矿为主，同时也出现了铜、金、银、铅、锌、钨、钼、锡等金属硫化物及辰砂、砷矿物、黄铁矿等矿物异常；大庙山公社以北至柳泉地区，主要分布辰砂、黄铁矿、砷矿物、重晶石，自然金、铜矿物、铅矿物次之，这些自然重砂矿物可能与沿断层的低温热液矿化作用有关；利国地区由于分布有铜金、铁矿床（点），所以显示出较好的金、铜矿物、辰砂、黄铁矿、重晶石、镜铁矿等重砂矿物组合。

（二）种羊场-寨山金、锡、铜、铅矿物异常带

该异常带处于徐（州）-宿（县）弧形构造带之种羊场，面积约 158km^2。区内主要圈定金、锡矿物、铜矿物、铅矿物、辰砂、砷矿物、黄铁矿异常各 1 处。区内出露震旦系倪园组灰岩、白云岩，脉岩有辉绿岩，

北东向、北西向断裂比较发育。区内金属矿产主要矿种为铁，成因类型为接触热液交代型和海相沉积型，已发现铁矿点多处和铅矿点1处，均因规模较小而未构成工业矿体。已发现的马山铅矿点位于种羊场复式背斜的核部，矿化作用受构造裂隙的控制，以重晶石、方铅矿脉的形式充填在裂隙带中，走向北东，矿化成因为中低温热液填充型。

该区自然重砂矿物明显地受震旦纪辉绿岩侵入体的制约，推测为辉绿岩及裂隙中填充的方铅矿、黄铜矿遭受机械破碎搬运而形成重砂异常，虽然自然重砂异常规模不是很大，但可作为进一步找矿的标志。

二、苏鲁金、铁成矿亚带

本成矿亚带位于郯庐断裂东侧，区内第四系分布广泛，地貌上属残留丘陵，高峰海拔高程一般为200～300m，其他地段为垄岗地貌，间夹狭长的冲沟河谷地貌，一般高程为30～70m。山丘附近的冲沟浅而短，除雨季外平时多为干沟，多已淤积。在这样的地貌条件下，自然重砂搬运距离受到很大的限制，自然重砂一般采自于残坡积物，异常反映近源物质，明显受制于区内地质体的分布，从主要自然重砂矿物的异常空间分布来看，此成矿亚带主要分布有东海金、锌、铅、钨、铜矿物异常带（图4-26）。

东海金、锌、铅、钨、铜矿物异常带位于东海隆起带上，北起羽山，南止高塘水库，西邻郯庐断裂带，东至安峰山水库—石梁河水库一带，呈北北东向宽带状展布，面积约1387km^2。区内圈定铅矿物异常2处，锌矿物3处，钨矿物2处，金异常4处，此外，还圈定铜矿物2处，钼矿物1处，重晶石异常6处，辰砂异常2处，黄铁矿异常2处，银矿物异常2处，萤石异常1处。区内主要出露太古宇东海岩群，侵入岩主要有桃花岩体的二长花岗岩，脉岩有花岗闪长岩、花岗斑岩、闪长玢岩、煌斑岩等。北东向和北北东向两组断裂特别发育。异常带内所见矿种较多，但具工业价值的矿床目前发现甚少，区内主要金属矿产有金红石、磁铁矿、钛磁铁矿、铜矿等，其次见有铬铁矿、含镍、钴多金属、萤石、重晶石、稀土元素等矿化点。

异常带内自然重砂矿物具有一定的规律性，辰砂、黄铁矿、重晶石、银矿物、萤石、自然金等主要分布于断裂带附近，尤其是北东向和北北东向断裂交会处，与沿断裂裂隙活动的中低温热液活动有关，该类指示中低温热液的自然重砂矿物比较齐全，认为该区对寻找热液型金矿具有较好的指示意义。钨矿物、锌矿物、钼矿物等主要分布于桃林岩体附近，与中高温岩浆热液作用有关，桃林岩体东侧已发现有孟庄和徐塘庄磁铁矿点，徐西和小古沟多金属矿点等，因此，桃林岩体附近具有寻找钨、钼、锌等矿产的前景。此外，东海岩群分布区还广泛发育磁铁矿、铬铁矿、钛铁矿、独居石、金红石、锆石、电气石、磷灰石、赤铁矿等矿物，表明这些矿物与变质岩地层关系非常密切。

三、庐江-滁州铜、金、铁、钼、铅、锌、银、硫成矿亚带

本区紧靠淮河，地处丘陵地带，山系多为圆形平顶山，沟窄，谷小，河流短促。上游补给面积小，水量受季节性影响较大，特别是在小支流中，平时水流较小，春夏两季则水流湍急，冲刷很强，河流泥沙较少，自然重砂矿物难以停留，自然重砂矿物检出率很低。从主要自然重砂矿物的异常空间分布来看，辰砂、黄铁矿、雄黄、雌黄形成一定面积性异常，自然金、辉钼矿、铅矿物、重晶石仅见单点异常。此成矿亚带主要分布有盱眙铅、钼、金矿物异常带（图4-27）。

盱眙铅、钼、金矿物异常带位于盱眙断褶带的天台山至老军山一带，面积约73km^2。区内主要圈定铅矿物、钼矿物、砷矿物、重晶石、辰砂、黄铁矿异常各1处。区内出露黄墟组、灯影组灰岩及白云质灰岩。断裂主要有北北东向和北西向两组，脉岩有闪长玢岩，岩脉与围岩接触带见石棉矿化、方铅矿化、黄铁矿化等。区内已发现有石牛山铜矿点、李家岗铜钼矿点、五里墩赤铁矿点和祁大山石棉矿点。通过二次加密取样检查，雄黄、毒砂重现性良好，并且在第二次地表地质观察及人工重砂检验中发现在灯影组

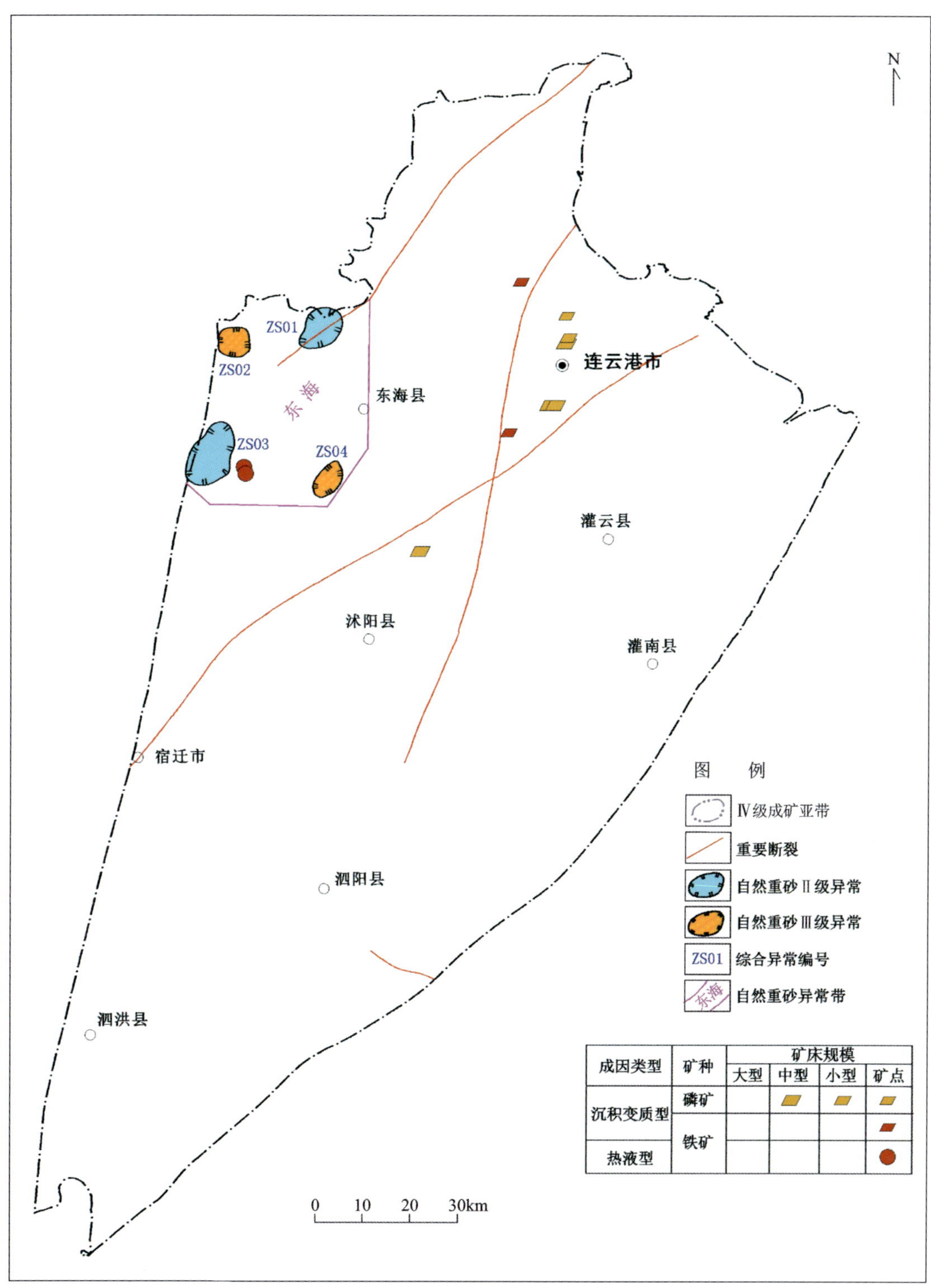

图 4-26　江苏省苏鲁成矿亚带自然重砂异常带分布图

白云质灰岩和薄层泥质灰岩内均含橘红色、橙红色雄黄。鉴于上述分析，雄黄异常的出现可能为与闪长玢岩有关的中低温热液作用的结果。

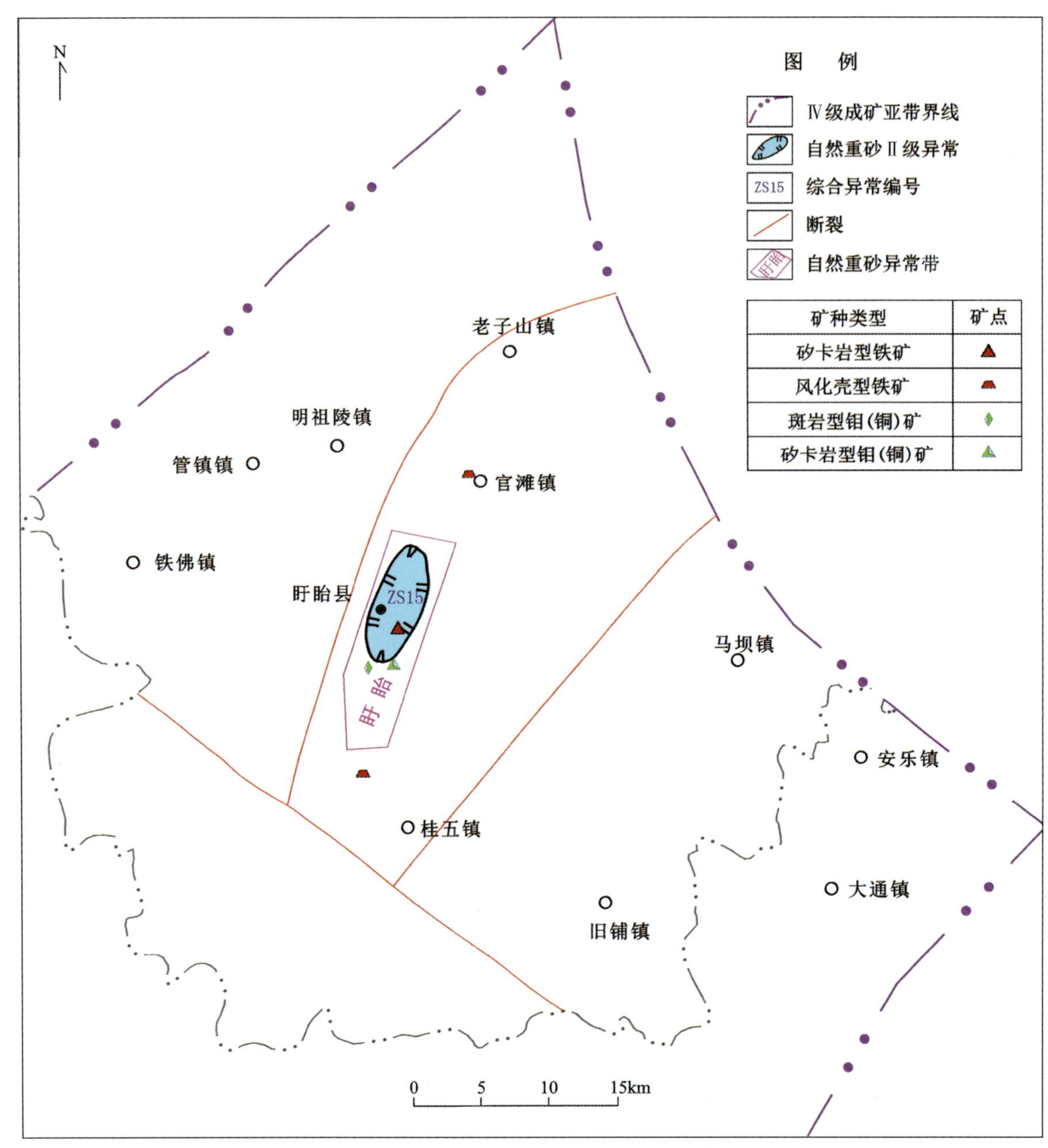

图 4-27　江苏省庐江-滁州成矿亚带自然重砂异常带分布图

四、沿江铜、铁、金、多金属、硫成矿亚带

本区为低山丘陵地区，地形起伏不大，沟谷切割不深，海拔一般为100～200m，河流多属晚年期停滞水系，搬运能力已近停滞，河床多为巨厚的淤泥。在近山体及山间小冲沟中有利于自然重砂矿物富集地段采集残-坡积物、冲-坡积物或洪-冲积物。

从自然重砂矿物分布特征来看，它们多受一定的地质条件所控制。角闪石、电气石、石榴石等多与岩体及其接触带有关；金红石、白钛矿、钛铁矿等含钛矿物则多与中生代沉积岩及火山岩有关；自然金、铜矿物、铅矿物、泡铋矿、黄铁矿及辰砂、雄黄、雌黄等矿物，主要分布于多金属(包括其氧化后形成的铁帽)矿床(点)、硅化带及其附近，以及中—低温热液蚀变的灰岩或砂岩出露区。该区自然重砂异常非常发育，此成矿亚带主要分布有江浦铅、铜矿物异常带，宁镇铜、铅、锌、金、银、钼矿物异常带，宁芜铜、金矿物异常带和溧水铜、金、铅矿物异常带（图 4-28）。

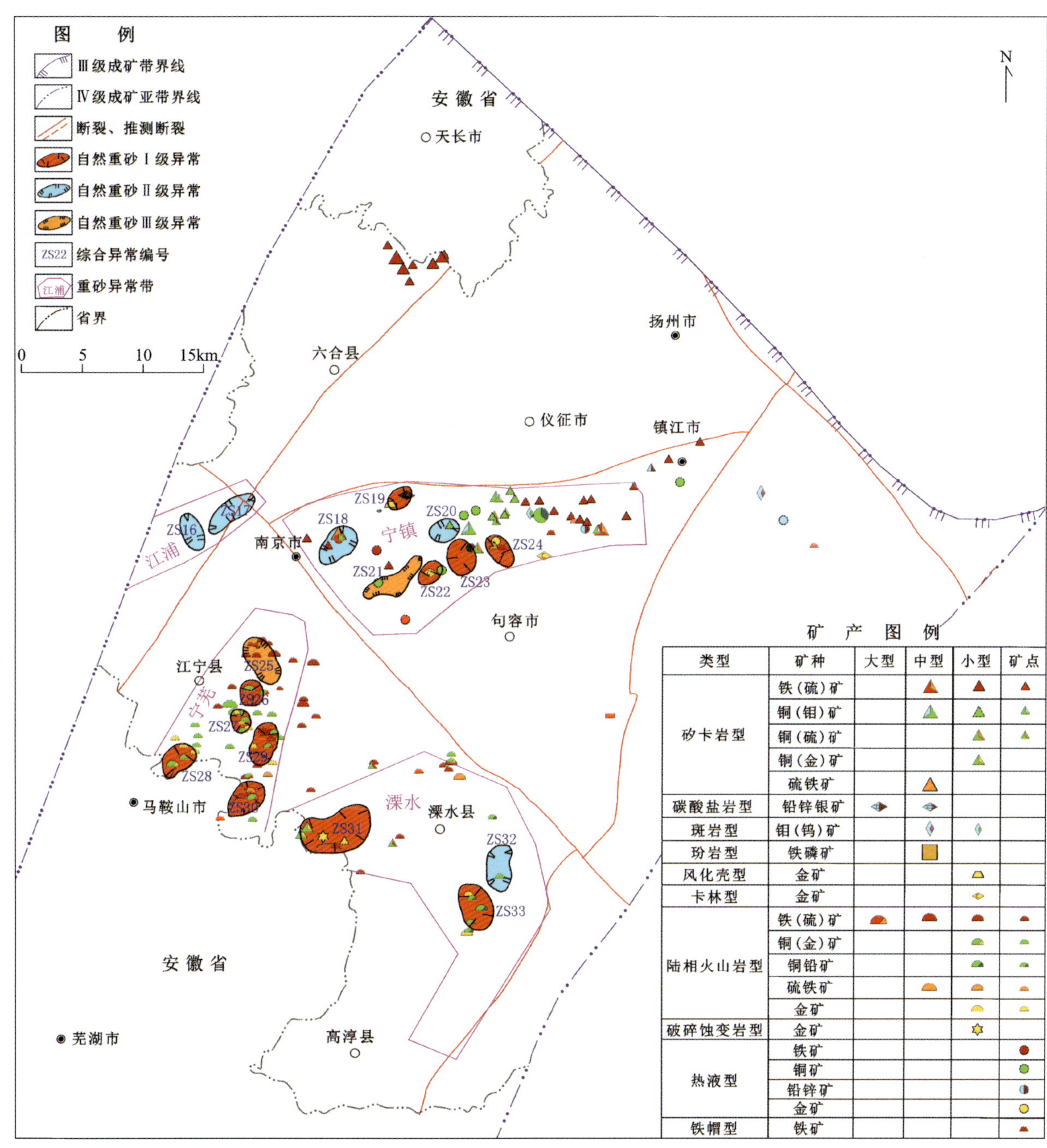

图 4-28　江苏省沿江成矿亚带自然重砂异常带分布图

（一）江浦铅、铜矿物异常带

该异常带处于六合-江浦断褶带的亭子山—李家凹一带，面积约 271km²。区内主要圈定铅矿物异常 2 处（Ⅱ级异常），铜矿物异常 1 处（Ⅱ级异常），辰砂异常 1 处（Ⅲ级异常），黄铁矿异常 2 处（Ⅱ级异常），重晶石 1 处（Ⅱ级异常）。区内出露震旦系灯影组、黄墟组，白垩系浦口组、赤山组，渐新统三垛组，更新统下蜀组以及中上新统雨花台组。区内北东向、北西向断层均比较发育，沿断裂裂隙热液蚀变活动比较强烈，岩石具有硅化、赤铁矿化、褐铁矿化(铁矿化带长约 20m)等。目前异常带内有马家凹褐铁矿点和万寿山小型锗矿床。

这些重砂矿物异常点主要分布于北东向、北西向断裂交会处，这些重砂矿物组合对寻找中低温热液矿产具有较好的找矿线索，推测异常与引起蚀变矿化的热液活动有关。

(二)宁镇铜、铅、锌、金、银、钼矿物异常带

该异常带位于扬子陆块区下扬子陆块宁镇断隆，是长江中下游铁、铜成矿带的重要组成部分。面积约 862km^2。区内主要圈定金异常 4 处(3 处Ⅰ级异常、1 处Ⅲ级异常)，铅、锌、铋、钼异常各 2 处(1 处Ⅰ级异常、1 处Ⅱ级异常)，铜矿物、银矿物异常 1 处(Ⅰ级异常)，重晶石异常 7 处(2 处Ⅰ级异常、2 处Ⅱ级异常、3 处Ⅲ级异常)，砷矿物异常 3 处(1 处Ⅰ级异常、2 处Ⅱ级异常)，辰砂异常 12 处(4 处Ⅰ级异常、5 处Ⅱ级异常、3 处Ⅲ级异常)、黄铁矿异常 10 处(4 处Ⅰ级异常、5 处Ⅱ级异常、1 处Ⅲ级异常)。区内地层从震旦系至侏罗系基本上都有出露，主要为碳酸盐岩和碎屑岩。侵入岩主要有安基山、蒋王庙、高资、徐湾、麒麟门、雷巷等岩体。断裂与褶皱构造均非常发育。区内矿产种类以内生金属矿为主，有铅、锌、银、铜、金等。区内著名的矿产地有栖霞山铅锌银矿、安基山铜矿、伏牛山铜矿、汤山金矿等。

结合地质特征，可以看出区内重砂矿物分布具有一定的规律性：

(1)自然金、铜矿物、铅矿物、锌矿物、重晶石、泡铋矿等主要分布于多金属(包括其氧化后形成的铁帽)矿床(点)及其附近，如杨家山铋异常(有铁铜矿点)，栖霞山铅异常(有铅锌银矿)，铜山钼异常(有铜山铜钼矿点)，安基山锌钼异常(有安基山铜钼矿点)，钉耙岗-固江口金、锌矿物异常(有铅锌矿点、多金属矿点、金矿点)，汤山铜金矿物异常(有汤山金矿)等。

(2)辰砂、黄铁矿、砷矿物等矿物分布与褶皱构造、中酸性岩浆侵入活动有密切关系，如幕府山复背斜、徐家山-金子山背斜、汤山-仑山复背斜等及安基山岩体附近的辰砂、黄铁矿、砷矿物等异常均比较发育。

(三)宁芜铜、金矿物异常带

该异常带位于扬子陆块区下扬子陆块的东南部，宁芜盆地的北缘，面积约 554km^2。区内圈定铜矿物异常 7 处(5 处Ⅰ级异常、2 处Ⅱ级异常)，重晶石异常 10 处(6 处Ⅰ级异常、3 处Ⅱ级异常、1 处Ⅲ级异常)，黄铁矿异常 8 处(Ⅰ级异常)，自然金异常 5 处(3 处Ⅰ级异常、1 处Ⅱ级异常、1 处Ⅲ级异常)，砷矿物异常 6 处(5 处Ⅰ级异常、1 处Ⅱ级异常)，辰砂、铅矿物异常各 2 处，钼矿物、铋矿物、锌矿物异常各 1 处。异常带属沿江构造岩浆活动带的一系列火山岩盆地之一。区内火山岩、次火山岩与围岩接触部位热液蚀变和热变质现象普遍，与铁、铜、硫矿化关系密切。区内已知铁、铜、金、磷矿产地近 50 余处，著名的矿产地如梅山铁矿、凤凰山铁矿、泰山磷矿、云台山硫铁矿、铜井铜金矿等都位于该区内。

根据异常空间分布特征结合矿产地分布可以看出，重晶石异常在空间分布上与铜矿物、自然金异常套合性非常好，宁芜地区绝大多数铜金矿附近均显示出较好的重晶石异常，由此可以看出，宁芜地区铜矿物、自然金和重晶石等重砂矿物组合对于寻找该区铜金矿具有良好的指示意义。此外，梅山—吉山一带显示出较好的磁铁矿、金、铅矿物异常，金、铅矿物含量普遍较高，该带一直以来被认为是铁矿专属成矿带，近期在梅山铁矿底部发现了铁矿中伴生金矿，是否与重砂矿物组合一样，该区也具有寻找铅矿的可能，将有待进一步研究和印证。黄铁矿、砷矿物在全区分布较广，主要与区内强烈的火山热液活动有关。

(四)溧水铜、金、铅矿物异常带

该异常带位于扬子陆块区下扬子陆块东南部的溧水断陷，面积约 905km^2。区内圈定了重晶石异常

11处(2处Ⅰ级异常、7处Ⅱ级异常、3处Ⅲ级异常),黄铁矿异常6处(2处Ⅰ级异常、4处Ⅱ级异常),铜、铋矿物异常各3处(Ⅰ级异常),镜铁矿异常2处,金、砷矿物、铅矿物异常各1处。异常带属于长江中下游铁、铜成矿区,矿种较多,现已发现的矿种有铁、铜、铅、锌、金。矿产地有金驹山、观山、横山等10余处。

结合区域地质、矿产特征,区内自然重砂矿物具有一定的空间分布规律:

(1)重晶石、铋矿物、铜矿物、铅矿物异常主要分布于铜、铅多金属矿床(点)附近,表明这些矿物组合具有较明显的指示找矿意义,比如高塘铁铜矿点、茅山铜矿点、邱虎山铜铅矿点、观山铜铅矿、金鸡山铜矿点等附近均显示出这些矿物的良好异常。

(2)镜铁矿与金矿关系密切,它对在该区寻找火山热液型金矿具有较好的指示找矿意义,如金驹山金矿附近显示较好的镜铁矿异常。

(3)黄铁矿、砷矿物异常大多分布于断裂附近。

五、宣州-苏州铜、钼、金、银、铅、锌成矿亚带

本区与浙皖交界地区地形高差大,水系比较发育,河床坡降陡,有利于自然重砂矿物富集。而苏州地区都为低缓丘陵分布,地形高差小,水系不发育,河床坡降平缓,多淤泥沉积,不利于重矿物聚集。自然重砂矿物异常主要分布于宜溧地区南部山区与苏皖交界处附近、苏州潭山—阳山及无锡等地。此成矿亚带主要分布有宜兴-溧阳铜、锡、锌、铅、金矿物异常带和苏州西部的潭山-光福-阳山硫铁矿、萤石异常带(图4-29)。

(一)宜兴-溧阳铜、锡、锌、铅、金矿物异常带

该异常带位于扬子陆块区江南隆起东北倾伏端的西北翼及宜溧地区南部的太华山-五通山断褶带上,面积约252km²。主要圈定黄铁矿异常4处,铜矿物、锡矿物、锌矿物、砷矿物、辰砂异常各2处,自然金、钼矿物、铅矿物、重晶石异常各1处。区内主要出露志留纪—泥盆纪碎屑岩,局部出露石炭纪—三叠纪碳酸盐岩。侵入岩主要有花岗斑岩、花岗闪长岩、石英闪长玢岩、闪长玢岩等。区内断裂构造发育,主要有北东向、北西向和北北东向3组。区内已知有铁、铜、金、铅、锌、多金属矿床(点)10余处。

从异常带内各重砂矿物空间分布特征来看,异常带西侧主要分布锌矿物、黄铁矿,中部主要分布锡矿物、辰砂和砷矿物,东部主要分布铜矿物、自然金、铅矿物、钼矿物、辰砂和砷矿物。

(二)潭山-光福-阳山硫铁矿、萤石矿物异常带

该异常带位于苏锡断褶带的潭山—光福—阳山一带,面积约267km²。主要圈定辰砂异常4处,黄铁矿异常3处,砷矿物异常2处,萤石异常1处。区内主要出露泥盆系至二叠系,有燕山晚期花岗岩、花岗斑岩等的侵入,断裂构造主要有北东向、北北东向两组。区内已知有萤石矿、黄铁矿、铅锌银矿、多金属矿、铁矿床(点)近20处。

从异常带内各重砂矿物空间分布特征来看,自然重砂矿物具有一定的分布规律:

(1)黄铁矿主要分布于已知铅锌银、硫铁矿、铁矿床(点)附近,伴随有辰砂、砷矿物异常,对寻找硫铁矿具有很好的指示找矿意义。

(2)萤石主要分布于苏州花岗岩体与围岩接触带附近,区内的俞石泉萤石矿区附近具有萤石重砂矿物显示,萤石对寻找萤石矿是最为直接的找矿指示。

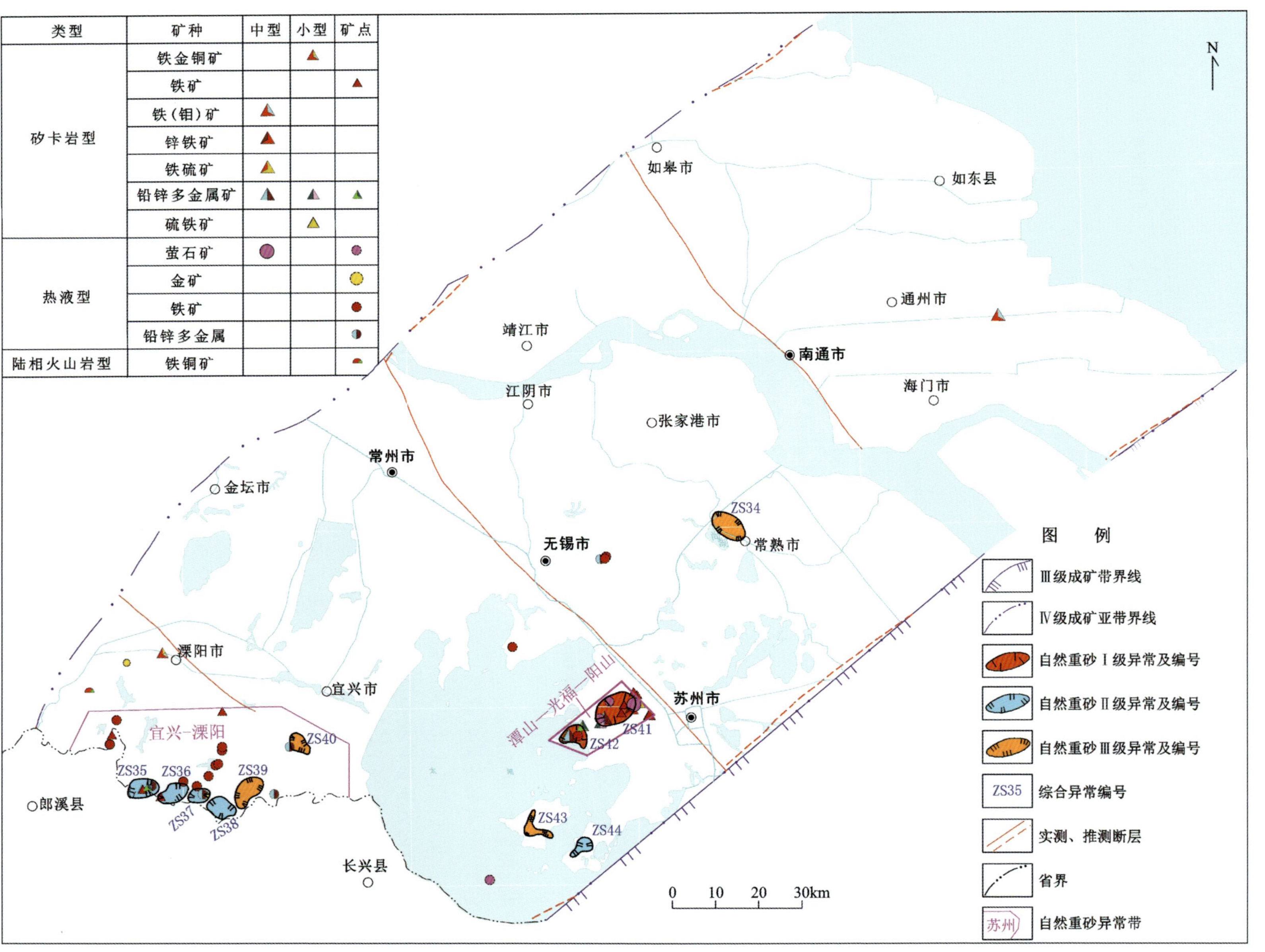

图 4-29　江苏省宣州-苏州成矿亚带自然重砂异常带分布图

除上述10个异常带外，苏锡断褶带的苏州东山和西山、无锡南部、江阴南部基岩区、连云港隆起带等地也都有一些辰砂、砷矿物、黄铁矿等重砂集中区，由于异常的强度、规模和矿物种类比较少，尤其是有找矿指示意义的自然重砂矿物比较少，因此，本研究中未对圈定异常带加以描述。

第五节 预测工作区自然重砂矿物组合异常特征

江苏省潜力评价自然重砂专题预测矿种有铜、铅、锌、金、银、钼、硫铁矿、萤石8种，对应预测类型工作区有26个(表4-16)。由于江苏省覆盖区占95%，自然重砂数据少，特征矿物检出率低，同一矿种不同预测类型自然重砂特征矿物组合基本相似，因此本次研究按矿种和预测工作区对自然重砂异常进行分类描述。

表4-16 江苏省矿产资源潜力评价预测类型工作区表

预测矿种	预测类型	预测工作区名称	典型矿床	矿床式
铜矿	矽卡岩斑岩型	宁镇、宜溧	安基山铜矿、盘龙岗铜钼矿	安基山式
	陆相火山岩型	宁芜	铜井铜金矿	铜井式
	层控矽卡岩型	溧水	獾子洞铜金矿	獾子洞式
铅锌矿	碳酸盐岩型	宁镇	栖霞山铅锌银矿	栖霞山式
	陆相火山岩型	溧水	观山铜铅矿	五部式
	层控矽卡岩型	宜溧、苏州西部	吴宅铅锌银矿	吴宅式
金矿	破碎蚀变岩型	东海-新沂、徐州-利国	焦家金矿	焦家式
	卡林型	宁镇	汤山金矿	汤山式
	铁帽型	宁镇、宜溧	平山头金矿	新桥式
	陆相火山岩型	宁芜	铜井铜金矿	铜井式
	陆相火山岩型	溧水	金驹山金矿	铜井式
	层控矽卡岩型	溧水	獾子洞铜金矿	獾子洞式
	破碎蚀变岩型	溧水	燕子口金矿	西横山式
	矽卡岩型	宜溧	土包山铁金矿	土包山式
银矿	碳酸盐岩型	宁镇	栖霞山铅锌银矿	栖霞山式
钼矿	斑岩型	盱眙	谏壁钼矿	谏壁式
	矽卡岩型	宁镇	铜山铜钼矿	铜山式
硫铁矿	陆相火山岩型	宁芜、溧水	云台山硫铁矿	云台山式
	矽卡岩型	宁镇、苏州西部	岔路口硫铁矿、潭山铅锌硫铁矿	铜陵式
萤石	热液充填型	苏州西部	俞石泉萤石矿	俞石泉式

一、各矿种自然重砂异常分布特征

(一)与铜矿有关的重砂异常分布特征

通过典型矿床自然重砂异常研究，与铜矿有关的自然重砂特征矿物组合为铜矿物、重晶石、黄铁矿，相关重矿物为自然金、辉钼矿、钨矿物、锡矿物、泡铋矿、辰砂、砷矿物等。各预测工作区与铜矿有关的自然重砂异常见表4-17。

根据江苏省矿产资源潜力评价预测组划定的预测工作区及自然重砂矿物检出情况，全省共划分了铜矿预测工作区 4 个，包含铜矿物异常 9 处(占单矿物异常总数的 7.9%)，黄铁矿异常 56 处(占单矿物异常总数的 49.1%)，重晶石异常 17 处(占单矿物异常总数的 14.9%)，自然金异常 14 处(占单矿物异常总数的 12.3%)，泡铋矿异常 7 处(占单矿物异常总数的 6.1%)，辉钼矿异常 1 处(占单矿物异常总数的 0.9%)，锡矿物 6 处(占单矿物异常总数的 5.3%)，白钨矿异常 4 处(占单矿物异常总数的 3.5%)。

表 4-17　铜矿预测工作区自然重砂异常统计表　　单位:处

预测工作区	矿物	总数	Ⅰ级	Ⅱ级	Ⅲ级	备注
溧水	铜矿物	2	2	0	0	由孔雀石、黄铜矿组成
	泡铋矿	3	1	2	0	
	黄铁矿	23	1	5	17	
宁芜	铜矿物	5	2	2	1	由孔雀石、黄铜矿、自然铜组成
	重晶石	17	5	7	5	
	自然金	14	1	10	3	
	黄铁矿	7	0	3	4	
宁镇	铜矿物	1	1	0	0	由孔雀石、黄铜矿组成
	辉钼矿	1	0	1	0	
	泡铋矿	2	0	0	2	
	黄铁矿	14	0	3	11	
宜溧	铜矿物	1	0	0	1	由黄铜矿组成
	锡矿物	6	0	5	1	由锡石、自然锡组成
	黄铁矿	12	0	9	3	
	白钨矿	4	0	1	3	
	泡铋矿	2	0	2	0	

(二)与铅锌矿有关的自然重砂异常分布特征

通过典型矿床自然重砂异常研究，与铅锌矿有关的自然重砂特征矿物组合为铅矿物、闪锌矿、银矿物、重晶石、黄铁矿，相关重矿物为锡矿物、砷矿物、辰砂、镜铁矿等。各预测工作区与铅锌矿有关的自然重砂异常见表 4-18。

表 4-18　铅锌矿预测工作区自然重砂异常统计表　　单位:处

预测工作区	矿物	总数	Ⅰ级	Ⅱ级	Ⅲ级	备注
溧水	铅矿物	1	1	0	0	由方铅矿、白铅矿、钼铅矿、磷氯铅矿组成
	重晶石	25	5	4	16	
宁镇	铅矿物	2	1	1	0	由孔雀石、黄铜矿组成
	重晶石	12	3	6	3	
	黄铁矿	14	0	3	11	
	银矿物	1	0	1	0	由自然银组成

续表 4-18　单位:处

预测工作区	矿物	总数	Ⅰ级	Ⅱ级	Ⅲ级	备注
宜溧	铅矿物	7	0	2	5	由方铅矿、铅丹、软铅粒组成
	闪锌矿	4	0	3	1	
	锡矿物	6	0	5	1	由锡石、自然锡组成
	重晶石	4	0	2	2	
	黄铁矿	12	0	9	3	
苏州西部	重晶石	1	0	0	1	
	黄铁矿	8	0	3	5	

根据江苏省矿产资源潜力评价预测组划定的预测工作区及自然重砂矿物检出情况，全省共划分铅锌矿预测工作区 4 个，包含铅矿物异常 10 处(占单矿物异常总数的 10.3%)，闪锌矿异常 4 处(占单矿物异常总数的 4.1%)，重晶石异常 42 处(占单矿物异常总数的 43.3%)，黄铁矿异常 34 处(占单矿物异常总数的 35.1%)，锡矿物异常 6 处(占单矿物异常总数的 6.2%)，银矿物异常 1 处(占单矿物异常总数的 1%)。

(三)与金矿有关的重砂异常分布特征

通过典型矿床自然重砂异常研究，与金矿有关的自然重砂特征矿物组合为自然金、铜矿物、辰砂、黄铁矿、砷矿物、重晶石，相关矿物为磁铁矿、铅矿物等。各预测工作区与金矿有关的自然重砂异常见表 4-19。

表 4-19　金矿预测工作区自然重砂异常统计表　单位:处

预测工作区	矿物	总数	Ⅰ级	Ⅱ级	Ⅲ级	备注
东海-新沂	自然金	6	1	2	3	
	辰砂	6	0	5	1	
	砷矿物	4	0	3	1	由雄黄、雌黄组成
徐州-利国	自然金	18	0	13	5	
	辰砂	17	0	9	8	
	砷矿物	12	0	5	7	由雄黄、雌黄组成
溧水	自然金	9	0	3	6	
	铜矿物	2	2	0	0	
	黄铁矿	23	1	5	17	
	磁铁矿	20	1	4	15	
	重晶石	25	5	4	16	
宁芜	自然金	14	1	10	3	
	黄铁矿	7	0	3	4	
	铜矿物	5	2	2	1	由孔雀石、黄铜矿、自然铜组成
	重晶石	18	5	8	5	

续表 4-19　　单位:处

预测工作区	矿物	总数	Ⅰ级	Ⅱ级	Ⅲ级	备注
宁镇	自然金	10	1	4	5	
	辰砂	12	2	1	9	
	黄铁矿	14	0	3	11	
	砷矿物	7	0	2	5	由雄黄组成
	重晶石	12	3	6	3	
宜溧	自然金	8	0	7	1	
	磁铁矿	10	0	6	4	
	黄铁矿	12	0	9	3	
	重晶石	4	0	2	2	

根据江苏省矿产资源潜力评价预测组划定的预测工作区及自然重砂矿物检出情况,全省共划分金矿预测工作区 6 个,包含自然金异常 65 处(占单矿物异常总数的 23.6%),重晶石异常 59 处(占单矿物异常总数的 21.5%),铜矿物异常 7 处(占单矿物异常总数的 2.5%),砷矿物异常 23 处(占单矿物异常总数的 8.4%),辰砂异常 35 处(占单矿物异常总数的 12.7%),黄铁矿异常 56 处(占单矿物异常总数的 20.4%),磁铁矿异常 30 处(占单矿物异常总数的 10.9%)。

(四)与银矿有关的自然重砂异常分布特征

通过典型矿床自然重砂异常研究,与银矿有关的自然重砂特征矿物组合为银矿物、铅矿物、锌矿物,相关重矿物为黄铁矿、砷矿物、辰砂。根据江苏省矿产资源潜力评价预测组划定的预测工作区及自然重砂矿物检出情况,全省共划分银矿预测工作区 2 个,分别为宁镇碳酸盐岩型银矿预测工作区和苏州西部矽卡岩型银矿预测工作区,苏州西部预测工作区无银矿物、铅矿物、锌矿物异常显示,宁镇碳酸盐岩型银矿预测工作区直接指示矿物银矿物异常 1 处,铅矿物异常 2 处。

(五)与钼矿有关的自然重砂异常分布特征

通过典型矿床自然重砂异常研究,与钼矿有关的自然重砂特征矿物组合为钼矿物、铜矿物,相关重矿物为铋矿物、锡矿物、黄铁矿、砷矿物。根据江苏省矿产资源潜力评价预测组划定的预测工作区及自然重砂矿物检出情况,全省共划分钼矿预测工作区 2 个,分别为宁镇矽卡岩型钼矿预测工作区和盱眙斑岩型钼矿预测工作区,其中宁镇矽卡岩型钼矿预测工作区圈定辉钼矿异常 1 处,铋矿物异常 1 处,铜矿物异常 1 处,盱眙斑岩型钼矿预测工作区无异常显示。

(六)与硫铁矿有关的自然重砂异常分布特征

通过典型矿床自然重砂异常研究,与硫铁矿有关的自然重砂特征矿物组合为黄铁矿,相关重砂矿物为辰砂、砷矿物、镜铁矿等。各预测工作区与硫铁矿有关的自然重砂异常见表 4-20。

表 4-20　硫铁矿预测工作区自然重砂异常统计表　　单位：处

预测工作区	矿物	总数	Ⅰ级	Ⅱ级	Ⅲ级
溧水	辰砂	5	0	2	3
	镜铁矿	3	0	0	3
	黄铁矿	23	1	5	17
	砷矿物	2	2	0	0
宁芜	黄铁矿	7	0	3	4
	辰砂	2	0	1	1
	砷矿物	4	0	1	3
宁镇	黄铁矿	14	0	3	11
	辰砂	12	2	1	9
	砷矿物	7	0	2	5
苏州西部	黄铁矿	8	0	3	5
	辰砂	9	0	3	6
	砷矿物	4	0	1	3

根据江苏省矿产资源潜力评价预测组划定的预测工作区及自然重砂矿物检出情况，全省共划分硫铁矿预测工作区 4 个，包含黄铁矿异常 52 处(占单矿物异常总数的 52%)，辰砂异常 28 处(占单矿物异常总数的 28%)，镜铁矿异常 3 处(占单矿物异常总数的 3%)，砷矿物异常 17 处(占单矿物异常总数的 17%)。

(七)与萤石矿有关的自然重砂异常分布特征

通过典型矿床自然重砂异常研究，与萤石矿有关的自然重砂特征矿物为萤石。其对应预测工作区为苏州西部热液充填型萤石矿预测工作区，圈定萤石自然重砂异常 1 处。

二、预测工作区自然重砂异常解释与评价

(一)东海-新沂预测工作区

东海-新沂预测工作区主要预测矿种为金矿，预测类型为破碎蚀变岩型，据典型矿床研究结果，破碎蚀变岩型金矿特征矿物组合为自然金、铜矿物、黄铁矿、重晶石，相关矿物组合为辰砂、砷矿物、铅矿物等。据工作区新沂幅、连云港幅自然重砂测量成果(1∶20 万)和赣榆县西北部自然重砂测量成果(1∶5 万)，异常解释与评价如下。

工作区在自然金、辰砂、砷矿物、铅矿物、铜矿物、重晶石等组合矿物的基础上圈定 7 处综合异常(图 4-30)，其中 2 处Ⅰ级异常，2 处Ⅱ级异常，3 处Ⅲ级异常，现将各综合异常分述如下。

1. 陈朱沟-羽阳综合异常(Z-01)

异常级别为Ⅰ级，异常位于东海县温泉镇北 5km 的陈朱沟—羽阳一带，呈椭圆状北东向展布，面积

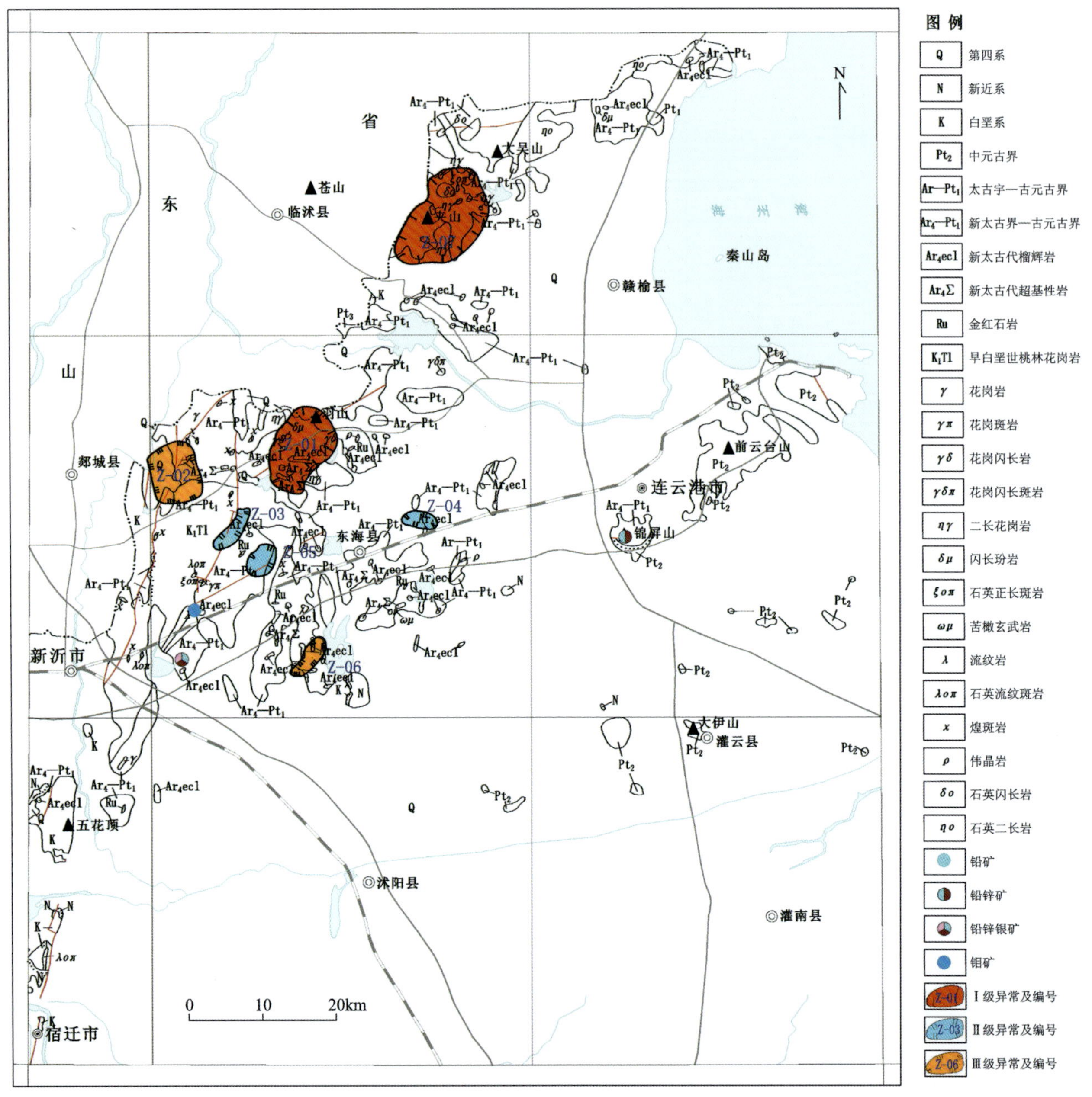

图 4-30　东海-新沂预测工作区自然重砂综合异常图

约 68km²，由多个一级至五级自然金含量点（最高含量为 133 颗）组成，伴有砷矿物、铅矿物异常。异常与化探 Au、Cd 等异常相吻合。异常区处于垄岗部位，区内出露基岩为东海岩群阿湖组黑云母斜长片麻岩，脉岩有闪长岩、石英斑岩等。北东向断裂较发育，规模较小的构造破碎带也较发育，推测异常与破碎蚀变带及脉岩侵入活动有关。

2. 山左口综合异常（Z-02）

异常级别为Ⅲ级，异常位于郝家湖鸡爪水库一带，异常呈近长方形南北向展布，面积约 17.8km²，由多个二级至三级重晶石含量点（最高含量为 182 颗）组成，还伴有铅矿物、辰砂异常。异常与化探 Cu、Pb、Zn 等异常相吻合。异常区出露基岩为东海岩群阿湖组黑云斜长片麻岩和燕山晚期二长花岗岩，并有花岗斑岩脉穿插，北东向断裂较发育，并见重晶石细脉产出，推测异常与岩浆侵入活动及重晶石脉关系密切。

3. 竹墩综合异常(Z-03)

异常级别为Ⅱ级，异常位于张蛤村—竹墩一带，异常呈长条状北东向展布，面积约 11.4km^2，由 4 个一级自然金含量点、2 个二级砷矿物含量点、6 个一级辰砂含量点和多个四级至五级重晶石异常点组成(最高含量为 9420 颗)。异常区出露东海岩群，脉岩有煌斑岩等，北东向断裂较发育，推测异常与构造活动有关。

4. 驼峰镇综合异常(Z-04)

异常级别为Ⅱ级，异常位于驼峰镇一带，异常呈椭圆状北西西向展布，面积约 7.8km^2，由 1 个五级以上重晶石异常点和 1 个五级以上铜矿物(主要为孔雀石)异常点组成。异常区被第四系覆盖，北部有一条大房庄-小陈墩断裂，在曹浦及异常区附近有榴辉岩零星出露，推测异常与大房庄-小陈墩断裂有关，可能是深部热液活动引起的。

5. 徐庄综合异常(Z-05)

异常级别为Ⅱ级，异常位于贺庄水库南西徐庄一带，异常呈椭圆状北东向展布，面积约 12.1km^2，主要由多个二级至五级重晶石异常点和 2 个二级辰砂含量点组成。异常区被第四系覆盖，区内有榴辉岩零星分布，北东向宋桥断裂通过异常区，推测异常与构造活动有关。

6. 安峰山水库西坡综合异常(Z-06)

异常级别为Ⅲ级，异常位于安峰山水库西坡一带，异常呈椭圆形北东向分布，面积约 11km^2，由 1 个四级(最高含量为 50 颗)、1 个三级、1 个一级自然金含量点和 2 个铅矿物含量点、2 个砷矿物含量点组成。异常区被第四系覆盖，区内有榴辉岩零星分布，异常性质不明。

7. 夹山综合异常(Z-07)

此综合异常根据赣榆县西北部 1∶5 万重砂测量成果重新整理(数据未入库，因此数据没有标准化)，异常级别为Ⅰ级，异常位于夹山—大吴山一带，呈椭圆形北东向展布，面积约 104.5km^2，由 2 个Ⅲ级自然金异常(最高含量为 5 颗/0.02m^3，一般为 1 颗/0.02m^3)、2 个Ⅰ级重晶石异常(最高含量为 6.79g/0.02km^3，一般为 0.73g/0.02km^3)和 2 个Ⅲ级辰砂异常[8 颗/0.02m^3，一般为(1～5)颗/0.02m^3]组成，伴生刚玉异常。

异常区出露有黑云斜长片麻岩和二长混合片麻岩，有二长花岗岩、花岗闪长岩小岩体侵入，并见有石英闪长岩脉和煌斑岩脉穿插于花岗闪长岩中，异常区内及附近见有北北东向和北西西向断层通过，推测该异常与构造热液活动有关。

为进一步了解异常成因及找矿意义，对该异常进行二级查证，选用 1∶1 万水系自然重砂测量进行查证。据 1∶1 万水系自然重砂测量样品分析：有 7 个样品见自然金，见矿率为 5.83%，除一个样品见自然金 2 颗外，其余皆为 1 颗，最大粒径为 0.528mm×0.30mm，最高品位达 0.3g/m^3；样品除见自然金外，还有 6 个样品见辰砂，见矿率为 5%，其中一个样品为 4 颗，其余皆为 1 颗；见黄铁矿样品 35 个，见矿率为29.2%，最高品位达 0.58g/m^3。

综上所述，本区自然金异常确实存在，从地质成矿条件分析，自然金异常可能为构造热液活动产生的金矿化引起，可作为找金矿的远景区。

(二)徐州-利国预测工作区

徐州-利国预测工作区主要预测矿种为金矿,预测类型为破碎蚀变岩型,据典型矿床研究结果,破碎蚀变岩型金矿特征矿物组合为自然金、铜矿物、黄铁矿、重晶石,相关矿物组合为辰砂、砷矿物、铅矿物、锡矿物等。叠加特征矿物组合各单矿物异常圈定 22 处综合异常(图 4-31),其中 2 处Ⅰ级异常,7 处Ⅱ级异常,13 处Ⅲ级异常,现将各类异常分述如下。

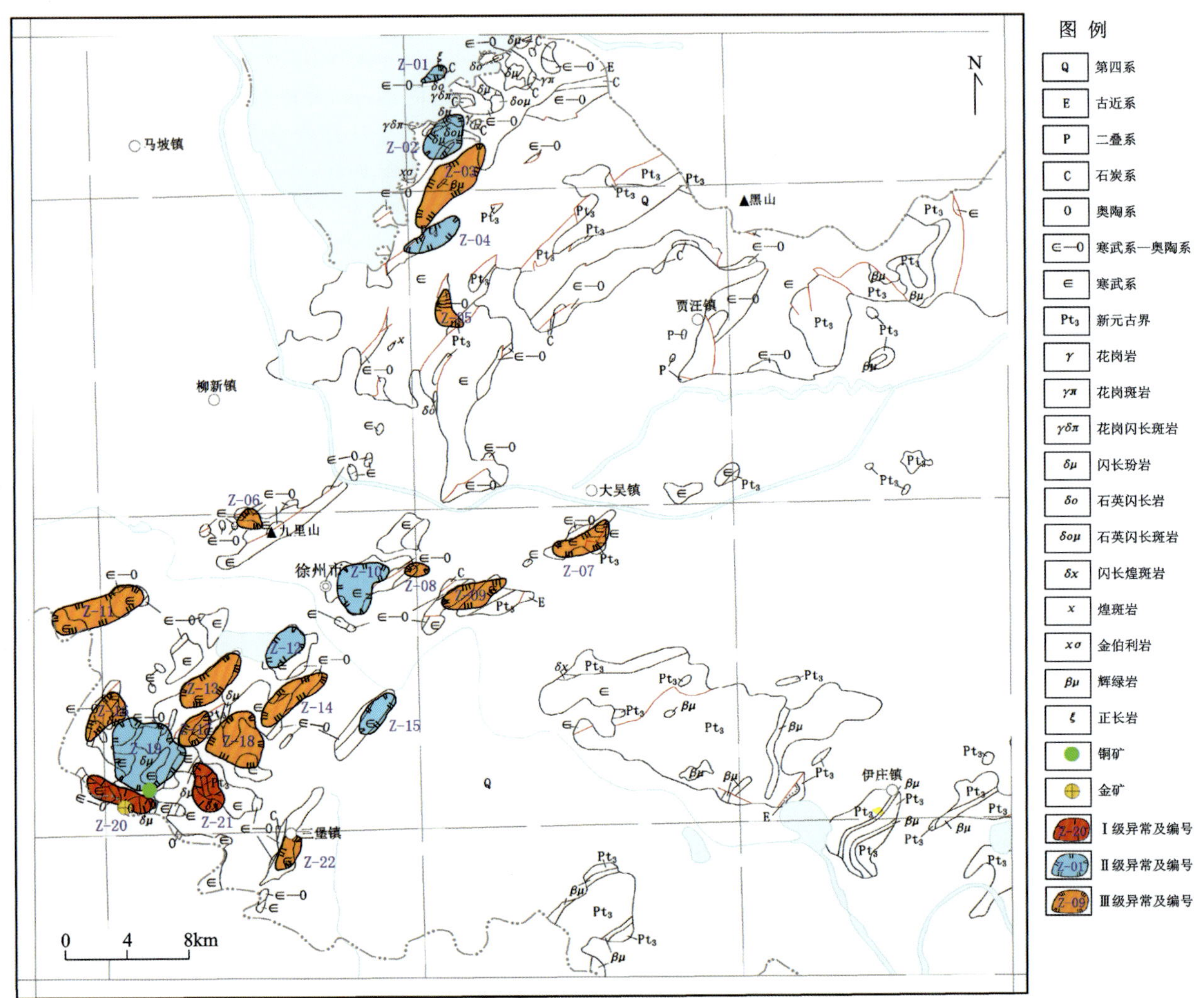

图 4-31　徐州-利国预测工作区自然重砂综合异常图

1. 黄山岛综合异常(Z-01)

异常级别为Ⅱ级,异常位于徐州-利国的黄山岛,呈椭圆形北东向分布,面积约 1.0km^2,由 3 个三级自然金含量点组成,还伴有黄铁矿、重晶石异常。异常区内化探 Au、Cu、Mo、Cd、As、Sb 异常比较发育。

区内出露岩性为奥陶系马家沟组灰岩和石炭系本溪组砂岩、页岩,脉岩有燕山晚期花岗闪长斑岩、闪长玢岩等。区内有已知铁矿产地多处,推测异常与铁的成矿作用有关(赤铁矿及褐铁矿中铜金含量很高,褐铁矿样品含铜 23 602×10^{-6}、锌 165×10^{-6}、金 4.78×10^{-6},赤铁矿样品含铜 366×10^{-6}、钼 5.2×10^{-6}、金 0.34×10^{-6}),此处具有寻找伴生铜金矿的良好前景。

2. 大冯综合异常(Z-03)

异常级别为Ⅲ级，异常位于利国镇西南寄堡西南0.5km处，异常呈椭圆形沿北东向断层分布，面积约10km^2，由多个三级自然金异常点和多个二级至三级辰砂异常点组成。土壤Hg、As、Ag、Au等异常发育。区内出露张夏组，侵入岩有辉绿岩、安山玢岩脉零星分布，北东向、北西向断裂比较发育。辰砂异常可能与低温热液矿化有关。

3. 大庙山综合异常(Z-07)

异常级别为Ⅲ级，异常位于铜山县大庙公社大庙山—安然一带，异常呈椭圆形近北东向分布，面积约4.25km^2，异常由6个一级至三级锡石异常点和8个三级黄铁矿异常点组成。区内出露晚寒武世和早奥陶世灰岩，发育有北东向、北西向和近东西向3组断裂，推测异常与沿断裂构造的热液活动有关。

4. 铜山县凤凰山综合异常(Z-09)

异常级别为Ⅲ级，异常位于铜山县大湖凤凰山，异常呈椭圆形北东向分布，面积约4.9km^2，异常由多个二级至三级铅矿物异常点和多个二级至三级锡矿物异常点组成。区内出露早中寒武世页岩、砂岩、灰岩等。北东向小断层比较发育，区东部发现赤铁矿点多处，推测异常与矿化裂隙有关。

5. 云龙山综合异常(Z-12)

异常级别为Ⅱ级，异常位于徐州市云龙山—金邓山一带，异常呈椭圆形沿北东向断层展布，面积约4.03km^2，主要由4个二级至三级铅矿物异常点组成，伴有重晶石、辰砂、砷矿物异常。异常区有较好的化探As、Hg异常显示。

区内出露中寒武统张夏组灰岩，晚寒武世灰岩、白云岩，有一条北东向的压性断层从区内中部通过。推测异常为地层中矿化裂隙及低温矿化热液沿断裂运移、赋存后遭机械破坏搬运而成。

6. 王山综合异常(Z-15)

异常级别为Ⅱ级，异常位于徐州市大庙镇王山一带，异常呈椭圆形沿北东向断层展布，面积约3.41km^2，异常区由9个二级至三级铅矿物异常点和多个二级至四级锡矿物异常点组成。异常区有较好的Pb、Hg、As异常显示。

区内出露马家沟组、炒米店组、张夏组，局部分布燕山期的闪长斑岩脉，发育北东向、北西向两组断裂，推测异常与构造及热液活动有关。

7. 驴眼山综合异常(Z-19)

异常级别为Ⅱ级，异常位于铜山县汉王公社驴眼山，异常呈近圆形，面积约15.55km^2，由多个三级以上自然金异常点和多个铜矿物异常点组成，伴有铅矿物、锡矿物、砷矿物、黄铁矿等异常。异常区出露寒武纪和早奥陶世页岩、砂岩、灰岩、白云岩等，班井岩体和周围的中酸性脉岩、矽卡岩特别发育，同时有两条断层通过，小的铜金矿点分布较多，在岩脉和矽卡岩中都发现金。此外，Cu、Pb、Zn、As、Co、Mo土壤异常在此区也有显示。探槽样品进行光谱分析，其金含量为$0.1\times10^{-6}\sim0.2\times10^{-6}$，另外地表化学样品的金含量在$0.1\times10^{-6}\sim0.16\times10^{-6}$之间。推测异常与构造、岩浆热液活动及含铜金细脉有关。该异常规模均较大，自然重砂矿物异常套合好，成矿地质条件好，具有找金矿的前景。

8. 班井综合异常(Z-20)

异常级别为Ⅰ级，异常位于铜山县汉王公社下班井，呈椭圆形北西向展布，面积约4.86km^2，由多个一级自然金含量点和多个五级黄铁矿异常点组成。出露中上寒武统至下奥陶统，侵入岩有闪长斑岩、煌斑岩，异常区内发现金矿床1处。该异常与区内已知的小型金矿点较吻合，推测异常由金矿引起。

9. 罗岗综合异常(Z-21)

异常级别为Ⅰ级，异常位于铜山县汉王公社罗岗，面积约4.37km²，主要由19个三级自然金异常点、11个铅矿物异常点和8个铜矿物异常点组成，伴有闪锌矿、钼矿物、重晶石、黄铁矿异常。异常与土壤Cu、Zn异常较吻合。

异常区出露寒武纪和早奥陶世页岩、砂岩、灰岩、白云岩，见闪长斑岩、煌斑岩脉，断层较为发育，矽卡岩化、大理岩化及铁矿化明显。该异常与区内已知的小型铜、金、银矿点较吻合，推测异常由铜金矿引起。

其他异常特征见表4-21。

(三)盱眙预测工作区

盱眙预测工作区的主要预测矿种为钼矿，预测类型为斑岩型，据典型矿床研究结果，斑岩型钼矿特征矿物组合为钼矿物、铜矿物，相关矿物组合为辰砂、砷矿物、黄铁矿、锡矿物、铋矿物等。叠加特征矿物组合各单矿物异常圈定4处综合异常(图4-32)，其中3处Ⅱ级异常，1处Ⅲ级异常。现将各类异常分述如下。

1. 龙山综合异常(Z-01)

异常级别为Ⅱ级，异常位于盱眙镇北西3.5km处的龙山一带，呈椭圆形北东向展布，面积约0.87km²，异常由1个三级雄黄异常点组成，且伴有较好的黄铁矿异常，黄铁矿异常由1个二级和2个三级含量点组成。异常区有较好的Au、Pb、Hg、Cd、As、Sb异常显示。

异常区处于老子山-佛窝断褶隆起带中段，地表被第四系覆盖，脉岩有闪长玢岩、辉绿玢岩等，在闪长岩脉与灰岩的接触带附近矿化蚀变较为发育，主要有石棉矿化、黄铁矿化等中低温热液矿化及蚀变。北东向断裂构造比较发育。推测异常与脉岩侵入活动有关。

2. 天台山异常(Z-02、Z-03)

异常级别为Ⅱ级，异常位于盱眙县县城东侧的天台山及其以北一带，呈长条状北北东向分布，面积约0.87km²。异常由多个三级辰砂含量点、三级黄铁矿异常点和重晶石含量点组成。化探有Pb异常与之相邻。

异常区属盱眙北北东向断褶隆起带的中段，也属老子山-佛窝断褶带隆起带中段。异常区为一单斜构造，出露地层有黄墟组、灯影组，主要岩性为灰岩、白云岩、白云质灰岩、千枚状页岩及钙质砂岩等。异常西侧有呈近南北向分布的闪长玢岩岩脉，断裂有北北东向和北西向两组，在闪长玢岩岩脉与灰岩的接触带附近有石棉矿化、方铅矿化及黄铁矿化等中低温热液矿化及蚀变。

异常区经3次野外取样检查，黄铁矿、雄黄异常重现性好，在灯影组白云质灰岩和薄层泥质灰岩的人工重砂中含橘红色、橙红色雄黄，其含量分别为20颗/10kg、5颗/10kg。由于雄黄、黄铁矿、重晶石均为热液活动的产物，且它们经常共生，鉴于上述情况，雄黄、重晶石、黄铁矿异常的出现可能与闪长岩脉侵入活动有关，可进一步工作。

3. 磨盘山综合异常(Z-04)

异常级别为Ⅲ级，异常位于盱眙县磨盘山一带，呈近圆形分布，面积约0.64km²，异常由3个三级重

表 4-21　徐州-利国预测工作区自然重砂综合异常特征一览表

异常编号	矿物组合	地理位置	异常面积(km^2)	重砂矿物含量(颗)		异常级别	异常区地质概况	评价解释
				最高含量	一般含量			
Z-02	自然金、黄铜矿、黄铁矿、辰砂	利国塔山一带	5.09	自然金 50;黄铜矿 50;黄铁矿 1000	自然金 1～5;黄铜矿 5;黄铁矿 1～10	Ⅱ	出露马家沟组灰岩,局部地区分布煌斑岩,北东向断层发育,异常区西部有 1 处铜矿点	推测异常与铜矿化有关
Z-04	自然金、辰砂	利国狐狸山	4.08	辰砂 6	自然金 5;辰砂 1～5	Ⅱ	出露寒武纪灰岩、粉砂岩、页岩,北东向断层发育	异常可能与沿断裂裂隙的热液活动有关
Z-05	自然金	柳泉南部前亭—五朱泉一带	2.40	自然金 50	自然金 1～2	Ⅲ	出露晚寒武世、早奥陶世灰岩、白云岩,北东向断层发育	异常可能与沿断裂裂隙的热液活动有关
Z-06	自然金、辰砂	铜山县西天齐庙一带	1.49		自然金 5	Ⅲ	出露晚寒武世灰岩、早奥陶世白云岩,两条北东断层通过异常区	推测异常与沿断裂裂隙的热液活动有关
Z-08	方铅矿、雄黄	铜山西贺村	1.03		方铅矿 5;雄黄 1～5	Ⅲ	出露马家沟组灰岩、贾汪组白云岩,北东向、北西向断层发育	异常可能由矿化裂隙引起
Z-10	自然金、方铅矿、锡石、黄铜矿、重晶石、雄黄	铜山县杨山一带	7.12	方铅矿 100;重晶石 100	自然金 5;方铅矿 5;锡石 50;重晶石 5～50	Ⅱ	出露寒武系张夏组、炒米店组、三山子组及马家沟组,辉绿岩岩床呈北东向展布,与灰岩接触带上发生大理岩化	推断异常与辉绿岩岩床裂隙中的低温热液矿化有关
Z-11	方铅矿、锡石、雄黄	铜山霸王山以南	9.66	方铅矿 171;锡石 171	方铅矿 5～50;锡石 50	Ⅲ	出露中、上寒武统和下奥陶统,北东向断裂发育	推测异常可能与矿化裂隙有关

续表 4-21

异常编号	矿物组合	地理位置	异常面积（km^2）	重砂矿物含量(颗)		异常级别	异常区地质概况	评价解释
				最高含量	一般含量			
Z-13	方铅矿、重晶石	铜山拉犁山一带	6.86	方铅矿 100；重晶石 200	方铅矿 1～5；重晶石 1～50	Ⅲ	出露寒武系及下奥陶统，北东向断层发育	推测异常与矿化裂隙有关
Z-14	方铅矿、锡石	铜山以南大牛山	5.89	方铅矿 50；锡石 50	方铅矿 5；锡石 5	Ⅲ	出露上寒武统和下、中奥陶统，北东向断层发育	推测异常与矿化裂隙有关
Z-16	方铅矿、锡石、雄黄、重晶石、黄铁矿	汉王西部之白山头	4.19	方铅矿 50；锡石 50；雄黄 100；黄铁矿 542	方铅矿 5；锡石 5；雄黄 5；黄铁矿 1～50	Ⅲ	出露中、上寒武统和下奥陶统，局部地区分布闪长斑岩、煌斑岩等	推测异常与后期岩浆热液活动有关
Z-17	自然金、方铅矿、锡石、雄黄	汉王以南下灶楼	2.97	方铅矿 100；锡石 100	自然金 5；方铅矿 5；锡石 5；雄黄 1～5	Ⅲ	出露岩性为粉砂质页岩、灰岩等，局部分布闪长斑岩，北东向断裂通过异常区	异常可能与后期岩浆热液活动有关
Z-18	自然金、方铅矿、锡石、黄铜矿、闪锌矿、雄黄	汉王东南之凤山一带	8.88	方铅矿 100；锡石 10；黄铜矿 2300；闪锌矿 6000	自然金 5；方铅矿 5；锡石 5；黄铜矿 5；闪锌矿 5	Ⅲ	出露中、上寒武统，北西向断层较发育	推测异常可能与矿化裂隙有关
Z-22	方铅矿、锡石	铜山县三堡公社南部	2.40	方铅矿 50；锡石 50	方铅矿 5；锡石 5	Ⅲ	出露上寒武统和下中奥陶统，北东向断层较发育	异常可能与矿化裂隙有关

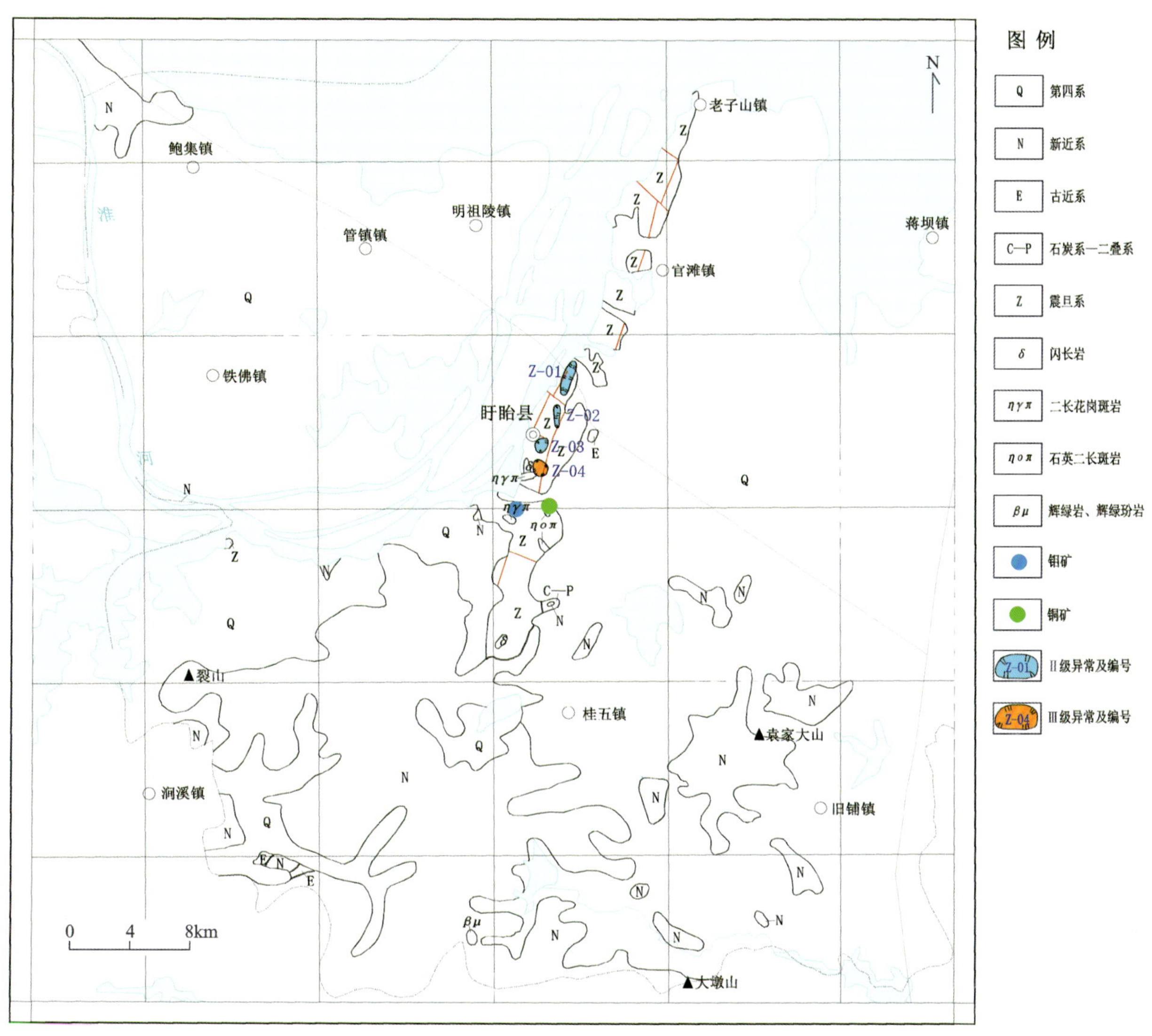

图 4-32　盱眙预测工作区自然重砂综合异常图

晶石异常点、3 个三级和 2 个二级黄铁矿含量点组成，1 件重砂样品检出自然金。该异常与化探 Pb、Au、Cu、Hg、Ag、As 异常毗邻。

异常区属老子山-佛窝断褶带隆起带中段，区内出露震旦系黄墟组，侵入岩有二长花岗斑岩、石英闪长斑岩、云煌岩等，并可见矽卡岩化等蚀变和黄铁矿化现象。异常区附近断裂构造比较发育，主要有北东和北西向两组。综合考虑，认为该异常可能和与中酸性侵入岩有关的中低温热液活动有关。自然金可能为热液作用的产物，应给予必要的重视。

（四）宁镇预测工作区

宁镇预测工作区主要预测矿种为铜、铅锌、金、银、钼、硫铁矿等，每个矿种所对应预测类型见表 4-16。据典型矿床研究结果，铜、铅锌、金、银、钼、硫铁矿矿种组合所对应的重砂矿物特征组合为铜矿物、铅矿物、锌矿物、自然金、辉钼矿、自然银、黄铁矿、锡矿物、辰砂、砷矿物等。叠加特征矿物组合各单矿物异常，宁镇预测工作区圈定了 24 处综合异常（图 4-33），其中 4 处Ⅰ级异常，5 处Ⅱ级异常，15 处Ⅲ级异常，现将各类异常分述如下。

1. 与金矿相关的综合异常

预测工作区共圈出自然金Ⅰ级异常3处，Ⅱ级异常3处，Ⅲ级异常4处。现以Z-10、Z-13、Z-17号异常为例评述如下。

1)黄村综合异常(Z-10)

异常级别为Ⅱ级，异常区位于南京市东阳镇东南黄村北偏东约1.2km。异常呈北西向延伸的纺锤形，面积约0.86km^2，由8个异常点组成，其中5个点含金，4个点含雄(雌)黄，2个点含辰砂。自然金含量一般为(2～4)颗/30kg，最高含量为25颗/30kg；雄(雌)黄含量为(1～2)颗/30kg；辰砂含量为(2～3)颗/30kg。自然金呈金黄色，形态有不规则的粒状、片状、枝叉状等，晶面粗糙，常具蜂窝状凹坑，充填有褐铁矿、高岭土杂质，磨圆度差，粒径为0.05～0.25mm，最大者为0.65mm。雄(雌)黄呈橘黄色、橘红色，柱粒状，两端略浑圆，磨圆度中等，粒径为0.1～0.25mm。伴生矿物有黄铁矿、褐铁矿、孔雀石、方铅矿等。该异常与化探Pb、Zn、Cu、Mo、Hg、Cd、As异常相吻合。

异常区处于宝-巢复背斜中段南翼，出露地层有泥盆系、石炭系、二叠系、三叠系，岩层大致呈北东向延伸，倾向南，倾角55°～75°。区内有安基山岩体——石英闪长斑岩顺层侵入，断裂构造主要有两组，已知北东东走向断裂，另一组呈北东向。地表岩石特别是上述断裂带西侧或侵入岩接触带附近，硅化、绢云母化、黄铁矿化强烈，碳酸盐化普遍，偶见孔雀石、方铅矿等矿化。异常区西侧有天津山多金属矿点。

人工重砂在硅化强烈的龙潭组砂页岩中见68颗自然金，岩石试金分析在硅化粉砂岩、断裂带旁侧、石英细脉以及蚀变石英闪长斑岩中有金显示，含金量为$(0.03～0.05)\times10^{-6}$。地表原生晕以Pb、Zn异常为主，反映本区为中低温热液作用的产物，矿化以Au、Pb、Hg、As为主体。

该异常与中—低温热液活动有关。异常强度一般，成矿地质条件尚好，具一定指导找矿意义，本区尚有寻找金矿化更富集地段的希望。

2)钉耙岗-固江口综合异常(Z-13)

异常级别为Ⅰ级，异常位于句容市九华山以东，钉耙岗至固江口一带。异常呈不规则状北西向展布，面积约3.75km^2。该异常区由6个自然金、7个辰砂、8个黄铁矿矿物含量点组成。该异常与化探Pb、Cu、Zn、Ag、As、Cd等异常吻合。

异常区处于汤-仑复背斜中段北翼，区内出露地层为志留系至三叠系，断裂构造发育，有东西向逆掩断层及横向正断层通过异常区，并有安基山岩体——石英闪长斑岩大面积分布，蚀变明显，主要有大理岩化、硅化、矽卡岩化、黄铁矿化等。区内有有固江口铅锌矿点、九华山多金属矿点、钉耙岗金矿点，这些矿点的矿体经氧化后形成的铁帽中铜、铅、锌、金的含量均较高。

前人在固江口铁帽中见到自然金，以往重砂资料中该区亦有自然金异常。野外异常检查向源追索中，在钉耙岗地区的铁帽及其硅化带上所采集的5个人工重砂均含自然金。该异常区的形成与中—低温热液活动及已知矿(化)点、铁帽中含金有关。

3)伏牛山综合异常(Z-17)

异常级别为Ⅰ级，异常位于伏牛山村南，异常呈北东向展布，面积约2.92km^2。异常由1个自然金和3个重晶石含量点组成。

异常区处于汤-仑复背斜中段北翼，区内出露地层为奥陶系至泥盆系，断裂构造主要有近东西向和北西向两组，蚀变明显，主要有硅化、褐铁矿化等，异常区北部为伏牛山铜矿。宁镇地区1∶5万土壤测量圈定了较好的Cu、Au、Pb、Sb、Hg等综合异常。经异常查证和加密取样，自然金、重晶石异常存在，因此推测该异常与伏牛山铜矿有关，属矿致异常。

2. 与铅矿相关的综合异常

预测工作区共圈定铅矿物异常4处，其中Ⅰ级、Ⅱ级异常各1处，Ⅲ级异常2处，现以Z-02、Z-08号异常为例评述如下。

1)栖霞山-大凹山综合异常(Z-02)

异常级别为Ⅰ级,异常位于南京市栖霞山—大凹山一带,呈椭圆形近北东向展布,面积约 2.34km²。取样 6 个,3 个含铅族矿物,主要为砷铅矿,一般含量为每 30kg 含数颗至数十颗,最高为 0.025g/30kg。伴生黄铁矿、重晶石等。

异常处于龙-仓复背斜西段南翼,区内从志留系至侏罗系均有出露,断裂发育。蚀变有硅化、碳酸盐化、黄铁矿化等。区内有已知栖霞山大型铅锌银矿床和平山头小型铁帽型金矿床。宁镇地区 1∶5 万土壤测量圈定了 Cu、Au、Pb、Zn、Ag、As、Hg、Mo、Sb 综合异常,它与重砂异常重合性较好。综合考虑,认为铅矿物异常由原生矿剥蚀搬运引起,属矿致异常。

2)老人峰综合异常(Z-08)

异常级别为Ⅱ级,异常区位于句容县亭子北东老人峰至武岐山南坡。异常形态呈不规则三角形,面积约 1.3km²,由两个异常点组成,分别为 2 颗/30kg、6 颗/30kg。主要矿物为方铅矿,伴生矿物有赤铁矿、褐铁矿等。方铅矿呈铅灰色,金属光泽,粒状,晶形完好。该异常与化探 Cu、Pb、Zn、Bi、Sb、As、Hg 异常相吻合。

异常区处于宝-巢复背斜南翼,出露地层为志留系、泥盆系、石炭系及二叠系。构造复杂,有一组纵向逆断层通过异常区。安基山岩体——石英闪长斑岩大面积分布。围岩蚀变有矽卡岩化、褐铁矿化,异常区西部有空青山多金属矿点。

该异常与中—低温热液活动有关。异常强度较低,含铅矿物重现性较差,但其成矿地质条件及化探异常较好,今后应结合化探异常进一步工作,查明物质来源。

3. 与铜矿相关的综合异常

预测工作区圈定铜矿物异常 1 处(编号 Z-04),异常级别为Ⅰ级,现评述如下。

铜山综合异常区(Z-04)位于句容县仓头镇东南铜山以西的石家李附近。异常呈东西向椭圆形,面积约 0.7km²,由两个异常点组成,含量分别为 4 颗/30kg、0.208g/30kg。主要含铜矿物为孔雀石、斑铜矿,伴生矿物有黄铁矿、赤铁矿、绿帘石等。孔雀石呈翠绿色,不规则粒状,易碎,磨圆度差,单体,粒径为 0.2～0.4mm。该异常区与宁镇 1∶5 万土壤 Cu、Mo、Bi、Pb、Zn、Ag、As 综合异常相吻合。

异常区处于龙-仓复背斜东段南翼,地表出露有三叠系青龙组灰岩及二叠系栖霞组灰岩,局部亦可见志留系坟头组、泥盆系五通组出露。断裂发育,主要有两条纵向逆断层通过异常区。侵入体有下蜀岩体——石英二长岩。围岩蚀变强烈,主要有矽卡岩化、大理岩化、角岩化。异常区附近有铜山铜钼矿床 1 处。另据 1∶20 万扬州幅资料,在异常区附近曾发现有自然金的重砂异常点。

该异常为热液矿化及已知铜钼矿床所引起,属矿致异常。

4. 间接指示矿物综合异常

预测工作区以辰砂、砷矿物为主圈定间接指示矿物综合异常 14 处,其中Ⅰ级、Ⅱ级异常各 2 处,Ⅲ级异常 10 处,现以 Z-14、Z-21 编号异常为例评述如下。

1)孟塘综合异常(Z-14)

异常级别为Ⅲ级,异常位于江宁县汤山镇北孟塘村南偏西。异常呈近南北向展布的肾形,面积约 0.6km²,由 5 个异常点组成,其中 4 个点含自然金,2 个点含辰砂。自然金含量一般为 1 颗/30kg,最高含量为 4 颗/30kg;辰砂含量为(1～4)颗/30kg。自然金呈金黄色,不规则他形粒状,有棱角,磨圆度差,表面不光滑,有凹坑,单体,粒径在 0.15mm 左右,大者 0.5～0.6mm,伴生矿物有黄铁矿、赤铁矿、褐铁矿、雄(雌)黄等。该异常与宁镇 1∶5 万土壤 Pb、Zn、Mo、As 异常毗邻。

异常区处于桦-亭复向斜的西端,出露地层为二叠系及三叠系。断裂构造发育,主要有东西向逆断层。区内有安基山岩体——石英闪长斑岩侵入,围岩蚀变主要有硅化、矽卡岩化等。异常与石英闪长斑岩侵入活动有关。异常强度低,但自然金颗粒较大,今后应在硅化带进一步开展工作。

2)狮子山综合异常(Z-21)

异常级别为Ⅲ级,异常位于江宁县麒麟门南偏东、青龙山北侧的狮子山到珠山一带。异常形态与山体延伸方向一致,呈北东向的条形,面积约 3.6km²。异常由 9 个异常点组成,其中 7 个点含辰砂,含量一般为(1～8)颗/30kg,最高含量为 22 颗/30kg;5 个含雄(雌)黄,含量一般为(1～2)颗/30kg,最高含量为 8 颗/30kg;并有 1 个点见自然金。辰砂呈朱红—鲜红色,油脂光泽,不规则粒状、纤维柱状,单体,易碎,磨圆度差—中等,粒径为 0.05～0.4mm。伴生矿物有黄铁矿、自然金、独居石、褐铁矿等。异常与化探 Bi、Sb、Mo、As、Ag、Zn、Cu、As 异常相吻合。

异常区所处构造部位属汤-仑复背斜北翼,出露地层有石炭系、二叠系、三叠系。断裂发育,主要有北东向、北西向两组。狮子山北东坡有花岗斑岩产出,另据物探资料推测,在窦村附近有一隐伏岩体存在。蚀变有硅化、绢云母化、黄铁矿化等。

推测该异常与中—低温热液活动有关。虽然在岩石较破碎及方解石脉发育部位所采集 6 个人工重砂中均未发现原生矿物,但该异常范围较大,成矿地质条件较好,具一定找矿意义,建议进一步工作,查明物质来源。

其他综合异常解释与评价见表 4-22。

(五)宁芜预测工作区

宁芜预测工作区主要预测矿种为铜、金、硫铁矿等,每个矿种所对应预测类型见表 4-16。据典型矿床研究结果,铜、金、硫铁矿矿种组合所对应的重矿物特征组合为铜矿物、自然金、重晶石、黄铁矿、辰砂、砷矿物等。叠加特征矿物组合各单(组合)矿物异常,宁芜预测工作区圈定了 12 处综合异常(图 4-34),其中 2 处Ⅰ级异常,5 处Ⅱ级异常,5 处Ⅲ级异常,现将各类异常分述如下。

1. 梅山综合异常(Z-01)

异常级别为Ⅲ级,异常位于江宁镇梅山前村至丁家村,呈近圆状分布,面积约 9.12km²,由 6 个方铅矿含量点组成,含量一般为 5 颗/16kg,且伴生重晶石、黄铁矿、刚玉异常。异常与土壤 Pb 异常相吻合。

异常区出露大王山组辉石安山岩及辉石闪长玢岩,北部见次生石英岩,东部为戴山火山口。围岩蚀变有透辉石化、钙铁榴石化、阳起石化、绿帘石化、绿泥石化、碳酸盐化、高岭土化、硅化、钠长石化、方柱石化等,推测异常与岩体侵入活动有关。

2. 祖堂山综合异常(Z-04)

异常级别为Ⅱ级,异常位于江宁镇幅东祖堂山南坡,呈面状近南北向展布,面积约 3.81km²,由 5 个铜矿物含量点组成,伴生矿物有铅矿物、自然金、重晶石异常等。异常区与土壤 Cu、Pb、Zn、Sr、Ba 等组合异常套合较好。

异常区出露大王山组下段沉火山碎屑岩,南部为辉石闪长玢岩,异常东西两侧有重晶石及褐铁矿脉呈不规则状,地表矽卡岩化比较发育,有的变为次生石英岩。

异常查证工作中坡积自然重砂鉴定结果表明,在所取的 25 个自然重砂样品中,13 个样见金颗粒,最多达 21 颗,粒径最大约为 0.6mm,伴生矿物有磁铁矿、赤铁矿、黄铁矿、褐铁矿及锆石等。20 世纪 70 年代,江苏省地质矿产局第一地质大队在该区进行铁矿普查时,发现过铜矿体和铜矿化体。

该区自然重砂异常规模大、强度高,地球化学异常显示较好,且全区成矿地质条件较好,具有较好的找矿前景,应进一步开展工作。

表 4-22 宁镇预测工作区自然重砂综合异常特征一览表

异常编号	矿物组合	地理位置	异常面积(km²)	异常级别	异常区地质概况	评价解释
Z-01	辰砂、砷矿物	大港镇徐家湾一带	1.23	Ⅲ	出露白垩系葛村组火山碎屑岩，区内北东向、北西向断裂构造较发育	推测异常与火山活动有关
Z-03	重晶石、砷矿物、铜矿物	东阳镇西北赵庄北0.5km	2.20	Ⅲ	地表被第四系覆盖	成因不明
Z-05	自然金、砷矿物	南京市大凹山一带	1.57	Ⅲ	出露侏罗系象山群砂岩，岩石蚀变强烈，区内有已知甘家巷铅锌矿床	异常由已知铅锌矿床引起，属矿致异常
Z-06	辰砂、砷矿物、自然金	南京市太平山以东0.8km	0.36	Ⅲ	出露侏罗系象山群砂岩，附近有闪长玢岩	推测异常与岩体侵入及热液活动有关
Z-07	砷矿物、黄铁矿	句容县下蜀镇龙王山	1.01	Ⅲ	出露志留系坟头组砂岩、上奥陶统—下志留统高家边组粉砂岩，有闪长玢岩脉侵入	推测异常与岩体侵入及热液活动有关
Z-09	铅矿物	句容县下蜀镇葛山南1km	1.02	Ⅲ	出露志留系坟头组砂岩，区内东部有石英闪长斑岩出露	推测异常与岩体侵入及热液活动有关
Z-11	雄黄	句容县西谢以西1.2km	0.58	Ⅲ	北部被第四系覆盖，南部出露下三叠统青龙组灰岩	推测异常与地层中矿化裂隙有关
Z-12	自然金、黄铁矿	南京市伏牛山北东0.5km	1.08	Ⅱ	区内出露地层为中二叠世—早三叠世灰岩，南部有安基山岩体——石英闪长斑岩分布，围岩蚀变有硅化、矽卡岩化	异常与接触带有关
Z-15	自然金、黄铁矿	南京市蒋王庙东侧	0.55	Ⅲ	区内有蒋王庙岩体——辉绿岩大面积分布，少量出露中三叠统黄马青组粉砂泥岩	异常与两者接触带有关

续表 4-22

异常编号	矿物组合	地理位置	异常面积(km²)	异常级别	异常区地质概况	评价解释
Z-16	辰砂、重晶石、黄铁矿	江宁县麒麟门灵山西南 1.5km	0.69	Ⅲ	出露中三叠统黄马青组粉砂泥岩，中部有石英闪长斑岩侵入	经加密采样，仍见辰砂，推测异常与岩体侵入有关
Z-18	自然金、辰砂、重晶石	汤山镇与汤山水库之间	0.75	Ⅱ	主要出露岩性为奥陶纪灰岩和石英安山斑岩。岩石硅化等蚀变作用强烈	与汤山金矿成矿地质条件相似，异常与岩石硅化有关
Z-19	自然金、铅矿物、砷矿物	江宁县大山凹一带	2.82	Ⅲ	出露地层比较齐全，断裂构造发育，主要为北东向的纵向逆断层和北北东向、北西向的横断层	异常与沿断裂裂隙的热液活动有关
Z-20	辰砂、自然金、重晶石、砷矿物	江宁县钱山一带	1.02	Ⅲ	位于汤-仑复背斜的西段，主要出露上奥陶统—下志留统高家边组粉砂岩	异常与沿断裂裂隙的热液活动有关
Z-22	辰砂、重晶石	江宁县小茅山以东	1.30	Ⅲ	主要出露志留系茅山组砂岩，北东向断裂构造非常发育	异常与沿断裂裂隙的热液活动有关
Z-23	辰砂	江宁县天宝山以西	1.09	Ⅲ	主要出露上泥盆统五通组砂岩，流域上游盆地断裂构造非常发育	推测异常与上游地质体矿化蚀变有关
Z-24	辰砂、重晶石	江宁县西山头一带	0.41	Ⅲ	主要出露岩性为五通组砂岩和栖霞组灰岩，局部有二长斑岩出露，位于北东向与近东西向断裂交会处	异常与中低温热液活动有关

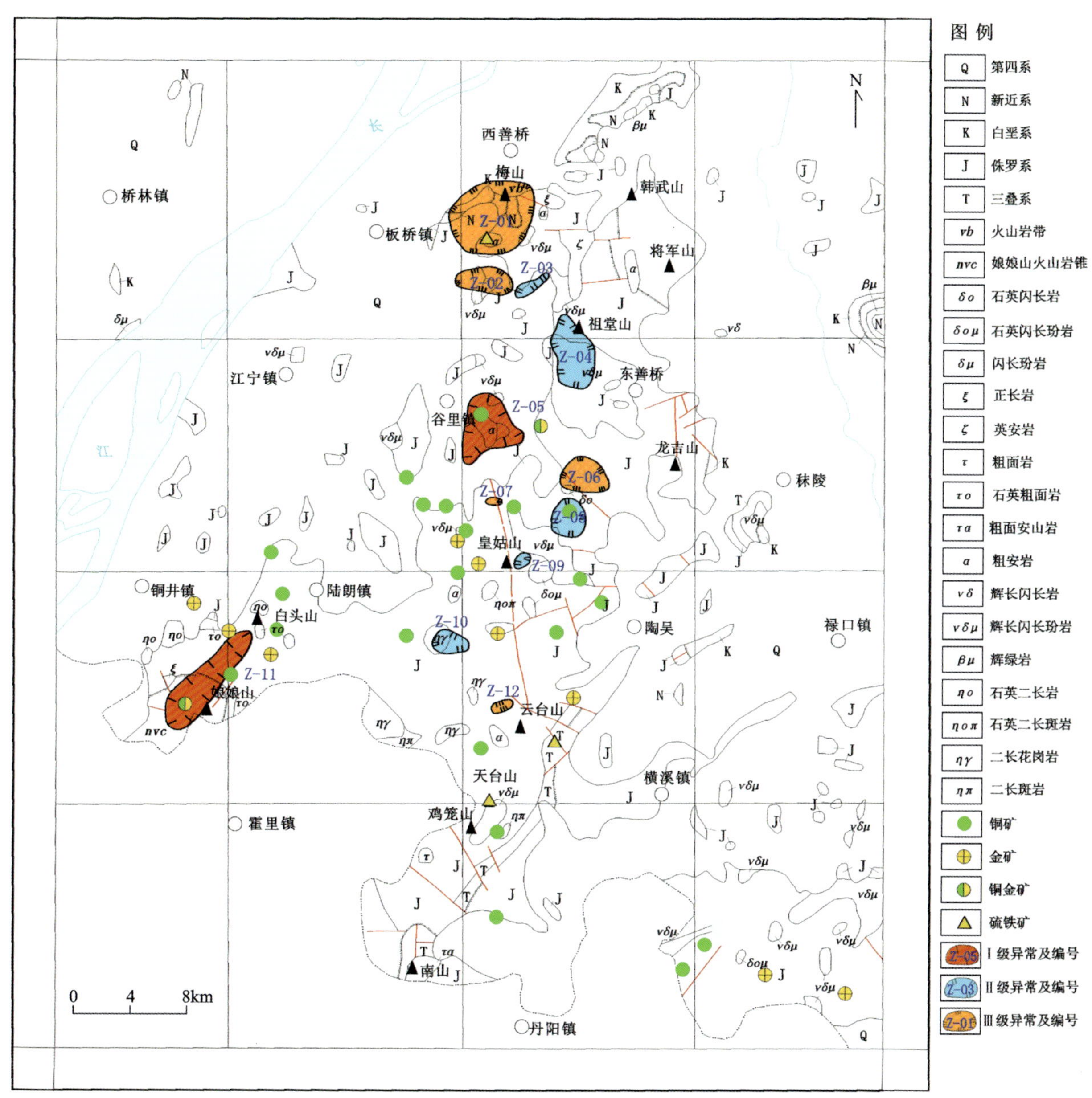

图 4-34　宁芜预测工作区自然重砂综合异常图

3. 谷里综合异常(Z-05)

异常级别为Ⅰ级,异常位于江宁镇幅东南谷里镇东,呈帽状近南北向展布,面积约 4.89km²,由 9 个铜矿物(主要为黄铜矿和孔雀石)含量点组成。铜矿物呈粒状,含量一般为(5～20)颗/16kg,伴生重矿物有自然金、、闪锌矿、泡铋矿、重晶石、黄铁矿。异常与土壤 Cu、Pb、Sn、Mo、Ag 综合异常套合较好。

异常区出露辉石闪长玢岩,岩体内见含铜重晶石脉。谷里铜矿就在异常区中部,区内见铜矿脉及开采遗迹、含铜石英脉滚块,异常范围与铜矿大体吻合,因此推测异常由已知铜矿床(谷里铜矿床)引起,该异常属矿致异常。

4. 菖蒲山综合异常(Z-08)

异常级别为Ⅱ级,异常位于慈湖幅东北角元山街西 1.5km,呈近圆形分布,面积约 1.94km²,由 2 个自然金含量点组成,含量均为 1 颗/16kg,伴有重晶石、砷矿物异常。异常与土壤 Cu、Zn、Mo、As、Ba 综合异常相吻合。

异常区出露大王山组辉石安山岩、角砾熔岩，节理十分发育，并见燕山早期闪长玢岩、辉石闪长玢岩、二长斑岩等。矿石矿物有黄铜矿、斑铜矿、辉铜矿、孔雀石，脉石矿物为黄铁矿、石英、方解石、重晶石等。围岩蚀变有绿泥石化、绢云母化、硅化、高岭土化。菖蒲山铜矿点就位于异常区中部，因此推测异常与已知铜矿化有关。

5. 铜井综合异常(Z-11)

异常级别为Ⅰ级，异常位于慈湖镇幅大杨山—麻山一带，呈长条状北东向展布，异常面积约 1.21km^2。异常由 6 个自然金含量点与 5 个铜矿物含量点组成，自然金含量一般为(1～5)颗/16kg，最高含量为 39 颗/16kg；铜矿物含量比较高，最高达 100 颗/16kg。重矿物伴有黄铁矿、辰砂、重晶石等。异常与土壤 Cu、Pb、Mo、Ag、Ba、Sn 综合异常相吻合。

异常区北东部为稽村火山口，充填粗安斑岩；西南部为白头山组粗安岩，岩石蚀变强烈，有高岭土化、黄铁矿化、菱铁矿化、绿泥石化、方解石化、重晶石化等。附近北西向断裂发育，断裂中见铜矿化。异常区西南侧为铜井铜金矿，西侧为小铜山金铜矿床等。加密采样，自然金、铜矿物异常仍存在。综合考虑，认为该异常与区内已知铜、金矿成矿作用有关，属矿致异常。

其他异常解释与评价见表 4-23。

表 4-23 宁芜预测工作区重砂综合异常特征一览表

异常编号	矿物组合	地理位置	异常面积(km^2)	异常级别	异常区地质概况	评价解释
Z-02	铅矿物、辰砂、铜矿物、重晶石	板桥镇鄂儿岗北东侧	2.17	Ⅲ	出露大王山组下段安山质沉火山碎屑岩，北东向、北西向两组断裂发育	推测异常与岩体侵入火山活动有关
Z-03	自然金、辰砂、铅矿物、砷矿物、铜矿物、重晶石	江宁镇周村	0.65	Ⅱ	第四系覆盖广，仅北西部零星有大王山组下段沉火山碎屑岩及辉石闪长玢岩体出露	异常成因与东南侧岩体侵入及热液活动有关
Z-06	自然金、黄铁矿、辰砂、砷矿物、铜矿物、重晶石	江宁县元山街石塘尤北侧	2.43	Ⅲ	出露大王山组中段安山质沉火山碎屑岩及辉石闪长玢岩，位于北东向、近南北向断裂交会处	异常与岩体侵入及热液活动有关
Z-07	自然金、辰砂、砷矿物、重晶石	江宁县陆朗镇大兴山东侧	0.19	Ⅲ	出露大王山组中段安山质沉火山碎屑岩及辉石闪长玢岩，北东向断裂通过异常区	异常与岩体侵入及热液活动有关
Z-09	自然金、辰砂、砷矿物、重晶石	江宁县东善桥皇姑山	0.36	Ⅱ	出露大王山组安山岩，异常区西侧出露闪长玢岩，南侧出露石英闪长玢岩，均属皇姑山火山机体组分，岩石蚀变强烈，主要有高岭土化、绿泥石化、绿帘石化。断裂发育，尤以西部常见北西向铜矿(化)脉体	异常由铜矿化等成矿作用引起

续表 4-23

异常编号	矿物组合	地理位置	异常面积（km^2）	异常级别	异常区地质概况	评价解释
Z-10	铜矿物、自然金、辰砂、砷矿物	江宁县施山东侧	1.21	Ⅱ	主要出露闪长玢岩岩体，附近有二长斑岩岩脉。北西向断裂非常发育，表现为含铜硅化破碎带。在羊子山顶出露含铜石英脉，脉体断续延伸达千余米，主要矿石矿物为黄铜矿、赤铁矿，伴生矿物为孔雀石、铜蓝，矿脉明显受断裂裂隙控制。围岩蚀变有绿泥石化、硅化等，蚀变局限于脉体旁侧。异常区西侧铜山-施山铜矿曾被地方开采	异常由含铜石英脉引起
Z-12	自然金、铜矿物、砷矿物、辰砂	陶吴镇查塘西侧王家山一带	0.38	Ⅲ	出露大王山组沉火山碎屑岩，异常区东部见二长斑岩脉，异常区南侧见安山玢岩，大金山-母鸡山大断层在东部通过	大断裂附近矿化引起的异常

（六）溧水预测工作区

溧水预测工作区主要预测矿种为铜、铅锌、金、硫铁矿等，每个矿种所对应预测类型见表 4-16。据典型矿床研究结果，铜、铅锌、金、硫铁矿矿种组合所对应的重矿物特征组合为铜矿物、铅矿物、锌矿物、自然金、重晶石、黄铁矿、辰砂、砷矿物等。叠加特征矿物组合各单矿物异常，溧水预测工作区圈定了 10 处综合异常（图 4-35），其中 2 处Ⅰ级异常，4 处Ⅱ级异常，4 处Ⅲ级异常，现将各类异常分述如下。

1. 亭山综合异常（Z-02）

异常级别为Ⅱ级，异常位于溧水县石湫乡亭山附近，异常呈不规则状，总体呈北西向展布，面积约 1.9km^2。异常由两个自然金含量点组成，伴有黄铁矿异常，1∶5 万自然重砂测量还显示了砷矿物异常（本次 1∶5 万自然重砂数据录入不全，成图未有反映）。异常区与亭山化探 Zn、Co、Mn 异常套合好，且还位于航磁异常的正负交会处。

异常区位于博望-虬山断裂中段东侧，角闪闪长玢岩与西横山组砂岩接触带下方，角闪闪长玢岩有碳酸盐化、绢云母化等蚀变。据江苏省有色金属华东地区勘查局 813 队在此工作，查明为一铜矿点，矿体呈脉状、细脉状和斑块状充填于构造裂隙中，矿床属火山期后热液充填矿床，因此，推测异常为已知铜矿点引起。

异常处在角闪闪长玢岩与西横山组地层的接触带上，处于成矿的有利地段，应进一步工作。

2. 丁公山综合异常（Z-05）

异常级别为Ⅲ级，异常位于溧水县石湫乡丁公山一带，异常呈不规则状，总体呈近北西向展布，面积约 2.74km^2，由 6 个自然金含量点组成，自然金含量一般为（1～2）颗/30kg，最高达 12 颗/30kg，伴有黄铁矿异常等。异常与化探土壤 Au 异常重叠性较好，异常峰值达 20×10^{-9}。

异常区出露朱村组砂岩和角闪闪长玢岩，局部地区岩石褐铁矿化强烈，在异常区见铁帽。经野外验证，自然金重现性良好。该异常区与丁公山-雨山激电异常相吻合，也与航磁异常重叠。异常区有已知丁公山金矿化点 1 处，因此推测异常与金矿化有关。

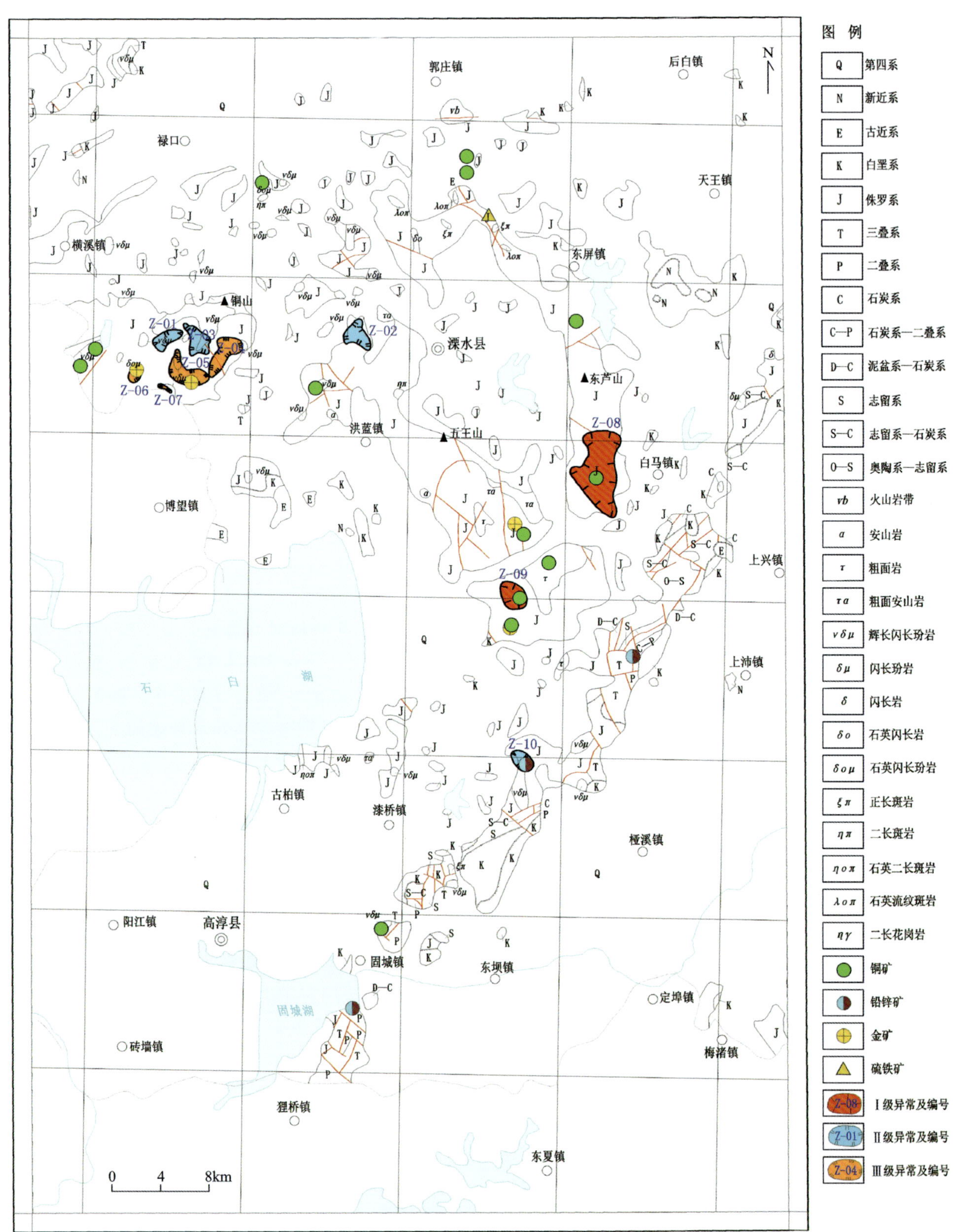

图 4-35　溧水预测工作区自然重砂综合异常图

3. 马占山综合异常(Z-08)

异常级别为Ⅰ级,异常位于溧水县白马乡段家山村西南马占山,异常呈不规则状近南北向分布,面积约 10.22km²,由 3 个铜矿物含量点组成,铜矿物一般含量为(1～5)颗/30kg,最高含量达 20 颗/30kg,伴有泡铋矿(最高含量达 0.0196g/30kg)、重晶石、辰砂、铅矿物异常。异常中心具有较好的土壤化探 Cu 异常显示,Cu 浓集中心明显。

异常区位于溧水中生代火山岩盆地的东缘,南北向东芦山-马将寺断裂喷发带经过本区。出露岩性为龙王山组上段和大王山组下段粗安质火山岩。异常区内有数条含铜石英脉,异常范围与矿点范围基本吻合,与磨盘山激电异常相重叠。1∶5 万矿产调查已查明为铜多金属矿点,因此推断异常与铜多金属矿化有关。

4. 金鸡山综合异常(Z-09)

异常级别为Ⅰ级,异常位于溧水县晶桥镇金鸡山附近,异常呈近椭圆形北西向展布,面积约 2.33km²,由 3 个铜矿物含量点组成,伴有重晶石异常。溧水 1∶5 万土壤金测量在该重砂异常区圈定了面积约 1.5km² 的 Au 异常,峰值为 25×10^{-9},异常走向近南北向,有比较明显的浓集中心。

异常区位于茅山山脉中段北西部,溧水火山盆地东南缘,出露大王山组下段粗安岩和姚家边组上段粗安岩、正长斑岩,并有少量的石英脉。区内断裂构造发育,具有与成矿作用有关的张扭、压扭性断裂。围岩蚀变为高岭土化、绢云母化、黄铁矿化、硅化等,在区内发现黄铜矿、黄铁矿、闪锌矿、方铅矿、自然金等矿物。金鸡山铜铅矿点位于异常区中部,因此推测该异常与已知铜多金属矿化有关。

5. 大山综合异常(Z-10)

异常级别为Ⅱ级,异常位于溧水县南邹村东南约 4km 大山处,异常呈椭圆形沿北西向断裂展布,面积约 1.29km²,由 2 个磷铝铅矿含量点组成,铅含量最高达 0.5175g/30kg。异常与化探(大山-红石山铅、锌异常)晕相重叠。

异常区出露岩性为姚家边组上段粗安质角砾熔岩和大王山组上段砂岩,异常区内构造发育,见两条近南北向断层和一条北西向断层。接触带上蚀变主要表现为高岭土化、绢云母化、硅化、碳酸盐化。1976 年经江苏省地质矿产局第二地质大队工作,已查明在接触带上赋存有铅锌矿脉。异常区与矿点相吻合,因此推断该异常由已知铅锌矿化作用引起。该异常成因已清楚,不需再进行工作。

其他异常解释及评价见表 4-24。

表 4-24 溧水预测工作区重砂综合异常特征一览表

异常编号	矿物组合	地理位置	异常面积(km²)	异常级别	异常区地质概况	评价解释
Z-01	自然金、黄铁矿、重晶石、辰砂、砷矿物	江宁县横溪乡上庄村西北	1.41	Ⅱ	出露陡山组长石石英砂岩,并见有角闪闪长玢岩	推测异常与岩体侵入及热液活动有关
Z-03	自然金、重晶石、黄铁矿	江宁县横溪乡上尚周村南部	1.96	Ⅱ	异常区见角闪闪长玢岩与大王山组粗面岩。横溪-芝山断裂通过异常区东部	异常与两者接触带有关

续表 4-24

异常编号	矿物组合	地理位置	异常面积（km^2）	异常级别	异常区地质概况	评价解释
Z-04	自然金、黄铁矿、重晶石	溧水县石湫乡独山寨	2.61	Ⅲ	异常区北东部出露西横山组长石石英砂岩，南西部大面积出露陡山组上段长石石英砂岩，异常区零星出露角闪闪长玢岩	推测异常与岩体侵入及热液活动有关
Z-06	自然金、重晶石、砷矿物、黄铁矿	燕子口	0.59	Ⅲ	出露陡山组长石石英砂岩夹砾岩，局部有角闪闪长玢岩出露	推测异常与岩体侵入及热液活动有关
Z-07	自然金、辰砂、黄铁矿、铜矿物	溧水县石湫乡老洼山一带	0.18	Ⅲ	出露地层为朱村组和陡山组，异常区北西部有角闪闪长玢岩侵入	推测异常与岩体侵入及热液活动有关

（七）宜溧预测工作区

宜溧预测工作区主要预测矿种为铜、铅锌、金等，每个矿种所对应预测类型见表 4-16。据典型矿床研究结果，铜、铅锌、金矿种组合所对应的重矿物特征组合为铜矿物、铅矿物、锌矿物、自然金、重晶石、黄铁矿、辰砂、砷矿物等。叠加特征矿物组合各单矿物异常，宜溧预测工作区圈定了 11 处综合异常（图 4-36），其中 1 处Ⅰ级异常，7 处Ⅱ级异常，3 处Ⅲ级异常，现将各类异常分述如下。

1. 土包山综合异常（Z-01）

异常级别为Ⅰ级，异常位于溧阳市西约 5km 处土包山至仙人山一带，呈长椭圆形北东向展布，面积约 1.03km^2，由 1 个自然金含量点组成（部分自然金样点坐标未能采集），伴有黄铁矿、辰砂、砷矿物异常等。它处于仙人山 Mo、Cd、Pb、Zn、Cu、Bi 等元素异常带上，异常中心具有极高的磁法异常。

异常区出露二叠系孤峰组页岩、硅质页岩，栖霞组灰岩，泥盆系五通组石英砂岩，志留系茅山组上段细粒长石岩屑石英砂岩，侏罗系大王山组上段流纹岩夹角砾凝灰岩以及燕山晚期花岗闪长斑岩。在仙人山一带发育近南北向和近东西向两组断裂，在仙人山北西侧栖霞组灰岩中见有硅化现象。异常区有土包山-野猫山矽卡岩型及热液充填交代型金矿点、土包山接触交代矽卡岩型铁铜矿点和仙人山中低温热液充填交代型铜矿点等。无论从地球化学异常分布特征，还是自然重砂矿物综合异常分布特征，均表明本异常为成矿作用的反映，属矿致异常，异常范围较大，且不同程度地有物探异常相伴，因此，该区的进一步研究对扩大已知矿床远景具有一定意义。

2. 小贤岭综合异常（Z-05）

异常级别为Ⅱ级，异常位于横山东北 2km 处的小贤岭一带，异常呈长椭圆形沿南北向断裂展布，面积约 0.42km^2，由两个自然金含量点组成（部分自然金样点坐标未能采集到），异常与水系沉积物 Cu、Au、As 异常重叠性较好。

异常位于北山-长山北北东向含矿带的中段，出露岩性为大王山组流纹质凝灰岩，东部主要出露志留系茅山组砂岩、高骊山组砂岩及少量青龙组灰岩。北东向、北西向断裂较发育，花岗斑岩、二长石英斑岩呈脉状产出。区内有已知小贤岭铁矿点，矿体围岩为上志留统茅山组砂岩和下三叠统青龙组灰岩，为中低温热液充填型，因此推测异常与岩体侵入及热液活动有关。

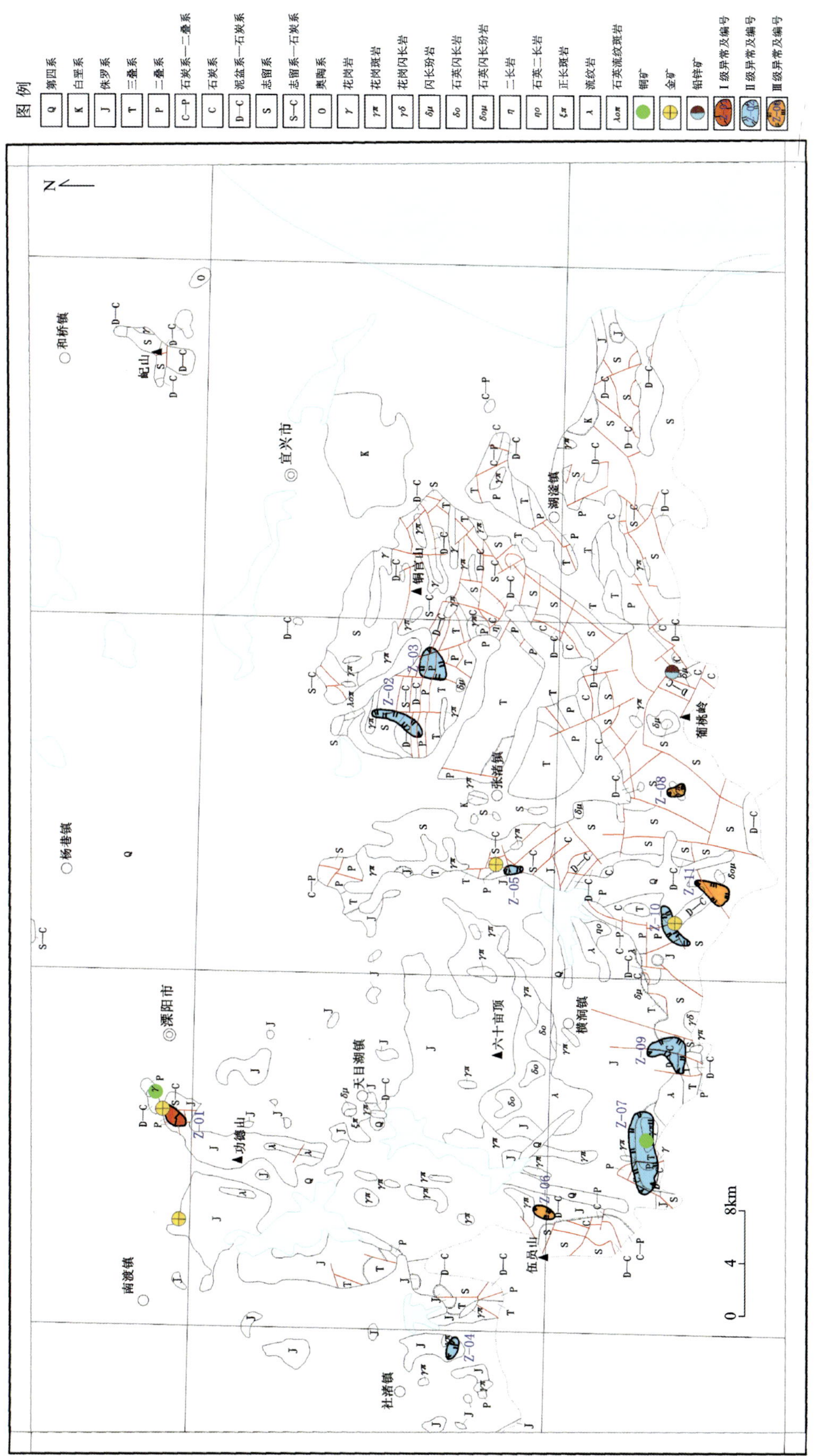

图4-36　宜溧预测工作区自然重砂综合异常图

3. 小梅岭综合异常(Z-07)

异常级别为Ⅱ级,异常位于苏皖交界处的小梅岭—杨家冲一带,呈椭圆状近东西向展布,面积约5.83km²,由3个三级闪锌矿含量点组成,伴有黄铁矿异常等。异常与1∶5万水系沉积物Pb、Zn、Sn、Cd、Mo异常相吻合,Pb浓度分带较完整。二级异常查证结果表明,该地段为Pb-Zn-Cu-Bi-Cd异常,最高含量Pb为1500×10^{-6},Zn为600×10^{-6},Cu为1000×10^{-6},Bi为30×10^{-6},异常显示良好,浓度分带完整,主要有5处浓集中心。

异常处于溧阳火山盆地南部及南东边缘,北部侏罗系龙王山组、大王山组等火山岩不整合于南部晚志留世—中三叠世的碎屑岩及碳酸盐岩之上。沉积岩区内广泛发育纵向及横向断裂。南部有庙西岩体及陈家边岩体。异常区局部见矽卡岩化、硅化等蚀变。区内有青山多金属矿点、杨家村多金属矿点、小梅岭多金属矿点、耳朵洞铁矿点及桃花岭小型铁矿床。

推测异常可能与区内已知多金属矿化有关。异常区西部及松岭头附近有与已知矿床(点)相似或更好的元素组合和异常中心,是寻找多金属矿的有利地段。

4. 北川综合异常(Z-08)

异常级别为Ⅲ级,异常位于张渚镇以南的北川,异常呈椭圆形近南北向分布,面积约0.53km²。重砂矿物组合比较复杂,异常由2个铜矿物含量点组成,伴有辰砂、雄黄异常等。异常与水系沉积物Zn、Pb、Au、Cd、As、Ag、Sn异常部分重合。

异常区出露岩性主要为志留系茅山组石英砂岩,异常附近有大量细小花岗斑岩脉分布。北东向、北西向断裂比较发育。采自接触带附近的岩石样品Ag、Au、Cu含量相对较高,因此认为异常与花岗斑岩侵入引起的含矿热液活动有关。

该区化探异常规模大,浓度分带较好,自然重砂矿物组合较好,且成矿地质条件尚好,具有一定的找矿前景,应进一步工作。

其他异常解释及评价见表4-25。

表4-25　宜溧预测工作区自然重砂综合异常特征一览表

异常编号	矿物组合	地理位置	异常面积(km²)	异常级别	异常区地质概况	评价解释
Z-02	自然金	张渚镇祝陵北东3km处	1.75	Ⅱ	区内出露地层为中志留统、下泥盆统、下中二叠统,局部分布有花岗斑岩。近东西向断层非常发育	推测异常与岩体侵入及热液活动有关
Z-03	自然金、黄铁矿	张渚镇丫枝岭一带	2.04	Ⅱ	区内出露地层为中上二叠统、下三叠统,局部地区有花岗斑岩。北东向和北西向两组断裂较发育	推测异常与岩体侵入及热液活动有关
Z-04	闪锌矿、黄铁矿	溧阳县社渚镇仙山岗以西	0.63	Ⅱ	区内出露龙王山组下段粗岩岩、粗安质角砾熔岩及花岗斑岩	推测异常与后期岩浆热液活动有关
Z-06	闪锌矿、辰砂、黄铁矿	溧阳县伍伢山林场北东1km处	0.67	Ⅲ	出露岩性为龙王山组下段流纹质碎屑凝灰岩	推测异常与火山活动有关

续表 4-25

异常编号	矿物组合	地理位置	异常面积 (km^2)	异常级别	异常区地质概况	评价解释
Z-09	锡石、辰砂、黄铁矿	溧阳县横涧镇以南之涧口	2.54	Ⅱ	出露地层为龙王山组上段、志留系观山组，一条近南北向断层通过异常区	推测异常与沿断裂裂隙的热液活动有关
Z-10	闪锌矿、辰砂、砷矿物、黄铁矿、铜矿物、自然金	张渚镇以南乾元岕	1.55	Ⅱ	出露地层为下泥盆统、中志留统、中二叠统等，位于大贤岭-涧口断裂和石门尖-锅底山断裂交会处。有吉多岕金矿点	异常可能与矿化裂隙有关
Z-11	铅矿物、自然金、辰砂	张渚镇以南太平村	1.60	Ⅲ	出露岩性为二叠系孤峰组石英砂岩，异常区附近有二长斑岩、闪长玢岩零星分布。北西向、北东向断裂比较发育	推测异常可能与矿化裂隙有关

(八)苏州西部预测工作区

苏州西部预测工作区主要预测矿种为铅锌、银、硫铁矿、萤石等，每个矿种所对应的预测类型见表 4-16。据典型矿床研究结果，铅锌、银、硫铁矿、萤石矿种组合所对应的重矿物特征组合为铅矿物、锌矿物、银矿物、重晶石、黄铁矿、辰砂、砷矿物、萤石等。叠加特征矿物组合各单矿物异常，苏州西部预测工作区圈定了 8 处综合异常(图 4-37)，其中 4 处Ⅱ级异常，4 处Ⅲ级异常，现将各类异常分述如下。

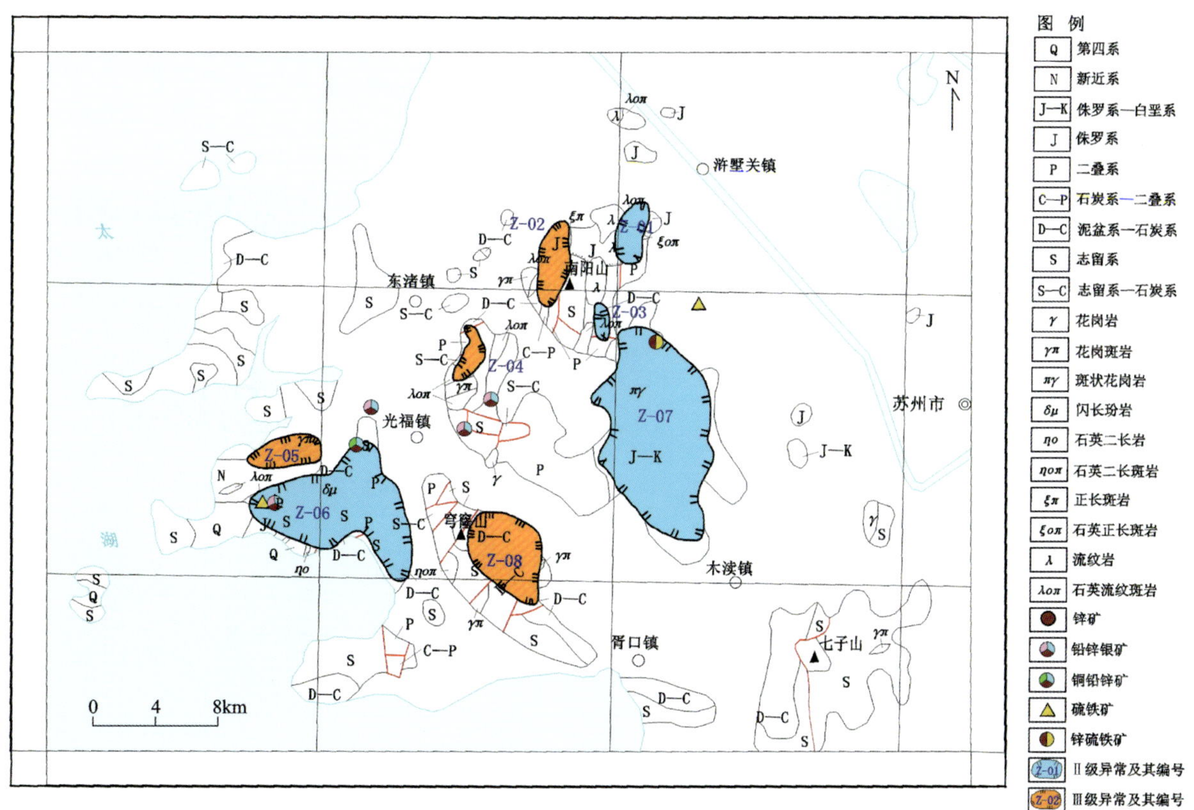

图 4-37　苏州西部预测工作区自然重砂综合异常图

1. 潭山综合异常(Z-06)

异常级别为Ⅱ级,异常位于吴县光福镇潭山—玄墓山一带,异常呈不规则状,总体呈近东西向展布,面积约 134km^2,由 12 个三级和 8 个二级辰砂含量点组成,重矿物伴有黄铁矿、雄黄异常等。异常与土壤 Pb、Zn、Cu 异常相吻合。

异常区出露地层主要有泥盆系,次有二叠系及上侏罗统。侵入岩种类繁多,有花岗斑岩、花岗闪长岩、闪长岩、闪长玢岩、石英斑岩、石英二长岩等。断裂有北东向及北西向两组,均较发育。在潭山一带围岩蚀变矿化比较强烈,主要有高岭土化、绿泥石化、硅化、碳酸盐化、黄铁矿化、菱铁矿化、铅锌矿化等。异常区有黄铁矿床 1 处,多金属矿点 1 处,铁矿点 3 处。异常与区内铁、硫、多金属成矿作用有关,属矿致异常。

2. 穹窿山综合异常(Z-08)

异常级别为Ⅲ级,异常位于光福镇东南 5km 的穹窿山一带,异常呈近椭圆形北西向展布,异常面积约 57.3km^2,由多个一级至三级辰砂含量点组成,重矿物伴有黄铁矿、雄黄异常等。异常区内有零星土壤汞异常分布。

区内出露岩性为茅山组砂岩和五通组石英砂岩等,附近有燕山晚期花岗岩、花岗斑岩等的侵入,断裂构造主要有北东向,推测异常与沿断裂裂隙热液活动有关。

其他异常解释及评价见表 4-26。

表 4-26　苏州西部预测工作区自然重砂综合异常特征一览表

异常编号	矿物组合	地理位置	异常面积(km^2)	异常级别	异常区地质概况	评价解释
Z-01	辰砂、黄铁矿、砷矿物	通安镇观山以南一带	18.01	Ⅱ	出露地层为中二叠统龙潭组,分布有辉绿岩、次英安斑岩。断裂构造较发育	推测异常与辉绿岩侵入体有关
Z-02	辰砂、黄铁矿	通安镇以南阳宝山一带	24.21	Ⅲ	出露岩性为砂岩、灰岩,分布花岗斑岩、闪长玢岩,断裂构造较发育	异常与岩体侵入及热液活动有关
Z-03	辰砂、黄铁矿	通安镇南阳山东南侧	5.70	Ⅱ	出露岩性为五通组石英砂岩和苏州花岗岩,附近有石英斑岩脉侵入,北东向断裂构造较发育	推测异常与脉岩侵入活动有关
Z-04	黄铁矿、辰砂、砷矿物	县市东渚镇东南的五龙山	10.85	Ⅲ	出露岩性为茅山组砂岩和栖霞组灰岩,分布有花岗斑岩、煌斑岩,断裂构造较发育	异常可能和岩体与围岩的接触带有关
Z-05	黄铁矿、辰砂	光福镇青峰山一带	21.60	Ⅲ	出露地层为五通组,分布有闪长花岗岩,围岩蚀变较强烈	异常与接触带有关
Z-07	辰砂、黄铁矿、砷矿物、萤石、重晶石	木渎镇白鹤山—灵岩山一带	207.72	Ⅱ	异常区主要分布大面积花岗(斑)岩。北东向断层较发育	推测异常与岩体侵入及热液活动有关

第五章 自然重砂找矿模型综合研究

江苏省自然重砂矿物种类比较多，大多以硅酸盐矿物居多，一般与地层、岩浆岩关系密切，是区域地质特征的矿物反映。如锆石在研究区均有大面积分布，反映出锆石的多源性；金红石、镁铝榴石、独居石主要分布于东海高压变质岩区，与榴辉岩关系密切；钛铁矿、铬铁矿主要与基性、超基性侵入岩关系密切；磁铁矿、磷灰石广泛分布于各类侵入岩中；铌铁矿仅分布于苏州地区，成因上与苏州花岗岩关系密切；钙铁榴石、透闪石组合对寻找矽卡岩型矿产具有较好的指示意义。全省具有找矿意义的特殊自然重砂矿物极少，尤其是铜、铅、锌、铋、钨、钼、锡、银、萤石等对本次矿种预测有直接找矿指示意义的自然重砂矿物非常少，检出率普遍低于 2%。其原因为：一方面可能与这些矿物化学稳定性差，容易分解有关，如黄铜矿、方铅矿、闪锌矿、泡铋矿、辉钼矿等；另一方面可能与研究区地表蚀变、矿化作用不强烈有关。因此表现出铅、锌、银矿床范围没有相应的铅、锌、银矿物指示，铜矿床范围无铜矿物显示等情况。基于数据实际，参考前述划定的 10 个自然重砂找矿带，选择宁芜铜金矿自然重砂找矿带进行自然重砂找矿模型综合研究。

第一节 宁芜铜金矿找矿模型的建立

一、宁芜火山岩盆地(江苏段)成矿地质背景

宁芜盆地位于长江中下游成矿带东部，是在震旦纪—中生代坳陷基础上形成的火山断陷盆地。宁芜北段是指宁芜盆地的北东(即江苏)部分，即南京江宁区西南地段，面积 900 余平方千米。宁芜盆地由北北东向长江断裂(F_1)、方山-小丹阳断裂(F_5)和北西向南京-湖熟断裂(F_h)、芜湖断裂(F_a)控制，属于继承式的中生代陆相火山岩盆地(图 5-1)。盆地内的断裂主要为北北东向、东西向和北西向 3 组，构成宁芜盆地的构造骨架。宁芜火山岩盆地基底地层主要有三叠系青龙组(T_1q)海相碳酸盐岩建造，周冲村组(T_2z)白云质灰岩和膏岩层，黄马青组(T_2h)砂页岩；侏罗系象山群($J_{1-2}Xn$)陆相碎屑岩建造，西横山组(J_3x)类磨拉石建造；白垩纪早期相继发育龙王山组、大王山组、姑山组和娘娘山组 4 个火山喷发喷溢旋回；此后浦口组(K_2p)砂岩、砾岩，赤山组(K_2c)细砂岩、粉砂岩以及古近系和新近系砂砾岩覆盖于火山岩之上。宁芜盆地中次火山岩体也广泛发育，主要以超浅成相侵入体为主，侵入深度约 0.5～1.5km，岩体出露面积为 0.01～10km^2。4 个旋回的次火山岩与相应旋回的火山岩在成分上相似。龙王山旋回次火山岩主要为粗安玢岩和粗面斑岩，大王山旋回次火山岩以富钠质的中偏基性的辉长闪长岩-辉长闪长玢岩为主，姑山旋回次火山岩主要为角闪安山玢岩和黑云角闪英安玢岩，娘娘山旋回次火山岩主要为粗面斑岩。次火山岩大多形成于每一旋回的晚期。其中大王山旋回次火山岩体与铁矿床在空间和时间上关系密切，前人将这类铁矿床统称为玢岩型铁矿床；娘娘山旋回次火山岩体与铜金矿成矿关

系密切。对应姑山旋回和娘娘山火山岩浆活动在宁芜盆地内还形成了大量花岗岩类侵入岩，主要呈隐伏岩体产于盆地深部，在盆地中部和北部地区局部出露地表。

宁芜火山岩盆地（江苏段）已知铜矿产地有30处，其中小型矿床4处（图5-1），矿点14处，矿化点12处。较集中地分布于白头山—娘娘山、谷里和大岭岗—龙山地区；金矿是铜矿的伴生矿，已发现金矿产地16处，其中中型1处，小型1处，矿点、矿化点各7处，其成因类型均为中低温热液型。区内有代表性的铜金矿床为铜井金铜矿、谷里铜金矿，其中矿床主要受北西向、北东向两组断裂及破火山口控制，矿体呈走向北东的大脉及复脉状雁行排列。控矿围岩为大王山组安山岩，娘娘山组碱性粗面岩、粗安岩、熔结角砾岩、黝方石响岩等。铜金矿主要赋存于石英脉中，少数在菱铁矿、重晶石脉中，与硫化物关系密切。矿石矿物以黄铜矿、斑铜矿、自然金、银金矿、黄铁矿为主，次为镜铁矿、硫铜铋矿、辉锑铋矿、黝铜矿等。脉石矿物有石英、菱铁矿、方解石、重晶石、玉髓等。围岩蚀变有碳酸盐化、绿泥石化、黄铁矿化、硅化、绢云母化、高岭土化等，沿裂隙呈带状或线状分布。

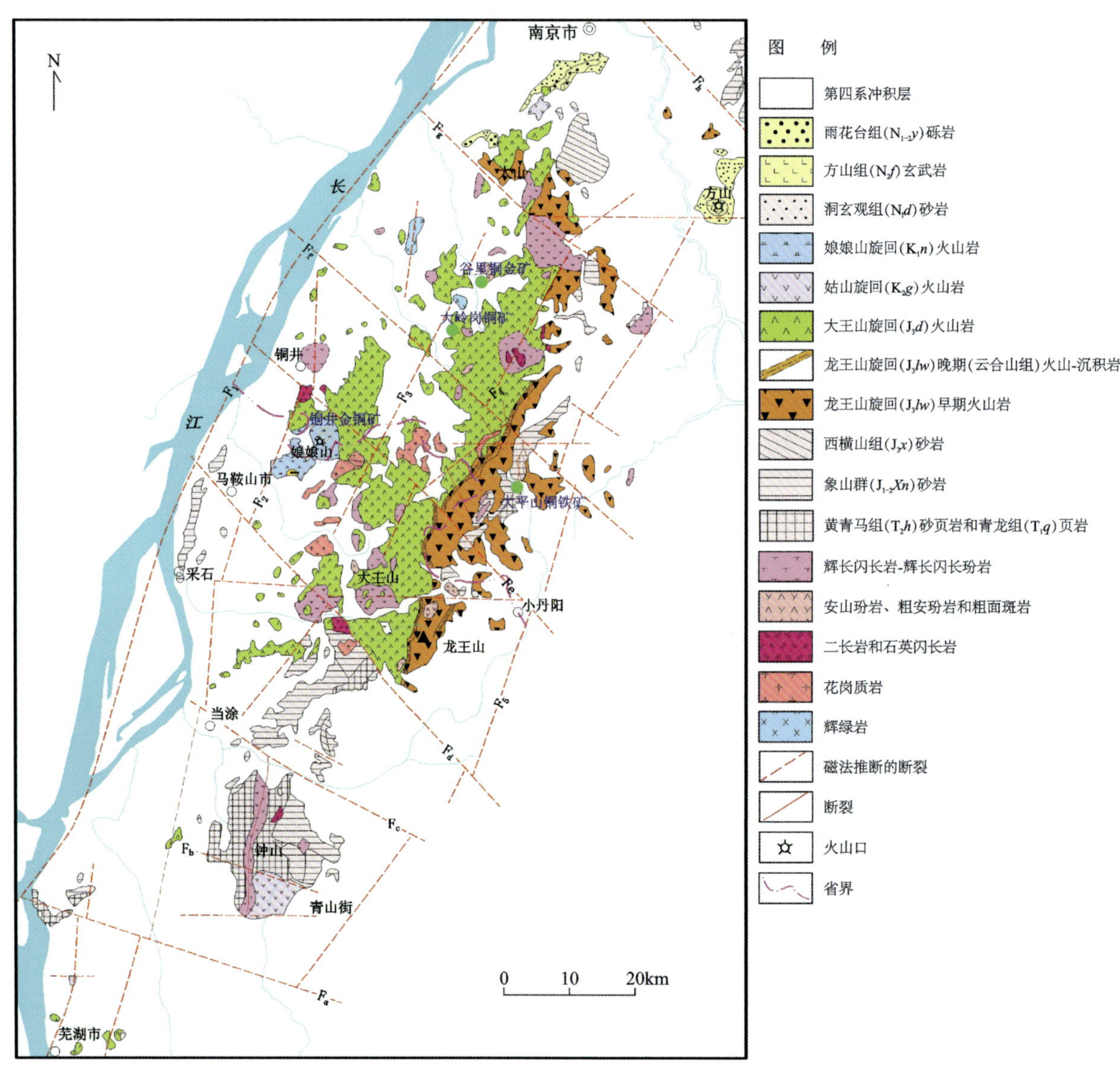

图5-1　宁芜火山岩盆地矿产地质图

二、宁芜火山岩盆地(江苏段)异常圈定及异常级别的划分(1∶5万数据)

宁芜火山岩盆地(江苏段)即宁芜北段,其重矿物组合主要有金红石、磁铁矿、绿帘石、锐钛矿、白钛矿、电气石、钛铁矿、石榴石、锆石、黄铁矿、榍石、辉石、角闪石、赤铁矿、重晶石、磷灰石、独居石、辰砂、雄黄、雌黄、十字石、自然金、铜矿物、蓝晶石、菱铁矿、碳矽石、尖晶石、方铅矿、泡铋矿等,鉴于重矿物报出率及含量多寡,研究选择辰砂、砷矿物(雄黄、雌黄)、自然金、铜矿物(黄铜矿、斑铜矿、蓝铜矿、孔雀石)、黄铁矿、重晶石,通过 ZSAPS2.0 软件进行标准化,然后进行含量分级。黄铁矿、重晶石、辰砂、砷矿物、自然金、铜矿物分别选择 50 颗、100 颗、4 颗、3 颗、1 颗、10 颗为异常下限(表 5-1)。异常范围在重矿物含量的基础上,结合地质背景、地貌特征圈定,然后根据异常规模及找矿意义大小和与已知矿的对应关系把异常分为 3 级,Ⅰ级找矿信息最好,Ⅲ级最差。对于那些孤立出现而重矿物含量很高(大于四级含量)的点作为高含量点表示,按Ⅲ级异常处理。宁芜北段圈出辰砂异常 12 处,其中Ⅰ级异常 1 处,Ⅱ级异常 5 处,Ⅲ级异常 6 处;砷矿物异常 12 处,其中Ⅱ级异常 3 处,Ⅲ级异常 9 处;黄铁矿异常 13 处,其中Ⅰ级异常 6 处,Ⅱ级异常 2 处,Ⅲ级异常 5 处;重晶石异常 16 处,其中Ⅰ级异常 2 处,Ⅱ级异常 7 处,Ⅲ级异常 7 处;铜矿物异常 8 处,其中Ⅰ级异常 2 处,Ⅱ级异常 1 处,Ⅲ级异常 5 处;自然金异常 9 处,其中Ⅰ级异常 2 处,Ⅱ级异常 1 处,Ⅲ级异常 6 处(图 5-2)。

表 5-1　宁芜北段自然重砂矿物含量分级表

矿物名称	报出率(%)	含量分级(颗)				
		一级	二级	三级	四级	异常下限
黄铁矿	55.51	1～20	20～50	50～128	≥128	50
重晶石	33.23	1～50	50～100	100～210	≥210	100
辰砂	19.85	1～3	3～8	8～20	≥20	4
砷矿物	14.44	1～3	3～6	6～18	≥18	3
自然金	6.22	1～3	3～5	5～8	≥8	1
铜矿物	5.85	1～5	5～10	10～50	≥50	10

三、宁芜北段异常分布特征

宁芜北段自然重砂异常主要分布在韩武山—将军山、梅山—龙吉山、白头山—娘娘山、谷里金牛洞、皇姑山南上范村和云台山—天台山等地(图 5-2),它们与主要成矿区带及个别矿区、火山机构部位吻合。韩武山—将军山一带主要以辰砂、砷矿物异常为主;梅山—龙吉山一带主要以辰砂、黄铁矿异常为主,次为铜矿物、自然金、重晶石异常;白头山—娘娘山一带主要以自然金、铜矿物异常为主,次为黄铁矿、重晶石异常;谷里金牛洞主要以自然金、铜矿物、黄铁矿、重晶石异常为主,次为辰砂、砷矿物异常;皇姑山南上范村主要以辰砂、黄铁矿、砷矿物异常为主;云台山—天台山一带主要以黄铁矿异常为主,次为重晶石异常。

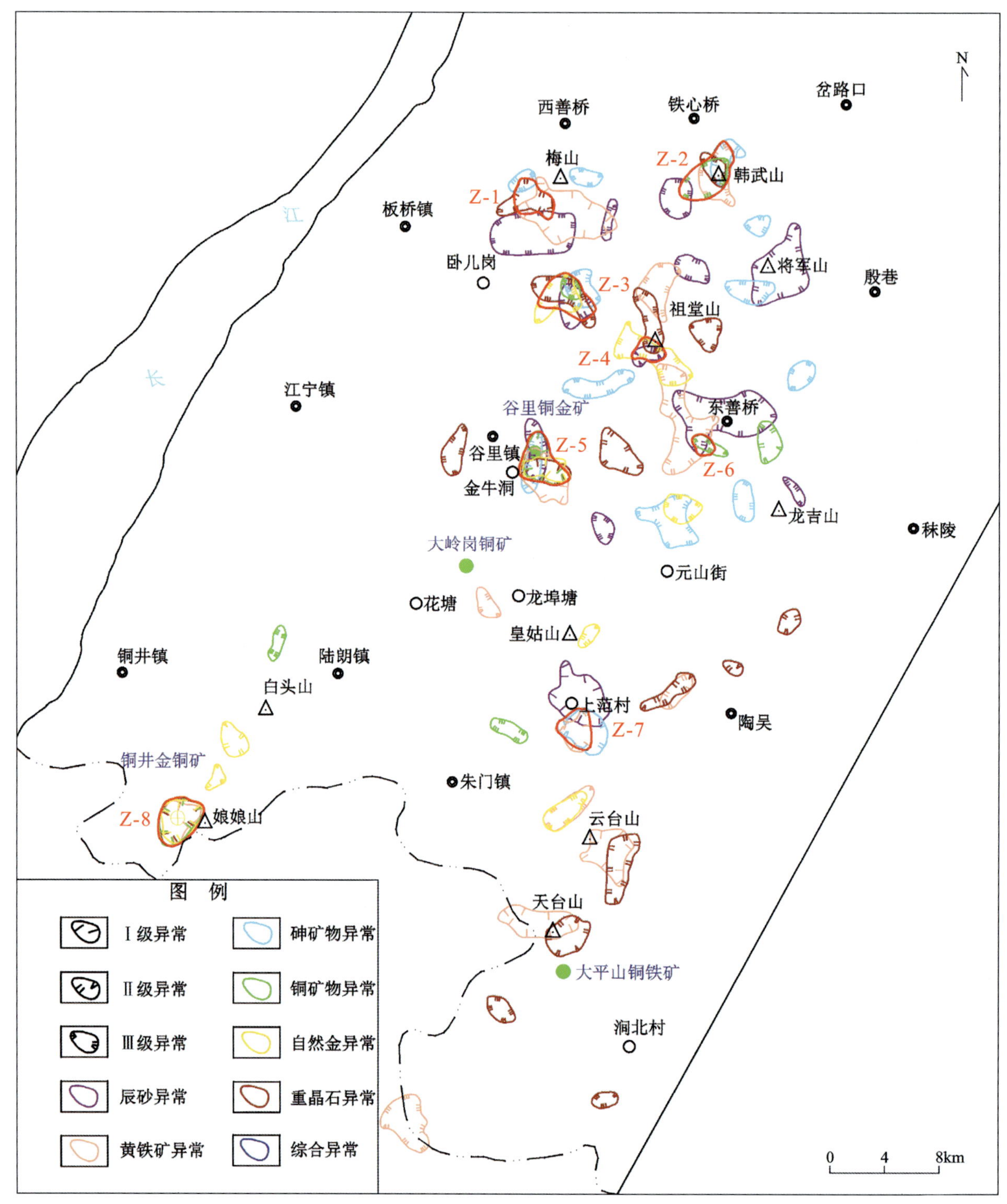

图 5-2　宁芜北段自然重砂异常分布图

四、综合异常圈定及解释

综合异常在单矿物组合异常的基础上圈定，宁芜北段共圈定 8 处综合异常，对每个综合异常所包含的单异常进行了参数统计，并对每个综合异常进行了解释评价(表 5-2)。其中 3 号综合异常包含辰砂、自

续表 5-2

综合异常名称 \ 单异常	组成综合异常的单矿物异常参数							综合异常评价
	单异常名称	最高含量（颗）	异常均值（颗）	异常面积（km^2）	异常规模（颗·km^2）	地质矿产概况及异常推断解释	异常分级	
Z-4（祖堂山自然重砂综合异常）	祖堂山辰砂异常	62	42	0.52	21.84	异常位于北西向断裂喷发带，区内出露大王山组安山质沉火山碎屑岩，北部见石英闪长斑岩，地表矽卡岩化、次生石英岩化发育，见不规则重晶石和褐铁矿脉，推测异常与地表矿化有关	Ⅱ	综合异常面积 0.66km^2，单异常套合一般，异常揭示可能存在金矿化体
	祖堂山重晶石异常	100	83	1.28	106.24		Ⅲ	
	祖堂山自然金异常	4	2	2.27	4.54		Ⅲ	
Z-5（金牛洞自然重砂综合异常）	金牛洞辰砂异常	8	6	1.21	7.26	异常位于北西向、北北西向与北东向断裂交会处，区内出露辉石闪长玢岩和辉石安山玢岩，岩体内见含铜重晶石脉、含铜石英脉，谷里铜矿位于异常中心，推测异常由谷里铜矿脉机械分散晕引起	Ⅱ	综合异常面积 1.87km^2，单异常套合很好，自然金、铜矿物极值高，异常与谷里铜金矿区范围相当，异常即是谷里铜金矿的反映
	金牛洞黄铁矿异常	450	175	2.15	376.25		Ⅰ	
	金牛洞砷矿物异常	5	4	1.03	4.12		Ⅱ	
	金牛洞重晶石异常	100	75	1.10	82.50		Ⅰ	
	金牛洞自然金异常	221	48	1.05	50.40		Ⅰ	
	金牛洞铜矿物异常	105	49	1.69	82.81		Ⅰ	
Z-6（东善桥自然重砂综合异常）	东善桥辰砂异常	20	7	4.64	32.48	异常位于北西向断裂喷发带内，区内出露辉石闪长玢岩、石英闪长玢岩和大王山组下段安山质沉火山碎屑岩，推测异常与次火山岩体侵入活动有关	Ⅱ	综合异常面积 0.42km^2，单异常套合一般，异常揭示的矿化信息不强
	东善桥黄铁矿异常	100	100	3.90	390.00		Ⅱ	
	东善桥铜矿物异常	50	50	0.44	22.00		Ⅲ	
Z-7（上范村自然重砂综合异常）	上范村辰砂异常	100	21	2.79	58.59	异常位于北西向、北东向断裂交会处，区内出露大王山组中段安山质火山碎屑岩，推测异常与火山喷发活动有关	Ⅰ	综合异常面积 1.22km^2，单异常套合一般，异常揭示的矿化信息不强
	上范村黄铁矿异常	300	200	1.15	230.00		Ⅰ	
	上范村砷矿物异常	100	75	1.79	134.25		Ⅱ	
Z-8（娘娘山自然重砂综合异常）	娘娘山黄铁矿异常	436	212	1.50	318.00	异常位于娘娘山火山口内，区内出露娘娘山组黝方石响岩、粗面质熔结火山碎屑岩，铜井金铜矿位于异常中心，推测异常由铜井金铜矿脉机械分散晕引起	Ⅰ	综合异常面积 1.97km^2，单异常套合很好，异常极值点高，异常与铜井金铜矿范围相当，异常即是铜井金铜矿的反映
	娘娘山重晶石异常	18 094	9562	1.73	16 542.26		Ⅰ	
	娘娘山自然金异常	39	22	1.60	35.20		Ⅰ	
	娘娘山铜矿物异常	5072	1742	1.79	3118.18		Ⅰ	

续表 5-2

综合异常名称 \ 单异常	组成综合异常的单矿物异常参数							综合异常评价
	单异常名称	最高含量（颗）	异常均值（颗）	异常面积（km^2）	异常规模（颗·km^2）	地质矿产概况及异常推断解释	异常分级	
Z-4（祖堂山自然重砂综合异常）	祖堂山辰砂异常	62	42	0.52	21.84	异常位于北西向断裂喷发带，区内出露大王山组安山质沉火山碎屑岩，北部见石英闪长斑岩，地表矽卡岩化、次生石英岩化发育，见不规则重晶石和褐铁矿脉，推测异常与地表矿化有关	Ⅱ	综合异常面积 0.66km^2，单异常套合一般，异常揭示可能存在金矿化体
	祖堂山重晶石异常	100	83	1.28	106.24		Ⅲ	
	祖堂山自然金异常	4	2	2.27	4.54		Ⅲ	
Z-5（金牛洞自然重砂综合异常）	金牛洞辰砂异常	8	6	1.21	7.26	异常位于北西向、北北西向与北东向断裂交会处，区内出露辉石闪长玢岩和辉石安山玢岩，岩体内见含铜重晶石脉、含铜石英脉，谷里铜矿位于异常中心，推测异常由谷里铜矿脉机械分散晕引起	Ⅱ	综合异常面积 1.87km^2，单异常套合很好，自然金、铜矿物极值高，异常与谷里铜金矿区范围相当，异常即是谷里铜金矿的反映
	金牛洞黄铁矿异常	450	175	2.15	376.25		Ⅰ	
	金牛洞砷矿物异常	5	4	1.03	4.12		Ⅱ	
	金牛洞重晶石异常	100	75	1.10	82.50		Ⅰ	
	金牛洞自然金异常	221	48	1.05	50.40		Ⅰ	
	金牛洞铜矿物异常	105	49	1.69	82.81		Ⅰ	
Z-6（东善桥自然重砂综合异常）	东善桥辰砂异常	20	7	4.64	32.48	异常位于北西向断裂喷发带内，区内出露辉石闪长玢岩、石英闪长玢岩和大王山组下段安山质沉火山碎屑岩，推测异常与次火山岩体侵入活动有关	Ⅱ	综合异常面积 0.42km^2，单异常套合一般，异常揭示的矿化信息不强
	东善桥黄铁矿异常	100	100	3.90	390.00		Ⅱ	
	东善桥铜矿物异常	50	50	0.44	22.00		Ⅲ	
Z-7（上范村自然重砂综合异常）	上范村辰砂异常	100	21	2.79	58.59	异常位于北西向、北东向断裂交会处，区内出露大王山组中段安山质火山碎屑岩，推测异常与火山喷发活动有关	Ⅰ	综合异常面积 1.22km^2，单异常套合一般，异常揭示的矿化信息不强
	上范村黄铁矿异常	300	200	1.15	230.00		Ⅰ	
	上范村砷矿物异常	100	75	1.79	134.25		Ⅱ	
Z-8（娘娘山自然重砂综合异常）	娘娘山黄铁矿异常	436	212	1.50	318.00	异常位于娘娘山火山口内，区内出露娘娘山组黝方石响岩、粗面质熔结火山碎屑岩，铜井金铜矿位于异常中心，推测异常由铜井金铜矿脉机械分散晕引起	Ⅰ	综合异常面积 1.97km^2，单异常套合很好，异常极值点高，异常与铜井金铜矿范围相当，异常即是铜井金铜矿的反映
	娘娘山重晶石异常	18 094	9562	1.73	16 542.26		Ⅰ	
	娘娘山自然金异常	39	22	1.60	35.20		Ⅰ	
	娘娘山铜矿物异常	5072	1742	1.79	3118.18		Ⅰ	

然金、重晶石、砷矿物、铜矿物异常，异常级别不高，异常套合很好。异常位于北西向断裂喷发带，附近出露大王山组安山质沉火山碎屑岩，异常揭示可能存在火山热液型铜金矿化体。4 号综合异常包含辰砂、重晶石、自然金异常，异常级别不高，辰砂最高含量 62 颗。异常位于北西向断裂喷发带，区内出露大王山组安山质沉火山碎屑岩，地表矽卡岩化、次生石英岩化发育，见不规则重晶石和褐铁矿脉，异常揭示可能存在火山热液型金矿化体。因此，3 号、4 号综合异常区可作为火山热液型铜金矿找矿远景区开展进一步工作。

5 号综合异常包含辰砂、黄铁矿、砷矿物、重晶石、自然金、铜矿物异常，异常为Ⅰ—Ⅱ级，级别较高，其中自然金、铜矿物、黄铁矿含量极值高，分别为 221 颗、105 颗和 450 颗，异常规模大，套合好。异常位于北西向、北北西向与北东向断裂交会处，区内出露辉石闪长玢岩和辉石安山玢岩，谷里铜金矿位于异常中心，推测异常由谷里铜金矿引起。8 号综合异常包含黄铁矿、重晶石、自然金、铜矿物异常，异常为Ⅰ级，级别较高，其中黄铁矿、重晶石、自然金、铜矿物含量极值高，分别为 436 颗、18 094 颗、39 颗和 5072 颗，异常规模大，套合好。异常位于娘娘山火山口内，区内出露娘娘山组黝方石响岩、粗面质熔结火山碎屑岩，铜井金铜矿位于异常中心，推测异常由铜井金铜矿引起。

五、找矿模型的确立

自然重砂是物源区岩石经风化、剥蚀、搬运，然后在某一特定区域沉积而成，因此我们通过自然重砂圈定的自然重砂异常都是物源区自然重砂特征的反映。5 号、8 号综合异常推测分别由谷里铜金矿和铜井金铜矿引起（图 5-2，表 5-2），如果谷里铜金矿和铜井金铜矿矿石矿物及脉石矿物中无与异常相关的自然重砂矿物，则 5 号综合异常的物源区不可能为谷里铜金矿，8 号综合异常的物源区不可能为铜井金铜矿，那么 5 号、8 号综合异常与谷里铜金矿和铜井金铜矿之间就没有必然联系。

谷里铜金矿（金矿在谷里新生矿段）工业矿体大部赋存在－150～－5m 之间，矿床属于中低温热液交代充填型矿床。矿石矿物有黄铜矿、斑铜矿、辉铜矿、蓝铜矿、孔雀石、自然金、赤铁矿、褐铁矿，脉石矿物为黄铁矿、镜铁矿、石英、重晶石、菱铁矿、方解石、绿泥石。矿石矿物及脉石矿物风化剥蚀沉积可以形成铜矿物（黄铜矿、斑铜矿、辉铜矿、蓝铜矿、孔雀石）、自然金、黄铁矿、重晶石自然重砂异常，所以由铜矿物（黄铜矿、斑铜矿、辉铜矿、蓝铜矿、孔雀石）、自然金、黄铁矿、重晶石、辰砂、砷矿物圈定的 5 号综合异常即是谷里铜金矿的反映（辰砂、砷矿物为火山热液的指示矿物），自然重砂矿物铜矿物、自然金、黄铁矿、重晶石可以作为火山热液充填型铜金矿指示矿物。

铜井金铜矿工业矿体主要赋存于－320～－30m，矿床属于中低温热液充填型矿床。矿石矿物成分为自然金、黄铜矿、斑铜矿、黄铁矿及少量镜铁矿、硫铜铋矿、辉锑铋矿、黝铜矿等。脉石矿物有石英、重晶石、方解石、菱铁矿、玉髓及少量天青石。暴露地表的矿石矿物及脉石矿物经风化剥蚀搬运在附近沉积，可以形成铜矿物（黄铜矿和斑铜矿）、自然金、黄铁矿、重晶石自然重砂异常，所以由铜矿物、自然金、黄铁矿、重晶石圈定的 8 号综合异常即是铜井金铜矿的反映，重砂矿物铜矿物、自然金、黄铁矿、重晶石可以作为中低温热液充填型金铜矿的指示矿物。

自然重砂异常对谷里铜金矿和铜井金铜矿响应明显，但宁芜北段有代表性的另外两个小型铜矿即大岭岗铜矿和大平山铜铁矿（图 5-1）附近几乎没有重砂异常（图 5-2）。其原因是大岭岗铜矿一般在－150m 左右，矿体埋藏较深，属于隐伏矿体，剥蚀未达地表，因此地表未能形成自然重砂异常；大平山铜铁矿属于中温热液细脉浸染型，铜矿物呈细脉浸染状分布，虽然矿体埋深为 55～193m，赋存标高为－75～25m，矿石矿物及脉石矿物有被风化剥蚀的条件，但浸染状矿石粒度太小，自然重砂矿物不易淘洗鉴定，因此大平山铜铁矿附近也未见明显的自然重砂异常。

综上所述，铜矿物、自然金、黄铁矿、重晶石自然重砂异常对剥露地表的铜金矿响应明显，铜矿物、自然金、黄铁矿、重晶石可作为火山热液充填型铜金矿指示矿物。

结合前文典型矿床研究及重矿物异常解释与评价，对铜、铅锌、金、银、钼、硫铁矿、萤石矿等有直接或间接找矿指示意义的特征矿物组合如下。

铜矿：铜矿物、辰砂、黄铁矿、砷矿物、重晶石。

铜金矿：铜矿物、自然金、重晶石、黄铁矿。

金矿：自然金、铜矿物、黄铁矿、重晶石、砷矿物、辰砂。

铜钼矿：铜矿物、钼矿物、黄铁矿、砷矿物。

钼矿：钼矿物、铜矿物、黄铁矿、砷矿物(铋矿物、锡矿物)。

铅锌矿：铅矿物、锌矿物、银矿物、黄铁矿、镜铁矿、砷矿物、重晶石、辰砂。

银矿：银矿物、铅矿物、锌矿物、黄铁矿、砷矿物、辰砂。

硫铁矿：黄铁矿、重晶石。

萤石：萤石。

第二节　自然重砂找矿远景区的划定

利用以上对各矿种有直接和间接指示作用的自然重砂特征矿物组合，依据江苏省省级自然重砂异常分布特征、异常解释与评价和预测工作区自然重砂异常分布特征、异常解释与评价，结合成矿地质条件的分析，划定 17 个找矿远景区(图 5-3)，各找矿远景区简述如下。

一、抗日山-夹山金矿找矿远景区(Y-01)

该远景区位于赣榆县西北抗日山—夹山一带，区内出露黑云斜长片麻岩和二长混合片麻岩，侵入岩有二长花岗岩和花岗闪长岩，并见有石英闪长岩脉和煌斑岩脉穿插于花岗闪长岩中，北北东向和北西西向断层发育。

该远景区为东海-新沂预测工作区 Z-07 号自然金、重晶石、辰砂、刚玉异常所在之处，经 1∶1 万水系重砂测量二级查证，自然金、辰砂异常重现性好，因此可以作为金矿找矿远景区开展进一步工作。

二、双店-羽山铅锌、金矿找矿远景区(Y-02)

该远景区位于东海断褶带的双店—羽山一带，区内出露基岩为东海岩群黑云母斜长片麻岩，脉岩有花岗闪长岩、二长花岗岩和煌斑岩等。北东向、近南北向断裂较发育。已知金矿化点和重晶石、萤石矿点。

该远景区为 ZS01 号辰砂、孔雀石、闪锌矿、方铅矿、自然金、重晶石、黄铁矿、萤石异常所在之处，辰砂、重晶石、黄铁矿、萤石等指示中低温热液作用的自然重砂矿物比较发育，异常均显示较好。目前发现的金、萤石、重晶石矿脉产于蚀变破碎角砾岩中，受断裂构造控制，呈长条形分布。水系沉积物 Au、Cd 异常在此区也有很好的显示。因此，断裂破碎带及深部具有寻找中低温热液型金、铅锌、萤石矿的远景，应进一步开展工作。

三、马陵山-桃林铜、金矿找矿远景区(Y-03)

该远景区位于新沂北东马陵山—桃林一带，区内出露桃林岩体，岩性主要为二长花岗岩、花岗闪长

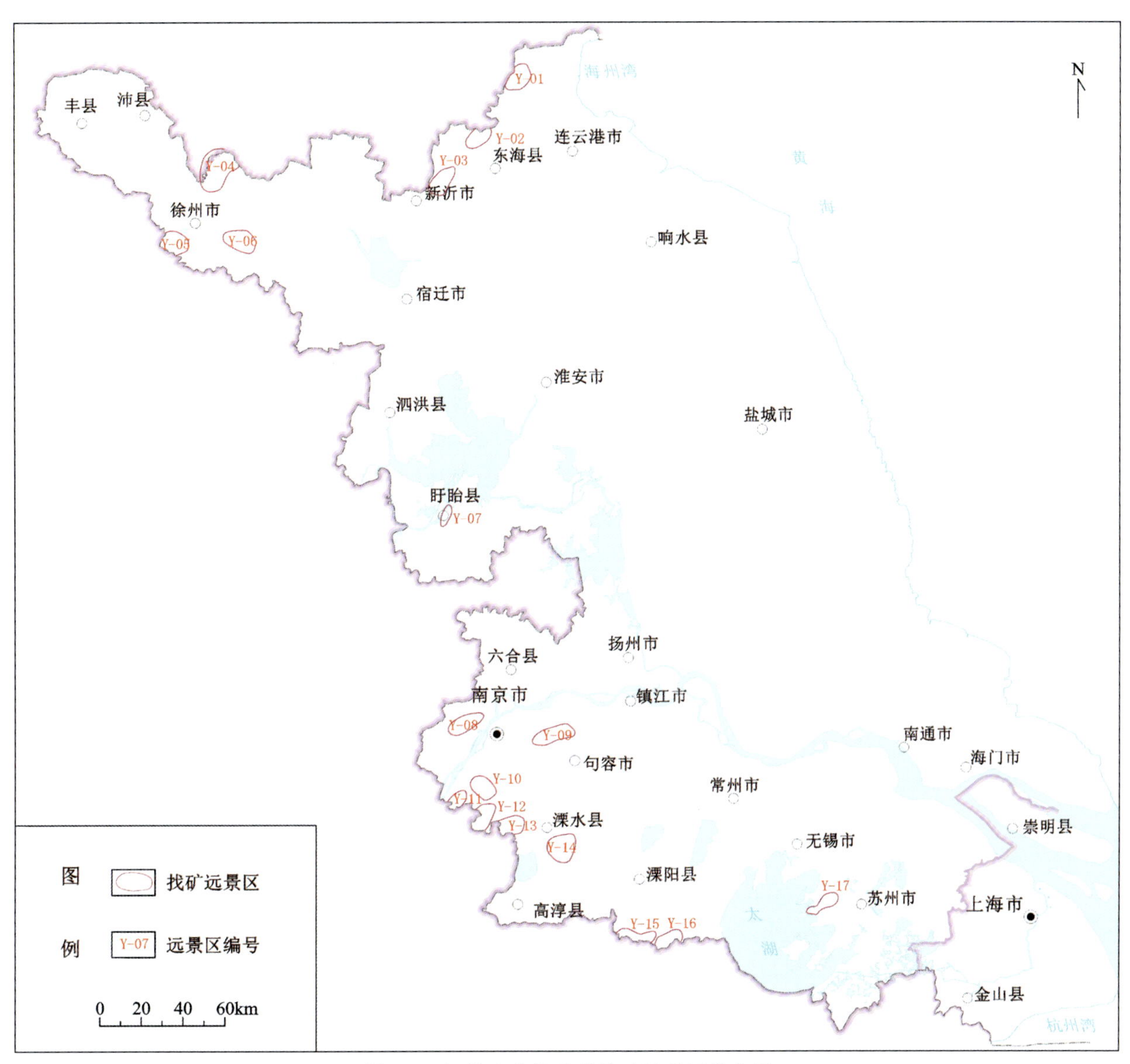

图 5-3　江苏省自然重砂找矿远景区分布图

岩等，在桃林岩体中见煌斑岩脉。区内见徐西、竹墩多金属矿化点，附近见孟塘、徐塘庄铁矿点。

该远景区包含了 ZS03 铜矿物、闪锌矿、自然金、重晶石异常，对铜、金矿有一定的直接指示作用，另外水系沉积物 Cu、Pb、As、Bi、Hg、Mo、Sb 异常发育，异常套合较好。因此，此区有进一步找铜、金矿的前景。

四、利国铜、铅、金矿找矿远景区（Y-04）

该远景区位于徐州利国矿田的狐狸山至铜山岛一带，区内出露寒武系至石炭系及古近系，侵入岩有闪长玢岩、石英闪长斑岩、花岗闪长斑岩，发育北东向、北西向两组断裂。该区是江苏省重要的铁矿床（点）集中区，目前有利国铁矿、基山铁矿、铜山岛铁矿床和黄山岛、历家湾、硐山、西马山铁矿点。

该远景区为 ZS05 铜矿物、铅矿物、自然金、镜铁矿、辰砂、黄铁矿、重晶石、锡石异常所在之处，自然重砂矿物组合比较复杂。化探有水系沉积物 Au、Cu、Pb、Zn、Ag、As、Bi、Cd、Mo、Sb 异常。另据所采化学样品分析，褐铁矿样品含铜 $23\,602\times10^{-6}$、锌 165×10^{-6}、金 4.78×10^{-6}，赤铁矿样品含铜 366×10^{-6}、

钼 5.2×10^{-6}、金 0.34×10^{-6}。赤铁矿及褐铁矿中铜金含量甚高，因此该远景区具有寻找伴生型及铁帽型金、铜、铅矿的良好前景。

五、班井铜、铅锌、金、钼矿找矿远景区(Y-05)

该远景区位于徐州断褶带的苏皖交界处附近，出露地层主要为寒武纪和早奥陶世灰岩、泥质灰岩、白云岩，区内中酸性岩比较发育，有闪长玢岩、石英闪长斑岩、花岗斑岩及煌斑岩等。北东向、北西向和近南北向断裂比较发育，接触带的矽卡岩化和中、低温热液蚀变等广泛分布，与此有关的铁、铜、金、钨、钼、锌、锡等金属矿化也有出露，区内已知有铁、铜、金、多金属矿(化)点 10 余处。

该地区包含了 ZS13 号辰砂、锡石、雄黄、闪锌矿、方铅矿、自然金、重晶石异常和 ZS14 号辰砂、孔雀石、锡石、雄黄、闪锌矿、辉钼矿、方铅矿、自然金、重晶石、自然银异常。区内自然重砂矿物组合复杂，辰砂、砷矿物、黄铁矿、重晶石、金矿物的异常范围比较大，涵盖了锌、铅、钼矿物等的异常。该远景区具备了寻找矽卡岩型铜、金、铅、锌、钼矿的基本地质条件和相似的重砂矿物异常组合，尤其中酸性侵入岩及脉岩与碳酸盐岩的接触带附近，是寻找铜、金、铅、锌、钼矿的重点地带。

六、种羊场-鹰山铅锌、金、锡矿找矿远景区(Y-06)

该远景区位于徐(州)-宿(县)弧形构造带鹰山—种羊场一带，区内出露震旦系倪园组灰岩、白云岩，脉岩有辉绿岩、辉绿玢岩，北东向、北西向断裂比较发育。区内主要矿种为铁，成因类型为接触热液交代型和海相沉积型，已发现铁矿化点多处和铅矿化点 1 处，其中铅矿化点受构造裂隙的控制，以重晶石、方铅矿脉的形式充填在裂隙带中，走向北东，矿化成因为中低温热液填充型。

该远景区包含了 ZS10 号辰砂、铜矿物、锡石、砷矿物、方铅矿、自然金、黄铁矿异常。区内自然重砂矿物异常组合复杂，与水系沉积物 Pb、Zn、Ag、As、Mo、Sb 异常套合好，揭示了一定的找铅锌、金矿信息。

七、李家岗-王庄铅锌、金矿找矿远景区(Y-07)

该远景区位于盱眙断褶带李家岗—王庄一带，出露黄墟组和灯影组，侵入岩有石英闪长斑岩、二长花岗斑岩和闪长岩岩脉，断裂以北北东向纵断层为主，并发育北西向横断层，岩石蚀变有硅化、大理岩化、绿帘石化、绿泥石化、高岭土化、黄铁矿化及褐铁矿化等。区内已知有海相沉积型青峰山磷矿床、中—低温热液型祁大山石棉矿点、低温热液型五里墩赤铁矿点、天台山黄铁矿化点和斗笠山铅矿化点。

该区为 ZS15 号闪锌矿、雄黄、方铅矿、自然金、重晶石、黄铁矿异常所在地，显示出较好的指示中低温热液矿产的矿物组合。目前地表发现的铅、多金属矿(化)点多分布于中酸性岩脉与泥质灰岩接触带附近，未有深部揭露。化探异常显示出较好的 Au、Ag、Hg、Cu、Pb、Zn 等元素异常，因此，该区除寻找低温热液型金矿外，还应加强寻找深部接触交代型铅锌、铜多金属矿产。

八、李家凹-钓鱼台铜、铅矿找矿远景区(Y-08)

该远景区位于六合-江浦断褶带李家凹—钓鱼台一带，区内出露震旦系灯影组、黄墟组，白垩系浦口组、赤山组，渐新统三垛组，更新统下蜀组以及上新统雨花台组。区内北东向、北西向断层均比较发育，沿断裂裂隙热液蚀变活动比较强烈，岩石具有硅化、赤铁矿化、褐铁矿化等。远景区附近有马家凹褐铁矿点、万寿山小型锗矿床。

该远景区包含了ZS16铜矿物、铅矿物异常和ZS17辰砂、铜矿物、铅矿物、重晶石、黄铁矿异常。区内重砂矿物组合较复杂，直接指示意义较强。水系沉积物Cu、Pb、Zn、Ag、As、Mo异常在该区也有显示。自然重砂异常及化探异常信息共同揭示该区有找中低温热液型铜、铅矿的前景。

九、汤山-九华山铜、铅锌、金矿找矿远景区（Y-09）

该远景区位于宁镇断褶带上的汤-仑复背斜上，该区主要为寒武纪和奥陶纪的碳酸盐岩分布区，寒武系出露于复背斜的核部，奥陶系出露于核部两侧。区内侵入岩主要有石英闪长玢岩，北东向、北北东向和北西向断裂构造非常发育。区内已知有汤山金矿、伏牛山铜金矿、九华山多金属矿等。

该远景区包含了3个Ⅰ级自然重砂综合异常，即ZS22号泡铋矿、孔雀石、雄黄、自然金、黄铁矿、自然银综合异常，ZS23号辰砂、雄黄、闪锌矿、自然金、重晶石、黄铁矿综合异常和ZS24号辰砂、雄黄、闪锌矿、自然金、黄铁矿综合异常。自然重砂异常强度与异常规模均比较大，特别是ZS24号九华山异常。异常检查结果证实为矿致异常。远景区水系沉积物Au、Cu、Pb、Zn、Ag、Mo、As、Sb、Bi、Hg异常发育，且各元素异常套合较好。因此该远景区有寻找金、铜、铅、锌矿及多金属矿的前景。

十、谷里-陶吴铜、金矿找矿远景区（Y-10）

该远景区位于宁芜断陷的谷里—陶吴一带，北西向展布，区内喷出岩主要为侏罗系大王山组与龙王山组火山岩，侵入岩主要为辉石闪长玢岩。区内北东向、北西向断裂发育，多为导岩、导矿构造。区内已知有铜、金、铁矿床（点）20余处。

区内自北西向东南依次分布有谷里辰砂、泡铋矿、铜矿物、砷矿物、闪锌矿、铅矿物、自然金、重晶石、黄铁矿综合异常（ZS26），陆郎铜矿物、重晶石综合异常（ZS27）和陶吴辰砂、砷矿物、自然金、重晶石、黄铁矿综合异常（ZS29），各综合异常均显示出较好的重晶石、自然金、铜矿物、黄铁矿组合，这些矿物的高值点大多分布于已知铜、金矿床（点）附近，且它们的空间套合性较好。该区自然金、铜矿物、重晶石、黄铁矿组合对寻找火山岩热液型铜金矿具有很好的指示意义。因此，该远景区内有寻找铜、金矿的前景。

十一、铜井铜、金矿找矿远景区（Y-11）

该远景区位于宁芜断陷的娘娘山—白头山一带，北东向展布，区内出露娘娘山组黝方石响岩、粗面质熔结火山碎屑岩，北西向、北西西向断裂发育。区内已知铜井铜金矿、马山铜金矿、小山岘铜矿等多个铜金、铜矿点。

该远景区为ZS28铜矿物、自然金、黄铁矿、重晶石异常所在之处，异常高值点多分布于已知矿点附近，该区铜矿物、自然金、黄铁矿、重晶石组合对寻找火山热液型铜金矿具有很好的指示意义。此外，水系沉积物Au、Cu、Bi、Hg异常发育，与自然重砂矿物组合圈定的综合异常套合较好，揭示了此区寻找火山热液型铜、金矿的信息。

十二、大平山-云台山铜、金、硫铁矿找矿远景区(Y-12)

该远景区位于宁芜断陷的大平山—云台山一带，区内出露三叠系黄马青组泥质粉砂岩，范家塘组碳质页岩、粉砂岩，侏罗系象山群及龙王山组火山碎屑岩，脉岩有闪长玢岩、二长斑岩等。区内北西向断裂发育，已知云台山硫铁矿、天台山硫铁矿、大平山铜矿等 10 多个矿点、矿化点。

该远景区为 ZS30 铜矿物、砷矿物、自然金、重晶石、黄铁矿异常所在之处，异常高值点多分布于已知矿点附近，如云台山硫铁矿附近黄铁矿异常极值为 8169 颗(标准化值)、重晶石极值为 1517 颗(标准化值)。此外水系沉积物 Au、Cu、As、Bi、Mo、Sb 异常发育，揭示此区有寻找铜、金、硫铁矿的前景。

十三、西横山-铜山金矿找矿远景区(Y-13)

该远景区位于宁芜断陷与溧水断陷之间的过渡隆起区域，区内出露黄马青组砂页岩，象山群砂砾岩，西横山组杂砾岩。区内断裂构造发育，侵入岩有辉长闪长岩，围岩具较强的硅化、矽卡岩化等蚀变及铁、铜、金矿化，局部地区褐铁矿化强烈，铁帽发育。区内已知有铜金矿床 4 处。

该远景区为 ZS31 铜矿物、自然金、重晶石、黄铁矿异常区，自然金规模大，最高含量达 1000 颗(标准化值)，由 23 个自然金异常点组成，伴生重晶石、黄铁矿等中低温热液作用的矿物组合。前人在此开展重砂测量时，亦发现了自然金与石英晶体连生。因此该区内具有较好的寻找金矿前景。

十四、观山-马占山铜、铅、金矿找矿远景区(Y-14)

该远景区位于溧水断陷中部的东庐山—观山一带，主要出露大王山组安山质火山碎屑岩，南部出露姚家边组粗安斑岩，北西向断裂特别发育，沿断裂带岩石具硅化、赤铁矿化、高岭土化、重晶石化、黄铁矿化等，区内有铜、金、铅锌多金属矿床多处。

该远景区为 ZS32 号泡铋矿、孔雀石、重晶石、黄铁矿重砂异常和 ZS33 号泡铋矿、雄黄、自然金、重晶石、镜铁矿、黄铁矿自然重砂异常区，区内显示出铋矿物、铜矿物、重晶石等矿物组合，它们对寻找铜、铅多金属矿具有很好的指示意义，此外，区内自然金、雄黄、镜铁矿、黄铁矿等指示低温热液作用的矿物组合对金具有较好的间接指示作用。因此，该区应进一步开展火山热液型铜铅、金等多金属矿产的勘查工作。

十五、小梅岭-凤凰山铜、锌、锡矿找矿远景区(Y-15)

该远景区位于溧阳火山岩盆地南部及南东部边缘，北部侏罗系龙王山组、大王山组火山岩不整合于南部晚志留世—中三叠世碎屑岩及碳酸盐岩之上。沉积岩区内广泛发育纵向及横向断裂。南部有庙西岩体及陈家边岩体(花岗斑岩)，区内局部有矽卡岩化、硅化等蚀变。区内已知有热液交代及充填型青山多金属矿点，接触交代型桃花岭小型铁矿、小梅岭多金属矿点。

该远景区包括了 ZS35 号孔雀石、闪锌矿、黄铁矿异常，ZS36 号锡石、黄铁矿异常和 ZS37 号辰砂、雄黄、孔雀石、自然金异常，铜矿物、锌矿物及锡矿物主要分布于花岗斑岩与碳酸盐岩的接触带附近，对矽卡岩型金属矿产具有较好的指示意义。此外，水系沉积物显示出 Zn、Mo、W、Sn、Bi 元素异常。因此，该区具有寻找矽卡岩型铜、锌、锡矿的前景。

十六、大栗园-横岭铜、铅锌、金、钼矿找矿远景区(Y-16)

该远景区位于溧阳火山岩盆地南部及东部边缘,区内出露志留系茅山组砂岩、岩屑石英砂岩和泥盆系五通组石英砂岩,侵入岩为花岗斑岩,脉岩见石英闪长玢岩。区内北东向、北西向、南北向断裂发育,已知热液型对门山铅锌矿点。

该远景区包含了 ZS38 号辰砂、雄黄、辉钼矿、铅矿物、自然金异常和 ZS39 号辰砂、锡石、雄黄、铅矿物、自然金、重晶石、黄铁矿、铜矿物异常,对中低温热液活动有直接指示意义的辰砂、雄黄、重晶石、黄铁矿异常多分布于花岗斑岩和石英闪长玢岩附近,对铜、铅锌、金、钼矿有直接指示意义的铜矿物、铅矿物、自然金、辉钼矿组合多分布于岩体与砂岩接触带附近。此外,水系沉积物 Cu、Pb、Zn、Ag、As、Bi、Mo、Sb 异常在此区显示较好。因此,此区具有寻找接触交代型铜、铅锌、金、钼矿的前景。

十七、潭山-阳山硫铁矿、萤石矿找矿远景区(Y-17)

该远景区处于潭山-光福-阳山断裂带上,区内主要分布志留纪—二叠纪碎屑岩和碳酸盐岩,断裂构造发育,主要有北东向、北西向两组,与成矿有关的闪长玢岩、石英斑岩分布全区,围岩蚀变强烈,主要有矽卡岩化、绿帘石化、绿泥石化、菱铁矿化、绢云母化、高岭土化、硅化、大理岩化。区内已知有萤石矿、黄铁矿、铅锌银、多金属矿、铁矿床(点)近 20 处。

该区为 ZS41 号辰砂、雄黄、黄铁矿、萤石和 ZS42 号辰砂、雄黄、黄铁矿、萤石异常所在之处。黄铁矿主要分布于已知铅锌银、硫铁矿、铁矿床(点)附近,伴随有辰砂、砷矿物异常,对寻找硫铁矿具有很好的指示意义;萤石主要分布于苏州花岗岩体与围岩的接触带附近,区内的俞石泉萤石矿区附近具有萤石重砂矿物显示,萤石是寻找萤石矿最为直接的指示。因此,该区具有较好的硫铁矿、萤石成矿地质条件和自然重砂矿物组合,具有较好的硫铁矿、萤石找矿远景。

第六章　结论与建议

第一节　结　论

为配合江苏省矿产资源潜力评价需要，使自然重砂资料更好地应用于本次矿产预测，开展了江苏省自然重砂课题研究。通过本次自然重砂研究，获得如下主要成果：

(1)系统整理了4457件江苏省1∶20万自然重砂样品数据，较好地维护了江苏省1∶20万自然重砂数据库；系统收集了徐州南部(及北部)、东海西部、盱眙、宜溧、宁镇、溧水、宁芜7个地区38个1∶5万图幅自然重砂测量数据6642件，自然重砂鉴定记录93 387条，建立了江苏省1∶5万自然重砂数据库，为自然重砂找矿研究提供了良好的数据平台。

(2)编制省级基础性及成果图件39幅，选择铜矿物、铅矿物、锌矿物、钼矿物、钨矿物、锡矿物、铋矿物、银矿物、砷矿物、辰砂、磁铁矿、黄铁矿、镜铁矿、菱铁矿、重晶石、自然金、萤石等27种矿物圈定自然重砂异常555处，其中Ⅰ级异常97处，Ⅱ级异常225处，Ⅲ级异常233处；圈定省级自然重砂综合异常44处，其中Ⅰ级异常15处，Ⅱ级异常19处，Ⅲ级异常10处。

(3)按8个矿种26个预测类型工作区编制预测工作区图件103幅。圈定金矿预测工作区自然重砂异常445处，其中Ⅰ级异常41处，Ⅱ级异常178处，Ⅲ级异常226处；铜矿预测工作区自然重砂异常172处，其中Ⅰ级异常22处，Ⅱ级异常72处，Ⅲ级异常78处；铅锌矿预测工作区自然重砂异常150处，其中Ⅰ级异常17处，Ⅱ级异常59处，Ⅲ级异常74处；银矿预测工作区自然重砂异常3处，其中Ⅰ级异常1处，Ⅱ级异常2处；钼矿预测工作区自然重砂异常8处，其中Ⅰ级异常2处，Ⅱ级异常2处，Ⅲ级异常4处；硫铁矿预测工作区自然重砂异常189处，其中Ⅰ级异常25处，Ⅱ级异常47处，Ⅲ级异常117处；萤石矿预测工作区自然重砂异常1处。

(4)通过典型矿床研究，确定了8个矿种不同预测类型的自然重砂特征矿物组合。通过宁芜火山岩盆地自然重砂找矿模型研究，建立了火山热液型铜金矿自然重砂找矿模型。

(5)利用自然重砂矿物组合对矿种的直接与间接指示作用，在综合异常研究基础上，结合江苏省成矿区带、成矿地质条件、构造、矿产等因素，全省划分了10个自然重砂异常带和17个自然重砂找矿远景区，所划分的远景区与全省重点成矿远景区范围吻合程度较高，为江苏省今后找矿工作部署提供了重要的依据。

(6)自然重砂资料为江苏省矿产资源预测最小预测区的圈定提供了有力的依据，如谷里、铜井、大平山、獾子洞、马占山、邱虎山、观山、小梅岭铜矿最小预测区与铜矿物异常几乎能完全套合，羽山、九里山-班井、大岭岗、铜井、燕子口、固江口金矿最小预测区与自然金异常几乎能完全套合，栖霞山、观山、小梅岭、潭山、吴宅铅锌矿最小预测区与铅矿物-锌矿物异常几乎能完全套合等。

(7)自然重砂资料为矿产远景调查选区及江苏省地勘基金项目立项提供了可靠依据。

第二节　存在的问题与建议

一、存在的问题

（1）江苏省低山丘陵只占全区总面积的5%，大部分地区被第四系覆盖，开展自然重砂工区面积非常有限，异常图上反映出异常过于分散，不利于反映区域自然重砂异常全貌。

（2）不论是全省还是预测工作区，与矿产关系密切的重砂矿物（如铜矿物、铅矿物、锌矿物、钨矿物、锡矿物、钼矿物、自然金、银矿物等）检出率普遍偏低（低于5%），甚至只有个别报出；而伴生矿物（赤铁矿、磁铁矿、金红石、电气石、石榴石、磷灰石、锆石等）报出率普遍较高，因此造成异常圈定过于分散，不利于典型矿床研究，也不利于自然重砂找矿模型的建立。

（3）江苏省1∶5万自然重砂测量工作始于20世纪80年代，部分原始资料陈旧、破损，部分样品点位缺失或分析数据找不到，特别是矿床（点）附近重砂样品点，影响了本次1∶5万自然重砂资料的收集力度与编图完整性，致使1∶5万自然重砂成果未能最大限度地应用在本次重砂研究中，今后应进一步收集、补充与完善。

（4）1∶5万自然重砂分析卡片主要记录了矿物的含量，而有关矿物的外形、粒度、颜色、光泽、透明度等物性特征描述非常少见，缺乏矿物标型特征研究，影响了自然重砂在物源追踪、矿床类型划分、矿床预测等方面的作用。

二、建议

（1）对于水系不发育地区的自然重砂异常的圈定应参考地形、地质背景等因素，不能简单地按汇水盆地、汇水域的概念进行圈定。

（2）具有多解性的单（组合）矿物异常，应结合其他相关重矿物异常、地球化学异常、地质背景、成矿地质条件、已知矿产分布情况等进行解释评价，这样才能更准确地提供自然重砂找矿信息。

（3）利用自然重砂数据平台，研究指示构造环境、特殊岩层、特殊岩体、成矿作用等的特征矿物组合，丰富自然重砂找矿模型研究成果。

（4）虽然自然重砂异常对隐伏矿的指示作用不佳，但可以根据间接指示矿物组合，缩小找矿范围。

（5）对本次重砂专题研究划定的远景区进行野外踏勘，优选可以立项的远景区，开展地质找矿工作。

主要参考文献

陈先兵，张登明. 江苏安基山铜矿的燕山期应力场及构造演化[J]. 矿产与地质，1994(6)：440-444.

储彬彬，罗立强，王晓芳，等. 南京栖霞山铅锌矿区铅同位素示踪[J]. 地球学报，2012，33(2)：209-215.

戴爱华，王华田，袁旭音. 江苏溧阳土包山金矿的地球化学特征[J]. 江苏地质，1995，19(4)：199-208.

地质部书刊编辑室. 重砂测量、物探、探矿工程、室内整理及报告编写[M]. 北京：地质出版社，1981.

段超，李延河，袁顺达，等. 宁芜矿集区凹山铁矿床磁铁矿元素地球化学特征及其对成矿作用的制约[J]. 岩石学报，2012，28(1)：243-257.

费尔南德 J L，朱三光. 西班牙伊比利亚高地区域重砂找锡方法[J]. 江苏地质科技情报，1990(2)：16.

福建省闽北地质大队. 有关 1：5 万重砂测量问题的讨论[J]. 福建地质科技情报，1992(2)：54-58.

何英. 永乐—平江地区自然重砂矿物组合及其地质意义[J]. 贵州地质，2001，18(3)：149-153.

侯龙海. 浅析宁芜北段铜矿地质特征、找矿前景与方向[J]. 地质学刊，2008，32(4)：263-270.

霍本淑，房炳仁，许桂玲，等. 河北省砂矿物图册[M]. 北京：地质出版社，1989.

蒋慎君，刘沈衡. 栖霞山铅锌银矿床深部地质构造特征及成因过程模型初探[J]. 江苏地质，1990(3)：9-14.

李汉龙，郭洪锁. 江苏省土包山金矿地质特征[J]. 江苏地质，1989(2)：29-31.

李景朝，董国臣，王季顺，等. 自然重砂资料应用技术要求[M]. 北京：地质出版社，2010.

李双建，石永红，王清晨. 碎屑重砂矿物分析对库车坳陷白垩—第三纪物源变化的指示[J]. 沉积学报，2006，24(1)：28-35.

李相民，孙国曦，仇慎平. 安基山铜矿床地质-地球物理模型及其找矿意义[J]. 地质学刊，2009，33(1)：28-34.

梁伟杰，李任时，孟嵩，等. 自然重砂数据库系统(ZSAPS 1.0)的应用[J]. 吉林地质，2007，26(1)：54-60.

梁业恒，孙晓明，翟伟，等，江苏溧水观山高硫型铜铅金矿床 $^{40}Ar/^{39}Ar$ 定年及其地质意义[J]. 高校地质学报，2010，16(2)：143-148.

梁业恒，孙晓明，翟伟，等. 江苏观山高硫型铜铅金矿床稳定同位素地球化学和成因意义[J]. 地质与勘探，2010，46(4)：698-704.

刘春涌，刘拓，杨万志，等. 新疆云雾岭地质、地球化学和自然重砂特征[J]. 新疆有色金属，2000(2)：1-9.

刘嵘，董月霞，潭靖，等. 沉积岩中稳定重砂矿物的成岩蚀变特征及其指示意义[J]. 地质科技情报，2007，26(6)：10-16.

卢冰,胡受奚,蔺雨时,等.宁芜型铁矿床成因和成矿模式的探讨[J].矿床地质,1990,9(1):13-25.

马婉仙.重砂测量与分析[M].北京:地质出版社,1990.

毛景文,段超,刘佳林,等.陆相火山-侵入岩有关的铁多金属矿成矿作用及矿床模型——以长江中下游为例[J].岩石学报,2012,28(1):1-14.

宁芜研究项目编写小组.宁芜玢岩铁矿[M].北京:地质出版社,1978.

欧亦君.南京栖霞山优势铅锌矿产[J].江苏地质科技情报,1996(4):20-23.

宋巧生,朱锡涛.苏州吴宅铅锌矿中银的赋存状态及其经济效益[J].江苏地质,1993,17(3-4):246-250.

唐永成,吴言昌,储国正,等.安徽沿江地区铜金多金属矿床地质[M].北京:地质出版社,1998.

王冬永.安基山铜矿床沉积围岩的控矿机理[J].西部探矿工程,2008(6):132-134.

王江涛.陕北北部水系自然重砂中铬尖晶石指示矿物特征及其分布[J].陕西地矿信息,1999,24(1):25-26.

王立本,季克俭,陈东.安基山和铜山铜(钼)矿床重辉钼矿的铼-锇同位素年龄及其意义[J].岩石矿物学杂志,1997,16(2):154-159.

王元龙,张旗,王焰.宁芜火山岩的地球化学特征及其意义[J].岩石学报,2001,17(4):565-575.

吴良芳,秦江红,孙国昌.獾子洞铜(金)矿成矿特征及找矿方向探讨[J].科技信息,2012(15):415-416.

夏嘉生.江苏溧水火山岩盆地内生金属矿床定位模式及找矿思路[J].江苏地质,1995,19(1):5-11.

谢贵明,刘继东,范继璋.金重砂异常资料在大比例尺金矿找矿评价中的应用技术[J].黄金科学技术,2004,12(6):10-14.

徐海江,孟祥本,徐增亮.金矿重砂工作方法[M].北京:原子能出版社,1990.

徐忠发,曾正海.南京栖霞山铅锌银矿床成矿作用与岩浆活动关系探讨[J].江苏地质,2006,30(3):177-182.

许美辉,陈火炮.浅覆盖区综合重砂快捷找金方法[J].福建地质,2002,21(3):127-129.

Хохряков Н А,刘丽玲.应用重砂的矿物-地球化学方法预测和寻找金矿床[J].地质地球化学,1992(5):20-25.

严向军,刘勇,曾明中,等.湖北省自然重砂异常圈定及找矿指示意义浅析[J].资源环境与工程,2008,22(U12):19-22.

叶水泉,曾正海.南京栖霞山铅锌矿床流体包裹体研究[J].火山地质与矿产,2000,21(4):266-274.

叶水盛,董耀松.基于 GIS 的重砂空间信息合成[J].吉林大学学报(地球科学版),2005,35(1):131-135.

余成就,卢宇.含金重砂异常微水系地质分析方法及其应用[J].地质与勘探,1993(9):49-54.

张大可,张德生,陈英富,等.矿产资源调查中自然重砂测量成果的重新应用——以河北蔚县地区为例[J].中国地质,2007,34(4):723-729.

赵玉琛.宁芜地区中生代火山岩地层划分及其特征[J].地质科学,1990(3):243-258.

中国地质科学院地矿所.砂矿物鉴定手册[M].北京:地质出版社,1977.

中国科学院地球化学研究所.宁芜型铁矿床形成机理[M].北京:科学出版社,1987.

钟志成.漫谈重砂矿物的鉴定问题及实例[J].湖南地质,1989,8(2):61-64.

周涛发,范裕,袁峰,等.宁芜(南京-芜湖)盆地火山岩的年代学及其意义[J].中国科学地球科学,2011,41(7):960-971.

朱锡涛.苏州吴宅矿体内高温硫化物组合的微观特征及其地质意义[J].江苏地质,1992,16(2):69-74.

主要内部资料

地矿部第一综合物探大队103队.江苏省江宁县-安徽省当涂县横山工区金矿化探普查[R].蚌埠：地矿部第一综合物探大队,1983.

江苏省地质调查研究院.长江中下游成矿带江苏段研究成果报告[R].南京:江苏省地质调查研究院,2001.

江苏省地质调查研究院.江苏省溧阳市土包山矿区铁(金)矿详查地质报告[R].南京:江苏省地质调查研究院,2012.

江苏省地质调查研究院.江苏省南京市江宁区燕子口金矿普查地质报告[R].南京:江苏省地质调查研究院,2011.

江苏省地质局第二地质大队.溧阳、溧水地区金矿普查[R].南京:江苏省地质局,1977.

江苏省地质局第四地质队.1∶5万望亭幅、陆墓幅、光福幅、苏州幅区域地质调查矿产调查报告[R].南京:江苏省地质局第四地质队,1982.

江苏省地质局第一地质队.江苏省江宁县大岭岗铜矿地质勘探报告[R].南京:江苏省地质局,1978.

江苏省地质局区域地质调查队.1∶20万无锡幅、苏州幅区域地质调查报告[R].南京:江苏省地质局,1976.

江苏省地质局区域地质调查队.宁镇地区区域地球化学背景与成矿关系研究报告[R].南京:江苏省地质局,1983.

江苏省地质矿产局.江苏省成矿远景区划及“九五”找矿地质工作布置建议[R].南京:江苏省地质矿产局,1995.

江苏省地质矿产局.江苏省金铜矿第二轮成矿远景区区划报告[R].南京:江苏省地质矿产局,1994.

江苏省地质矿产局.江苏省铅锌银矿第二轮成矿远景区划报告[R].南京:江苏省地质矿产局,1994.

江苏省地质矿产局第二地质大队.江苏省溧阳地区金矿(化)类型及找金方向研究报告[R].南京:江苏省地质矿产局,1988.

江苏省地质矿产局第二地质大队.江苏省溧阳县野猫山-土包山金矿普查[R].南京:江苏省地质矿产局,1988.

江苏省地质矿产局第二地质大队一分队.溧水地区1∶5万区调报告[R].南京:江苏省地质矿产局,1986.

江苏省地质矿产局第六地质大队.江苏省赣榆县西北部1∶5万化探、重砂资料整理及异常查证报告[R].南京:江苏省地质矿产局,1989.

江苏省地质矿产局第三地质大队.江苏省江宁县安基山铜矿区深部及外围铜矿普查地质报告[R].南京:江苏省地质矿产局,1993.

江苏省地质矿产局第四地质大队.苏州西部地区多金属矿的成矿条件及预测[R].南京:江苏省地质矿产局,1990.

江苏省地质矿产局第一地质大队.1986.江宁镇幅、江宁县幅(西)、慈湖幅、栖塘幅(西)、小丹阳幅(北1/3)1∶5万区域地质调查报告[R].南京:江苏省地质矿产局,1986.

江苏省地质矿产局第一地质大队.江宁县西横山地区金铜普查[R].南京:江苏省地质矿产局,1992.

江苏省地质矿产局区调地质大队.1∶5万宜溧地区区域地质调查报告[R].南京:江苏省地质矿产局,1988.

江苏省地质矿产局区域地质调查大队.1∶5 万宁镇山脉区域地质调查报告[R].南京:江苏省地质矿产局,1984.

江苏省地质矿产局区域地质调查大队.江苏省 1∶20 万区域化探报告[R].南京:江苏省地质矿产局区域地质调查大队,1988.

江苏省地质矿产局区域地质调查大队.南京、上党金异常查证小结[R].南京:江苏省地质矿产局区域地质调查大队,1988.

江苏省地质矿产局区域地质调查大队.吴县东山锡矿普查小结[R].南京:江苏省地质矿产局区域地质调查大队,1990.

江苏省地质矿产局区域地质调查大队.盱眙县盱眙异常小结[R].南京:江苏省地质矿产局区域地质调查大队,1993.

江苏省地质矿产局物化探大队.江苏省溧水地区 1∶5 万金土壤地球化学测量成果报告[R].南京:江苏省地质矿产局,1988.

中国地质调查局发展研究中心.自然重砂数据库系统用户使用手册[R].北京:中国地质调查局发展研究中心,2006.